l'Art de Vivre à

# ISTANBUL

Photographies de Jérôme Darblay

Stylisme de Caroline Champenois

Préface de Kenizé Mourad

Textes de Nedim Gürsel, John Freely,
Arzu Karamani, Gérard-Georges Lemaire,
Teresa Battesti, Tim Hindle et Lale Apa

Flammarion

*Pour Thaïs et Elif nées avec ce livre*

Création graphique Marc Walter
Direction éditoriale Ghislaine Bavoillot
Réalisation PAO Octavo Editions
Photogravure Colourscan France


ISBN : 2-08-200245-4
ISSN : 0985-6277
Numéro d'édition : 0783
Dépôt légal : octobre 1993
Imprimé en Italie, par Mondadori

# SOMMAIRE

# PREFACE

par Kenizé Mourad

Chaque fois que des amis me disent « nous allons à Istanbul », je tremble et assortis mes quelques conseils de mille avertissements. Je suis comme une fille amoureuse de la beauté de sa mère et qui ne supporte pas de la voir se défaire, sans réaliser que pour ceux qui ne l'ont pas connue au temps de sa splendeur cette mère est encore fascinante.

Et lorsqu'au retour ces amis me disent combien ils ont été séduits, j'en suis émue, presque reconnaissante...

C'est vrai qu'elle est encore très belle malgré les cruelles dégradations que lui font subir, année après année, d'avides promoteurs. Comme si l'énergique et rude Anatolie, débarquée ici depuis quelque trente ans, se vengeait du dédain dans lequel l'a toujours tenue cette ville impériale où tout, des palais au plus petit *yalı*, respirait la poésie et le raffinement.

Au nom du dieu Argent, on a détruit *yalı* et *konak* pour édifier des immeubles de luxe qui ressemblent à des HLM. Au nom de la déesse Voiture, on a saccagé la rive occidentale du Bosphore, ses restaurants à poissons et ses cafés au bord de l'eau, pour y construire une voie rapide. Au nom d'un tardif souci d'hygiène, on a rasé sur les bords de la Corne d'Or d'historiques et vétustes bâtisses byzantines et ottomanes où travaillaient encore de petits artisans et on les a remplacées par d'étiques pelouses ornées de vilains réverbères et de bancs publicitaires rouges au nom d'une grande banque.

Et malgré tout cela, elle est encore... sublime !

Et peut-être même que ce côté blessé, en péril, lui donne un charme nostalgique qu'elle n'avait pas du temps de sa splendeur, peut-être que pour les poètes, pour ceux qui savent percevoir avec le cœur, cette fragilité de l'éphémère est plus touchante encore que la glorieuse majesté qui fut sienne.

Hâtez-vous d'aller la respirer cette ville enveloppante et sensuelle, hâtez-vous d'aller l'aimer « cette vieille cantatrice couverte de gloire et de bijoux » que chantait Cocteau, avant qu'elle ne devienne musée où seuls surnageraient dans le désastre les magnifiques palais et mosquées, itinéraire obligé des voyages organisés.

Le palais de Çırağan, dans lequel le sultan Mourad, mon arrière-grand-père, destitué par son frère, vécut enfermé jusqu'à sa mort. En 1910, le palais brûla. Il ne fut restauré que dernièrement (à gauche). Situé sur la rive européenne du Bosphore, il est tout près du joli village d'Ortaköy. Dans la mosquée de ce village baignée par les eaux du Bosphore, la lumière entre à flots et ruisselle sur les larmes de cristal des lustres (ci-dessous).A l'heure où la ville s'étire dans un tremblement irisé de rose et d'or, nul lieu n'est plus enchanteur que ces jardins du palais de Çırağan pour contempler les bateaux qui glissent lentement dans un froissement d'eau entre la mer Noire et la Corne d'Or (double page suivante).

Mais je suis injuste... Comme certains vieux Istanbuliotes qui, refusant l'agression de la vulgarité, se sont enfermés dans leurs anciennes demeures et dans leurs souvenirs.

Car ce qu'Istanbul a parfois perdu en aristocratie, elle l'a gagné en tourbillons ensoleillés de vie, d'odeurs et de couleurs. Un sang neuf que diffusent de force à cette ville hautaine et blasée les centaines de milliers de paysans venus d'Anatolie avec leurs traditions, leurs appétits, leur réalisme et leurs naïvetés.

Le palais de Dolmabahçe, tout de marbre blanc, s'étend paresseusement le long du Bosphore. Dans un opulent désordre s'y retrouvent les styles de toutes les époques et de tous les pays.

La profusion, la générosité, l'élégance fantasque de son décor le rendent attachant comme un enfant qui aurait mis toutes les parures disparates trouvées dans l'armoire de sa mère pour se rendre plus beau. Dans une avalanche d'or et de cristal, lustres et candélabres bruissent de leurs milliers de feuilles étincelantes (ci-dessus et à droite).

Ils habitent des *gecekondu*, ces maisons érigées en une nuit, illégales certes, mais tolérées par un gouvernement qui n'a pas les moyens de loger ces immigrés de l'intérieur chassés par la misère. Au cours des ans, les *gecekondu* ont formé, à la périphérie d'Istanbul d'immenses quartiers où réside plus de la moitié de la population. Ce ne sont pas des bidonvilles comme on pourrait s'y attendre, c'est plutôt la campagne à la ville, avec ses femmes en fichus et pantalons bouffants sous des tuniques à fleurs, ses groupes d'hommes qui discutent assis en tailleur, et les moutons lâchés en liberté dans les rues de terre battue.

Ici, comme dans les quartiers traditionnels du vieux Stamboul, l'hospitalité est reine. Pas question de refuser un *çai*, le thé de l'amitié. Les étrangers sont bienvenus, à condition qu'ils demandent la permission avant de photographier. Car les Turcs ont un sens aigu de leur dignité, ils sont discrets et aiment qu'on le soit. Ces quelques règles de bienséance respectées, vous serez chaleureusement accueilli car, dit le Coran, « l'étranger est l'envoyé de Dieu », et si, après avoir fait connaissance par l'universel langage des signes et des sourires, vous êtes invité à partager un modeste repas d'oignons, de fromage blanc et de pain, ne refusez pas, vous blesseriez.

Cette hospitalité spontanée et les trésors de patience et de sagesse qu'on peut lire dans les yeux de ces nouveaux venus sont une leçon d'humanité que la campagne donne à la ville. Une leçon à domicile qui devrait mettre du baume au cœur des Istanbuliotes qui déplorent cette « invasion sauvage » de leur cité et les inévitables dégradations qu'elle entraîne.

Quant à moi, si le *yalı* de ma grand-mère, « le palais de dentelle » que Selma pleura durant sa vie d'exil, est devenu le club de natation d'Ortaköy, si le salon de réception de la sultane est transformé en salle de volley-ball où, retenant mon souffle, je regarde le ballon effleurer les délicates peintures du plafond, je me persuade que cela n'a pas d'importance. Au moins le *yalı* est-il debout ; il vit une existence nouvelle, partagée entre amusement et réprobation devant ces hommes en short et ces femmes en bikini qui ont remplacé les princesses en longues robes de soie.

Paisibles sanctuaires cachés dans la verdure, les cimetières s'étendent parfois jusqu'au sommet des collines surplombant la mer à Üsküdar sur la rive asiatique (ci-dessus à droite) comme à Eyüp (ci-dessus et en bas) sur la Corne d'or. Chaque pierre tombale est une œuvre d'art. Dressées vers le ciel, certaines sont sculptées de turbans solennels d'autant plus hautes que le mort est important.

A côté, le *yalı* de l'élégante « sultane papillon » est devenu une école d'où s'échappent les cris joyeux des enfants. Ses dorures et ses fresques sont écaillées, ses murs recouverts de graffitis et il semble qu'il soit prêt à s'écrouler sous les cavalcades de pieds impatients qui martèlent couloirs et escaliers de bois sculpté ; mais je sens qu'il est heureux et fier d'abriter dans ses flancs cette jeunesse exubérante et pleine d'espoir.

Ces deux *yalı* s'estiment en tout cas plus fortunés que le *yalı* de Fatimeh sultane, la plus jeune des trois sœurs, qui eut l'honneur d'être détruit pour faire place au pied du premier pont sur le Bosphore reliant l'Europe à l'Asie.

Quant aux ruines calcinées du palais de Çırağan où j'avais l'habitude de me promener, essayant d'imaginer la vie de ma famille qui y resta trente ans prisonnière, elles ont été restaurées et font partie d'un hôtel. A l'extérieur un extraordinaire travail de reconstitution. A l'intérieur... bafoué comme son pire ennemi n'aurait pu le faire, barbouillé de couleurs

criardes en place des délicats pastels des palais ottomans et gratifié d'un énorme escalator bordé de rampes fluorescentes...

J'ai assisté à la lutte d'architectes et de décorateurs Istanbuliotes qui tentaient d'empêcher ce massacre, j'y ai même participé, mais que pouvions-nous contre les investisseurs étrangers ? Il me reste l'espoir qu'un jour on comprendra que la beauté peut être aussi rentable que la vulgarité et que l'on rendra son âme à ce palais que l'on disait le plus beau d'Istanbul. Alors peut-être les fantômes des trois sultanes et de leur père, le romantique sultan Mourad, retrouveront-ils le chemin des salons éclairés de la douce lumière des chandeliers de cristal et entendra-t-on à nouveau le bruissement des traînes de soie sur les escaliers de marbre.

Heureusement Çırağan est le seul à jouir du triste privilège de la « modernité ». Les grands palais, Topkapı, Dolmabahçe, Yıldız ou Beylerbeyi sur la rive asiatique, ont été minutieusement conservés ou restaurés dans leur splendeur d'antan. Mais le charme réside surtout dans les petits palais inconnus des touristes : Göksu sur les eaux douces d'Asie où autrefois glissaient les caïques tapissés de velours brodés d'or, ou Ilhamur, aujourd'hui en plein centre d'Istanbul mais protégé par son parc, sont de véritables bijoux. On peut s'y promener sans craindre la foule et peut-être y cueillir une rose, une seule par arbuste, comme le recommandait à ses femmes le bon sultan Reçat, car il ne faut pas, disait-il, abîmer l'œuvre de la nature.

Cet amour de la nature est profondément enraciné dans l'âme du peuple turc qu'on dit violent, ce qui est vrai si l'on porte atteinte à son honneur, mais qui est surtout poète et sen-

« Le cimetière oriental est une des belles choses de l'Orient. Point de mur, point de fossé, point de séparation ni de clôture quelconque. Ça se trouve partout à propos de rien dans la campagne ou dans la ville, comme la mort elle-même, à côté de la vie et sans qu'on y prenne garde », écrivait Flaubert en 1850.
Au café de Pierre Loti à Eyüp, que l'on atteint par une longue promenade à travers le cimetière, on peut au soleil couchant rêver devant les eaux irisées de la Corne d'Or (ci-contre et ci-dessous).

Souvent à Topkapı, dans la galerie des trente-six sultans qui, pendant six siècles, firent et défirent l'Empire, je me suis attardée devant le portrait de Mehmet Fatih le Conquérant. Dans la main, il tient une rose, et le contraste est saisissant entre la douceur du geste et la glaciale dureté du regard. C'est en 1453, sous son règne qui mit fin à l'Empire byzantin, que Constantinople prend

le nom d'Istanbul (ci-dessus). Loin de la trépidation de la ville et des flots de touristes, un endroit de charme peu connu est le petit palais d'Ilhamur, une merveille de marbre d'un rococo délirant, autrefois relais de chasse des sultans, aujourd'hui situé dans un parc en plein cœur d'une ville qui s'étend chaque jour (ci-contre). Sur la rive asiatique, à Küçüksu ce petit palais de Göksu est le délicat ornement des eaux douces d'Asie (à droite). Après avoir servi de résidence pour les chefs d'Etat en visite officielle au temps de la République, il est maintenant ouvert au public.

sible, parfois jusqu'à la sensiblerie. Une de ses distractions préférées est de contempler les couchers de soleil sur le Bosphore à l'heure où le flot de voitures se calme et où l'on entend à nouveau le chant des oiseaux. On y va par familles entières et l'on reste assis à méditer les yeux embués de larmes, devant l'horizon d'or et de pourpre sur lequel se détachent les fines silhouettes des minarets et les dômes des palais.

Plus appréciées encore sont « les parties de lune ». Si l'on en a les moyens on loue un bateau pour y convier ses amis, sinon on prend le *vapur*, et l'on passe toute la nuit entre ciel et eau à voguer entre la Corne d'Or et les îles des Princes en buvant du raki accompagné de *mézés*.

Autres lieux de prédilection, les grands cimetières, nids de verdure d'où émergent des stèles de marbre blanc sculptées de solennels turbans ou de fez, pour les hommes, de délicates cornes d'abondance pour les femmes. On y trouve aussi, nombreuses, de fines pierres garnies d'un fez minuscule ou d'une guirlande de roses : ce sont les tombes des enfants. Autrefois, les familles allaient y passer la journée pour y pique-niquer et tenir compagnie à leurs morts. La coutume s'en est perdue mais l'on aime toujours s'y promener à l'ombre des cyprès.

L'un des plus attachants est le paisible cimetière d'Eyüp qui surplombe la Corne d'Or. C'est là où Pierre Loti venait rêver d'Aziyadé, et le petit café qui porte son nom, garni de chatoyants sofas et flanqué d'une terrasse embaumant la glycine, est un endroit délicieux pour se replonger dans le passé... si toutefois vous ne vous laissez décontenancer par l'enseigne Coca-Cola qui se balance à l'entrée.

Mais c'est partout ainsi à Istanbul. Il faut adopter « le regard filtrant » afin d'échapper aux douteuses innovations et pouvoir en goûter les innombrables enchantements.

Dans toute la ville, la rue est un spectacle constant. Depuis le petit vendeur de *simit*, pains ronds aux grains de sésame, qu'il porte sur la tête en une impressionnante pyramide avec la désinvolture d'un équilibriste professionnel, aux vendeurs d'amandes fraîches artistiquement disposées sur un lit de feuilles bien vertes, aux marchands de *limonata* multicolores dans leurs grands bocaux de verre, jusqu'aux bandes de petits cireurs pourvus de magnifiques boîtes à brosses en cuivre martelé qui, dans un joyeux tumulte, se disputent les chaussures des touristes.

Travail d'enfants qui nous rappelle s'il en était besoin que, malgré ses constructions modernes et ses élites européanisées, Istanbul est toujours l'Orient.

Un Orient que l'on retrouve à chaque pas. Dans les cafés de plein air où la clientèle,

الله

exclusivement masculine, s'absorbe dans d'interminables parties de trictrac, ou dans les cours ombragées d'anciens caravansérails où les fumeurs de narguilé semblent goûter l'éternité. Et dans le cri des confiseurs vantant leurs loukoums « doux comme le sein d'une vierge » ou celui du vendeur d'eau, harnaché d'une superbe aiguière de cuivre et de sa panoplie de verres. Ce dernier fait toujours recette surtout dans le bazar et dans les vieux quartiers où l'été l'eau manque parfois, mais les fins palais sont exigeants sur la qualité de cette eau dont ils savent, la plupart du temps, vous dire de quelle fontaine elle provient.

Des fontaines, il y en a partout à Istanbul et souvent d'admirables. Les riches Ottomans considéraient en effet comme œuvre pie d'en édifier pour le bien-être du peuple, et pour laisser une trace de leur générosité. Beaucoup sont désaffectées, mais certaines sont encore le lieu de rencontre des femmes qui y échangent leurs confidences.

Pour pénétrer plus avant dans l'intimité de ces femmes, il faut aller au hammam, celui d'Ortaköy, par exemple, édifié par Sinan, le génial architecte de Soliman le Magnifique. Là, dans la lumière tamisée des salles chaudes éclairées de petits vitraux percés dans les coupoles, des femmes mollement étendues bavardent ou se rafraîchissent à l'eau des vasques de marbre. Au centre, sur la « dalle du nombril » une masseuse à demi nue s'active, maniant le gant de crin jusqu'à ce que la peau devienne rouge écrevisse, puis elle vous pétrira énergiquement avec une huile employée autrefois au harem et réputée avoir des vertus aphrodisiaques.

Mais attention, une visite au hammam ne s'expédie pas en deux heures. C'est l'affaire de toute la journée. On y apporte d'ailleurs de quoi se restaurer et l'on s'échange des pâtisseries aux noms évocateurs : *dilber dudaklar* (lèvres de la bien-aimée), *hanım göbeği* (nombril de dame) ou *vezir parmağı* (doigt du vizir).

Parfois, du fond d'un bien-être sensuel une femme se lève et se met à onduler des hanches et des bras tandis que les autres l'accompagnent de leurs chants rythmés de claquement de doigts. Et l'on se retrouve transportée un ou deux siècles en arrière dans la chaude et troublante complicité des harems ottomans.

Car à tout instant, au détour d'une rue, dans un des ravissants pavillons de thé des sultans, ou dans l'échoppe d'un artisan, le charme du passé peut ressurgir. Istanbul, ville entre deux continents, est aussi une ville entre deux époques, et, si vous avez l'esprit et le cœur ouverts, vous serez du voyage.

Mais, pour cela, il vous faudra savoir prendre du *rehavet*, savoir respirer le temps, le déguster à petites gorgées, lentement... en gourmet.

La circoncision est toujours l'occasion d'une grande fête ; les enfants vêtus comme des princes, de velours rouge et de satin blanc, se rendent en pèlerinage à la mosquée d'Eyüp, cherchant sans doute, sur la tombe du porte-étendard du prophète, Eyüp El Ansari, tombé au siège de Constantinople au VII^e siècle, la consécration de leur nouveau statut d'homme et un exemple de courage. Les cérémonies ont lieu dans la maison familiale où le « lit de circoncision » est richement orné pour l'occasion. Celui-ci est exposé au musée Sadberk Hanım (à gauche).

Ancienne demeure de bois sculpté dominant les eaux du Bosphore, ce palais de dentelle (ci-dessus), devenu le club de natation d'Ortaköy, vit en 1923 le départ de Selma et de sa famille, lorsque Mustafa Kemal fit voter la loi d'exil pour tous les princes et princesses de la famille ottomane, loi qui fut abrogée pour les princesses en 1952 et pour les princes à la fin des années 70 seulement.

Le hammam, incomparable pour la détente du corps et de l'esprit, est un rendez-vous obligé de la ville. Parfois, une dame turque loue le hammam tout entier pour y inviter ses amies. Cette tradition est toujours vivante et les réceptions au hammam, souvent à l'occasion d'un mariage, sont des fêtes inoubliables. Ici, le hammam de Cağaloğlu, dans le vieux Stamboul, date du XVIIIe siècle (ci-dessus). Le *hararet*, la salle humide (à droite), est particulièrement spectaculaire.

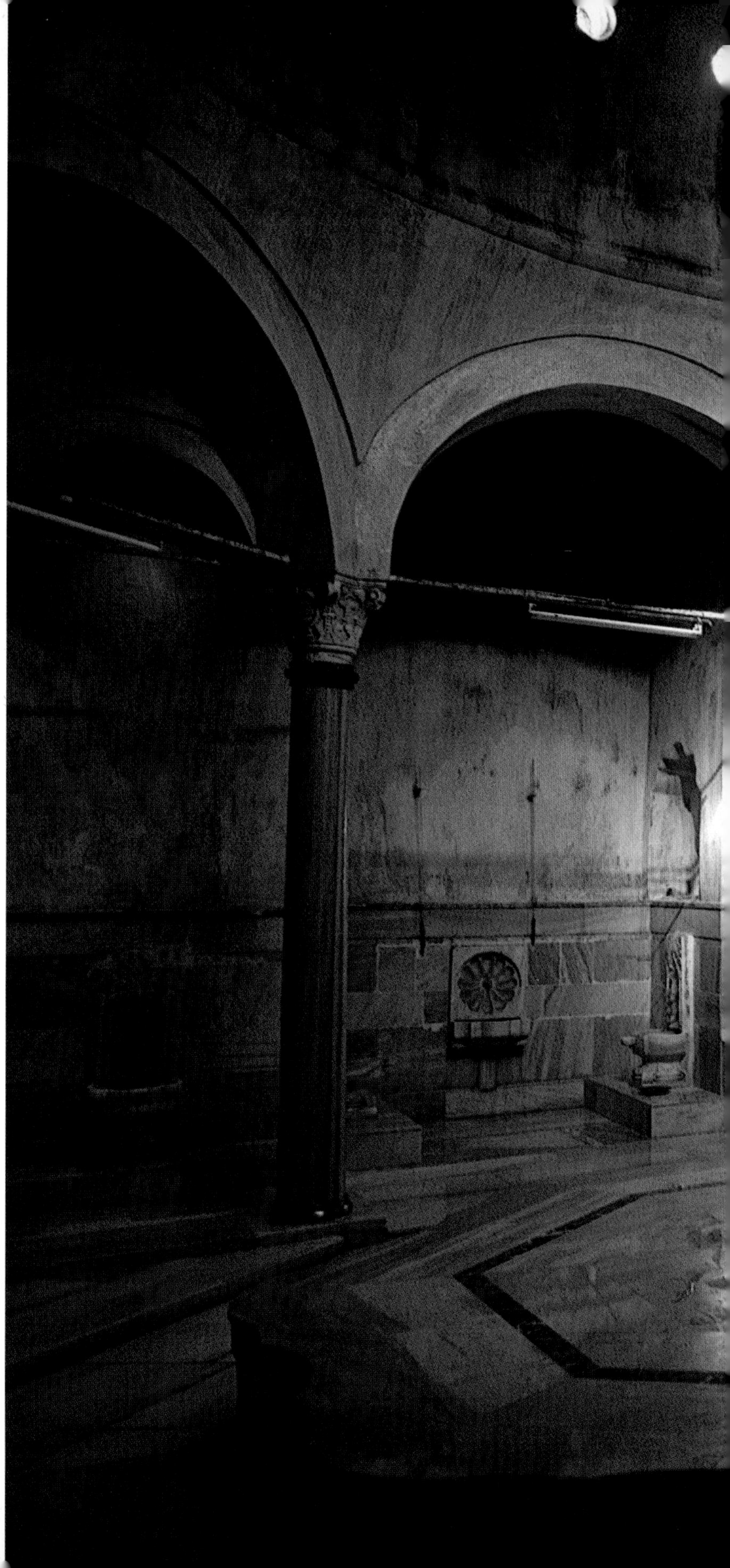

# Impressions du Bosphore

par Nedim Gürsel

Dans une maison de bois à encorbellement baignée par les eaux du Bosphore, l'écrivain évoque la lumière changeante du détroit, ses collines verdoyantes, son ballet incessant de navires , les étapes d'une promenade en vapeur d'une rive à l'autre, avant de nous entraîner dans le flot tumultueux de la foule au cœur de la vieille ville.

L'un des six minarets de la mosquée Bleue avec son *şerefe* (balcon) se superpose au croissant d'or surplombant la mer au sommet de la coupole centrale. « Mon pays des coupoles de plomb et des cheminées d'usine est l'œuvre de mon peuple », disait Nâzım Hikmet, le grand poète turc mort en exil (pages précédentes). A Kanlıca, le *yalı* Ethem Pertev se remarque par son architecture élégante et raffinée qui fait du bois une dentelle. En bas, deux garages à caïque aujourd'hui vides abritaient des grands caïques d'apparat aux flancs dorés (ci-dessous). Un peu plus loin, sur une terrasse de café, on peut déguster les fameux yaourts sucrés de Kanlıca – le yaourt sucré est une chose rarissime en Turquie ! – tout en contemplant le Bosphore. Sur la rive asiatique, les eaux du Bosphore sont argentées à l'aube, deviennent bleu foncé durant la matinée, puis virent à l'indigo. Elles sont couleur de violette au crépuscule. Des barques de pêcheurs se balancent nuit et jour sur l'onde avec des cormorans (à droite).

Longtemps je me suis levé de bonne heure. C'était là-bas, sur la rive asiatique du Bosphore, dans ma ville bien-aimée qui m'a suivi partout et dont le souvenir, tel un fer rouge, est à jamais planté dans ma mémoire. Tous les matins je me levais à l'heure de la prière pour écrire. Mais si j'avais su qu'un jour, en abandonnant tout, j'allais me réfugier dans une pièce de ce vieux *yalı* et que j'allais être entraîné avec les journées d'automne où le brouillard se dissipait dès le matin dans les tourbillons du courant qui traverse le Bosphore sous la fenêtre en encorbellement, j'aurais renoncé à écrire ce récit, à peine perceptible comme le mouvement des eaux sous-marines. J'aurais laissé en même temps que mes amis le *yalı* que nous avions loué pour les vacances et, tout comme eux, serais de retour au travail, à Paris, la première semaine de septembre. En effet, nous avions eu un bel été. Loin du bruit de la ville et de la chaleur d'août qui assiégeait les pièces de derrière dans les immeubles de pierre et les cafés ombragés du bord de mer. Nous étions de bons amis. L'harmonie régnait entre nous toute la journée, que ce fût dans les eaux fraîches du Bosphore, sur les blocs de granit moussu du quai du *yalı* ou le soir dans l'air chargé d'odeur de poisson grillé d'un restaurant. Le matin, après avoir pris notre petit déjeuner dans le jardin, nous allions nous baigner ou faire un tour de barque ensemble et, même lorsque nous nous retirions dans nos chambres, nous étions impatients de nous retrouver un peu plus tard pour bavarder autour d'un thé. Un long mois d'août était ainsi passé dans un calme paisible et nos vacances s'étaient achevées. Le dernier jour, lors des préparations pour le retour, je dis à mes amis que je voulais rester un peu plus longtemps à Istanbul afin de travailler sur des archives au musée de Topkapı. Je reprendrais mes cours à l'université un peu plus tard. Ils furent d'accord.

Etant resté seul, je dis au propriétaire que désormais je prendrais mes repas dans la cuisine, que je n'utiliserais pas le grand salon et que, s'il le voulait, afin de ne rien salir, il pouvait tirer les rideaux, couvrir les fauteuils et les tables, qu'il pouvait remiser au placard les coussins du divan et fermer toutes les autres pièces, sauf celle à la fenêtre en encorbellement qui donnait sur la mer. Je restai seul dans l'immense *yalı*. J'allais enfin pouvoir commencer à écrire le récit conçu tout au long de l'été, mis et remis d'innombrables fois sur le métier, tâche que, d'une certaine manière, je n'arrivais pas à accomplir sans cesser d'y songer, allongé au soleil sur le quai.

Bien que j'aie rassemblé livres et documents concernant le sujet, je devais partir d'un mot. En vérité, chaque matin, en voyant le brouillard se dissiper en face de moi, je sentais la rive opposée si proche qu'on aurait pu la toucher. J'observais avec ravissement les bastions flamboyants dans la lumière du jour, les tours arrondies et les murailles blanches alignées le long du Courant du diable (l'un des nombreux courants du Bosphore) et comparais la construction, à l'endroit le plus étroit du Bosphore, de cette belle forteresse maintenant cernée par les immeubles de béton, à la mise en place de l'Empire en ses jours glorieux. Et elle se trouvait juste en face de moi. Appuyée au versant de la colline, elle était aussi proche que l'eau, aussi évidente que le jour. Mais moi, obéissant à cette fâcheuse habitude, il me fallait commencer avec un mot.

Faut-il parler du contraste ou de l'harmonie en voyant le pont du Bosphore suspendu au-dessus des minarets baroques ? La mosquée d'Ortaköy est entourée de vastes quais où se déroulait au XIXe siècle, sous le règne d'Abdülmecit, la cérémonie de l'arrivée du souverain pour la prière du vendredi (ci-dessus). « Et aussitôt commence l'invasion furieuse des bateliers, des douaniers et des portefaix ; cent caïques nous prennent à l'assaut, et tous ces gens, qui montent à bord comme une marée, parlent et crient dans toutes les langues du Levant », écrivait Pierre Loti en débarquant au port d'Istanbul. Aujourd'hui, des bateaux de croisière y font escale et attendent, silencieux, l'heure du départ (à droite).

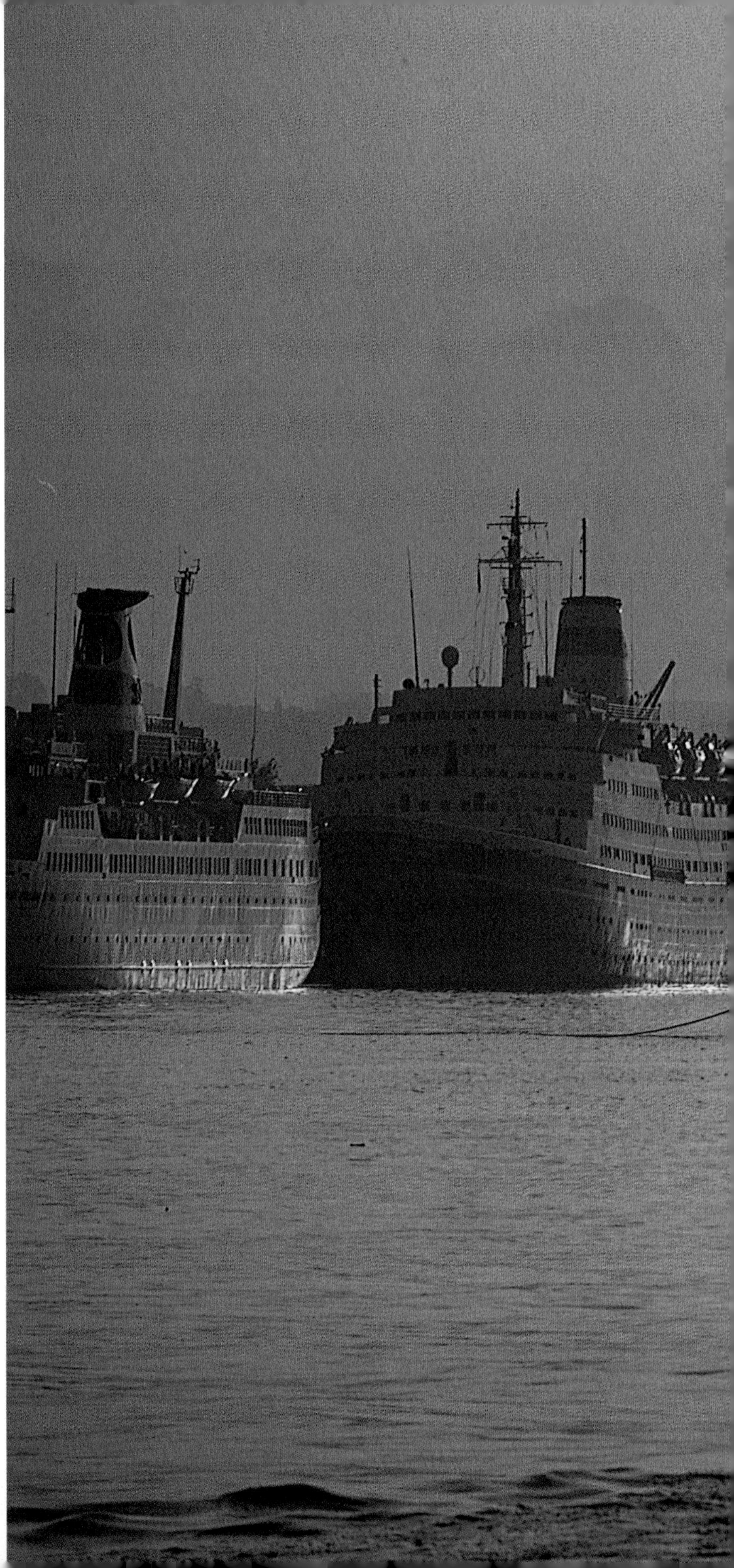

La forteresse de Rumeli Hisar a été construite en 1452 par Mehmet II, dit le Conquérant, juste avant le siège de la ville pour contrôler le passage du détroit et empêcher Byzance de recevoir des secours de la mer Noire. Avec son enceinte flanquée de tours, elle domine encore l'endroit le plus étroit du Bosphore qui roule ses flots vers la Pointe du sérail. Le quai et la chaussée qui bordent aujourd'hui le rivage ne sont pas d'époque : primitivement, les murailles de Rumeli Hisar, vers l'est, étaient en partie baignées par les eaux du Bosphore.

Le sultan Mehmet – à cette époque il n'était pas encore le Conquérant – ne savait pas, bien entendu, qu'un écrivain reprendrait des années, des siècles plus tard le nom de *Boğazkesen* (Coupe-gorge, nom donné à la forteresse de Mehmet II ; jeu de mot sur « Bosphore » et « gorge », presque homonymes en turc) pour intituler son récit. Comme il ne pouvait savoir non plus que les historiens feraient apparaître au grand jour les coupeurs de gorges et les gorges coupées au cours de son règne, que les hommes empalés ou sciés en deux allaient hanter ses rêves et lui demander de faire le compte du sang versé. Bien. Le sultan Mehmet – cette fois-ci, il était le Conquérant – savait-il, en rejoignant Üsküdar dans le caïque impérial, avec sa belle bouche sensuelle et sa barbe noire que nous connaissons grâce au portrait de Bellini, que la rose tenue dans une miniature entre ses doigts voluptueux enflés par la goutte – cette rose impériale à trois pétales cueillie dans les jardins du Palais – allait faner ? Bien sûr, il ne le savait pas. Alors que les soldats de Roumélie passaient en Anatolie pour partir en campagne, le sultan Mehmet le Conquérant, fils du sultan Murat Khan le Victorieux, posté à l'ombre des aigrettes de guerre qui ondulaient dans le port d'Üsküdar, s'était-il souvenu, dans sa quarante-neuvième année, de la forteresse qu'il avait fait ériger à l'âge de vingt ans et de l'enthousiasme des nuits blanches de sa jeunesse ? Supposons que oui.

Car à cette époque, il avait galopé sur la rive des jours entiers, étudié l'inclinaison du terrain et observé les courants. Il avait fini par trouver le lieu le plus propice. La forteresse devait être construite à flanc de colline, là où se trouvaient les ruines du monastère de l'archange Michael, juste en face d'Akçahisar bâti par son aïeul Yıldırım Bayezit. Là, s'abaissant vers la surface des eaux en pente raide, le terrain formait un promontoire en direction de la rive asiatique et, dans l'étroit passage, les eaux coulaient en un courant rapide.

Il ignorait peut-être que des années, des siècles plus tôt Darius aussi était passé au même endroit avec ses troupes pour mettre la Grèce à feu et à sang, mais il n'avait pas oublié – lorsque Ladislas, roi de Hongrie, marcha sur lui alors qu'il venait juste d'accéder au trône – que son père, Murat Khan le Victorieux, en raison des bateaux francs qui barraient les Dardanelles, avait longé la côte jusqu'à Akçahisar et, avec l'aide de Dieu et des bateaux génois, mais non sans avoir payé un ducat par soldat, avait pu le secourir en franchissant le Bosphore juste à cet endroit-là. Et comment aurait-il pu oublier, lui qui n'était alors qu'un enfant abrité à l'ombre du Grand Vizir Halil Pacha dans le palais d'Andrinople ? Un enfant certes petit, mais d'une grande intelligence et nourrissant des rêves de grandeur.

Au moment où j'achevai d'écrire ces notes historiques, l'aube pointait. J'éteignis la lampe et allumai une cigarette devant la fenêtre. A l'extérieur, il faisait encore sombre. On ne voyait pas la rive d'en face. Toutes lumières éteintes, un cargo russe passa en soulevant l'écume. Je regardai un long moment la traînée blanche que l'eau du gouvernail laissait dans l'obscurité. Puis, tout au calme d'avoir terminé mon travail pour aujourd'hui, je m'allongeai sur le lit et fixai le plafond. Je n'avais pas sommeil. Je songeais que la forteresse ne servait plus à rien maintenant et que le trafic du Bosphore se poursuivait depuis des siècles, dense et ininterrompu. Qui sait combien de navires, à hélice ou à voile, à roue à aube arrière ou latérale, combien de navires chargés de leur équipage et de leurs passagers avaient pu passer sur ces eaux ! Combien d'entre eux avaient pu arriver à bon port, combien étaient revenus ? Une lumière incertaine éclairait le plafond. L'intérieur de la pièce s'éclaircit lentement. En se répandant progressivement, la lumière couvrit toute la surface du plafond. Soudain, un bleu massif s'insinua partout. Je vis la mer onduler au plafond. Au même instant, le blanc des murs se retira et le flot des couleurs commença. Les rochers couverts de mousse verte du Bosphore, les moules scintillantes et les crabes ensommeillés se reflétaient au fond de

C'est vers les *yalı* de Kuzguncuk que se dirigeaient les caïques des sultans, maîtres de trois continents qui y venaient en villégiature avec leur entourage. Dans ce temps-là, derrière les hautes murailles du jardin, le son des luths, des violes, des cithares se mêlait aux voix des chantres, et, aux alentours, seuls les goélands ou les rameurs en livrée venaient agiter la mer.

Anadolu Hisar, forteresse d'Anatolie, appelée par les historiens ottomans *Güzelce Hisar* (la Belle Forteresse) a été construite par Bayezit I^er^ en 1431. Les eaux du Bosphore se reflètent dans les miroirs vénitiens qui décorent les salons des *yalı* construits sur l'emplacement des quais de la forteresse que le bac frôle avant d'accoster l'embarcadère (ci-dessous).

mes yeux. Sur le plafond passaient des lapinas aux écailles iridescentes, des blennies noir d'encre et des poissons argentés. Je plongeai dans le flux des vagues.

Un bruit m'éveilla. Le lit oscillait formidablement comme lors d'un tremblement de terre. Les meubles grinçaient, la porte et les vitres vacillaient. Je crus tout d'abord qu'un navire, déviant de sa route, avait heurté le *yalı*. Mais,

Sur la rive asiatique s'alignent *yalı* modernes et anciens qui appartenaient aux grands dignitaires de l'Empire. Si la plupart de ces résidences d'été sont restaurées, d'autres sont malheureusement laissées à l'abandon, comme celle d'Amcazade Hüseyin Paşa qui date de la fin du XVII^e siècle (à droite). Cette vieille demeure se dresse aujourd'hui, solitaire, avec ses murs vermoulus et son grand salon à fleur d'eau où les flots menacent de s'engoufrer, non loin de Körfez, port d'attache des yachts à voile. La saison de pêche commence en automne lorsque les bancs de lüfer redescendent le Bosphore (pages suivantes).

en reprenant mes esprits et en me redressant sur le lit, je remarquai que le bruit venait d'en bas. Je me levai immédiatement et me ruai à l'étage inférieur. Rien d'inhabituel ne m'apparut. Quoi qu'il en soit, l'ensemble du *yalı* continuait de trembler jusqu'à ses fondations, comme si on le bombardait. Et lorsque je descendis à l'étage inférieur, le bruit augmenta encore tandis que le crépi des murs commençait à s'effriter. Je vis le lustre de cristal fixé au plafond se balancer légèrement et le miroir aller de droite à gauche sur le mur. Je ne réussissais toujours pas à comprendre ce qui se passait. Les coups de masse portés contre la charpente s'abattaient comme si le *yalı* allait être détruit par un fou invisible qui se serait libéré de ses chaînes. Passée la première stupéfaction, je compris qu'il s'était produit quelque chose dans le garage des caïques. Car l'œil du cyclone se trouvait là. Le bruit venait bien de là. Je descendis sur l'embarcadère dans la plus grande agitation. Défaisant l'amarre du caïque, je saisis les rames. Lorsque je m'approchai de l'entrée du garage, je vis qu'un énorme dauphin se cognait contre les murs, soulevant des gerbes d'écume dans son affolement. L'animal, qui s'était forcé un passage à l'intérieur du garage, s'efforçait de s'échapper de cet espace étroit et, secouant sa queue avec l'énergie du désespoir, projetait de l'eau jusqu'au plafond. Pendant un moment il sembla s'apaiser, puis tourna la tête vers la sortie. Atteindre l'endroit où l'eau devenait plus profonde lui redonna confiance. Avant de quitter ce lieu obscur où il était peut-être entré en suivant un banc de bonites, il promena ses regards sur les murs moussus et le ponton des caïques, inutilisé depuis des années et dont les poutres étaient disjointes et moisies. Il fixait les fins caïques peints en bleu turquoise, au bois finement sculpté et à la coque décorée et élancée comme autrefois. Alors, il plongea dans la mer et, filant sous mes yeux, se perdit dans le bleu du Bosphore. Quand je retournai dans ma chambre pour me rendormir, je songeai au dauphin enfin libre qui voguait par les eaux bleues de la Marmara, sa peau scintillant sous le soleil, bondissant dans l'eau en se jouant des vagues écumantes. Je m'abandonnai aux flots mouvants du plafond dans la lumière du jour et décidai, avant de sombrer, d'évoquer dans mon récit la fin misérable d'un prisonnier de guerre.

Je vis la forteresse qui flamboyait à l'aube. Le brouillard s'était dissipé. Les tours rondes alignées sur la rive d'en face, les murailles de pierre reliant les tours entre elles, les maisons bâties dans le plus grand désordre à l'extérieur des murailles, les villas modernes élevées au milieu des bâtiments en bois étaient révélées par la lumière. Au sommet, tout en haut, les arbres se détachaient comme dans un théâtre d'ombres. C'est toujours ainsi. Dans la lumière matinale la forteresse se rapproche au point de pouvoir la toucher. L'après-midi, lorsque le soleil suit sa course au-dessus du Bosphore et descend progressivement vers la rive d'en face, la lumière aussi change. Les couleurs s'effacent peu à peu. Une vapeur étrange s'élève de la mer. Et l'on peut à peine distinguer la forteresse. J'attends impatiemment le matin où elle surgira devant moi comme le génie de la lampe magique d'Aladin. Dans cette attente, mes paupières se ferment lentement. Je peux désormais m'abandonner à la lourdeur de la sieste.

En m'éveillant, je retrouvai la lumière orangée au même endroit sur le plafond. Je me levai et tirai les rideaux. La bigarrure du soleil couchant derrière les bastions emplit la pièce en même temps que le sifflet du vapeur de 19 h 20 qui accostait à l'embarcadère. Je me réjouis du retour du temps et des couleurs. Je ne voulus pas allumer la lampe. Pas une feuille qui frémît. Aucun navire qui passât. Aucune cigale qui chantât comme pendant la journée dans le jardin. Je restais ainsi dans le silence. Me voilà, individu sans passé ni futur, rien qu'un possédé, un solitaire exilé de lui-même, livré à son imagination dans un *yalı*.

J'aurais voulu qu'elle vienne dans un caïque impérial dont les dorures brilleraient sur les flancs comme au temps de l'Empire, une aigle d'argent à la proue, le chef des eunuques tenant le gouvernail, dans ce caïque qui plongerait dans le courant avec la vivacité d'une mouette et ferait remuer en même temps les coussins en plume à l'intérieur du dais fermé par des rideaux de satin frangés d'or et le visage brun des rameurs souquant ferme, debout. Quittant ce caïque qui se balancerait sous la lumière de la lune et posant son pied chaussé de fines babouches de satin, vêtue de son *féradjé* qui révélerait toutes les formes de son corps, le vent soulèverait son délicat voile de mousseline en dévoilant un instant ses yeux noirs de jais, et elle me regarderait. Je devais sentir au plus profond de moi-même ses regards chargés de désir et frissonner de la joie de notre rencontre secrète. Mais ce serait un autre soir qu'elle viendrait frapper à ma porte, juste à l'heure du dîner.

Ce matin tout semble être sorti d'un profond sommeil en même temps que moi. Encore

Büyükdere se trouve sur la rive européenne au fond de la baie de Tarabya qui a été un des lieux favoris de villégiature des Phanariotes. Les ambassades avaient leurs résidences d'été dans ce lieu charmant (à gauche). On peut aujourd'hui y visiter, dans un beau *yalı*, le musée de Sadberk Hanım qui abrite une riche collection d'antiquités et de costumes traditionnels.

De nombreux étals chargés de tomates, de concombres et de citrons accompagnent les poissons fraîchement pêchés qui viennent se jeter sur la grille de cuisson et dorer à souhait au rythme des flammes (en bas, à gauche).
Avec les rares cafés au bord de l'eau, les embarcadères sont les lieux les plus accueillants du Bosphore. C'est là que l'on se donne rendez-vous pour « aller en ville » quand on habite les rives du Bosphore. Rumeli Kavağı est le dernier arrêt sur la rive européenne où l'on peut déguster des moules géantes embrochées et cuites dans l'huile (ci-dessus).

L'embarcadère de Beşiktaş est bâti juste en face de la statue du célèbre amiral Hayrettin Paşa, connu en Occident sous le nom de Barberousse. A l'entrée, une magnifique salle d'attente, dont les teintes jaunes et rouges des portes-fenêtres rappellent les journées d'été ensoleillées, accueille les voyageurs (ci-dessus). On peut y attendre le bac, assis sur des bancs en bois, à proximité de la fraîcheur des vagues écumantes du Bosphore.

dans l'hébétude du brouillard matinal, la mer – comme les goélands dont les ailes battent devant mes yeux – va et vient sous la fenêtre en encorbellement. Je m'habillai et descendis jusqu'au quai. Dans le jour naissant, le Bosphore roule ses flots. Depuis quand n'avais-je pas sombré dans un tel sommeil, si long, si profond ? La fraîcheur des vagues clapotant à mes pieds, qui montait vers mon visage, ne suffit pas à le chasser. Etrangement, je ne pouvais me défaire de la lourdeur de la nuit. Comme pendant les journées de vacances passées avec mes amis, je voulus préparer un thé bien fort et aller le prendre dans le jardin, en face du bassin aux poissons. Puis, j'ignore pourquoi, je me dis que la saveur des jours anciens qui émanait de ce jardin avait dû disparaître. Le gazon devait être en train de jaunir et les feuilles du platane commençaient sûrement à tomber. Quant aux poissons du bassin, peut-être avaient-ils rejoint l'aquarium du voisin. Je pensais à l'isolement du banc où nous nous asseyions le matin. Aux fleurs qui se fanaient par manque de soin au bord du bassin, au jet d'eau, aux pierres moussues puis au petit pavillon du jardin. Oui, il y avait même contre le mur un pavillon où nous nous tenions en été – et il y est toujours. Mais, pour une raison qui m'échappait, je ne me sentais pas d'humeur. Je ne voulus pas aller m'y asseoir pour siroter

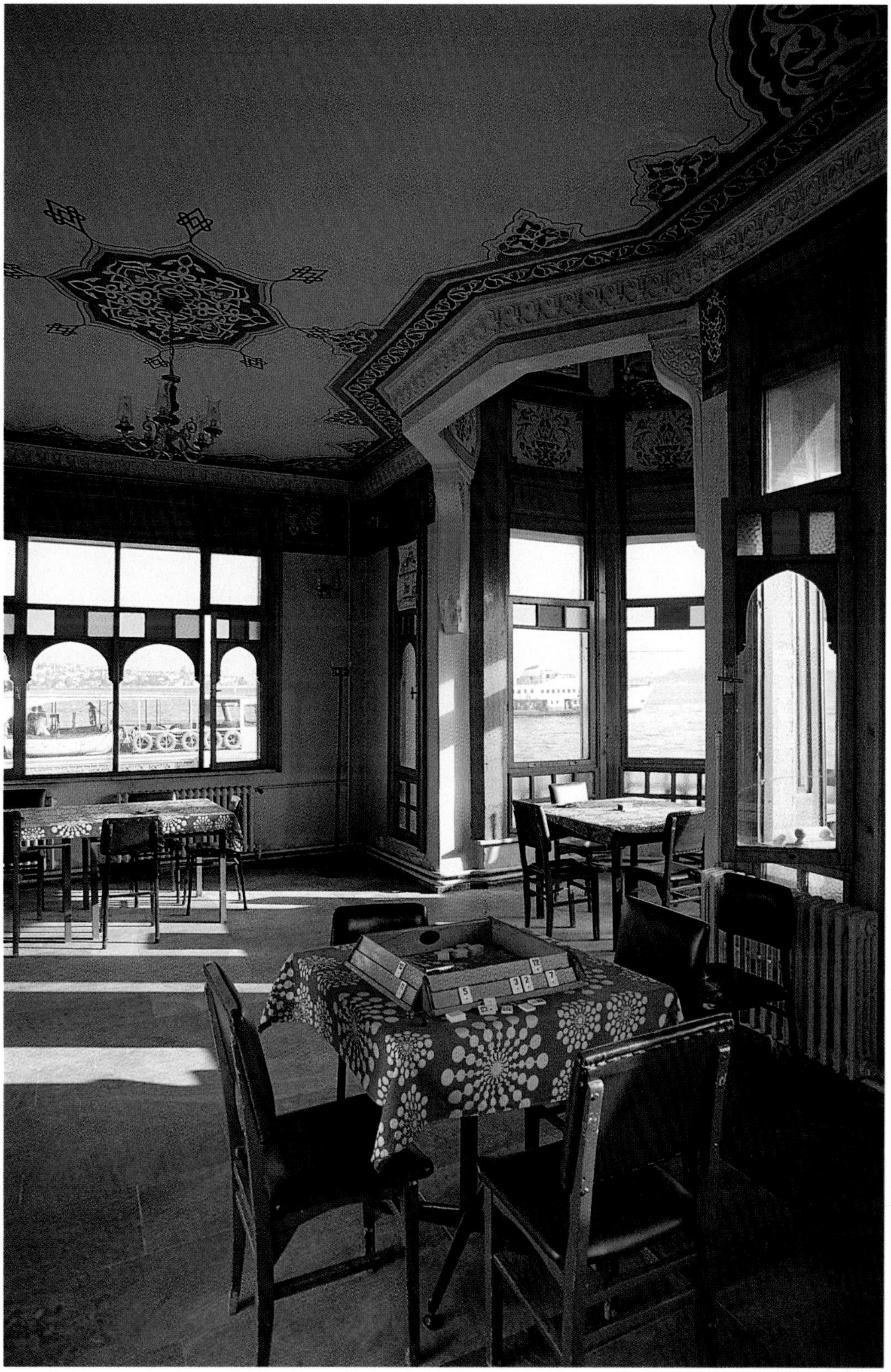

Au premier étage de l'embarcadère de Beşiktaş, c'est comme si une salle de café se substituait aux marchands de thé ambulants (ou de boissons fraîches) qui ne cessent d'aborder les voyageurs pendant la traversée. C'est l'occasion de jouer au jacquet ou aux dominos (ci-contre), mais attention ! il ne faut pas rater le bac.

« Mon bien-aimé est enrôlé dans la Marine », dit une chanson populaire. A Heybeli, une des îles des Princes, se trouve l'Ecole de la marine dont les étudiants en permission prennent chaque samedi le bateau pour aller à Istanbul, où cinémas et discothèques les attendent (ci-dessus). Se retrouver dans les avenues bruyantes après le silence de l'île doit les étourdir quelque peu.

mon thé en regardant les roses fanées du bassin à sec. Il me fallait désormais accepter que le jardin appartienne à une époque révolue et qu'il demeure dans la beauté des jours sans retour. Etait-ce la mélancolie d'un matin d'automne ou la gravité que le flottement incertain du sommeil faisait encore peser sur moi ? Ou peut-être rien de cela, mais plutôt l'influence vague et inconsciente de ces rêves dont je ne retrouvais pas le moindre détail ? Peu importe. Je décidai d'aller jusqu'en ville. En sortant, je pourrais peut-être échapper à la pesanteur qui m'oppressait et au malaise de commencer une journée de manière aussi morne. C'était la première fois depuis que j'avais commencé à rédiger mon récit que je ressentais le besoin de sortir.

Je suivis la route qui menait à l'embarcadère. Pendant un bon moment je ne pus voir la mer en raison des *yalı*, ou plutôt des informes bâtiments de béton logés entre les rares *yalı* restants et qui cachaient le rivage. Des voitures, des taxis et les premiers autobus du matin passaient. Je songeai à monter dans l'un d'entre eux pour aller au terminus, puis une fois là-bas, quel que fût le quartier, j'avais l'intention de me promener au hasard et de marcher dans les rues jusqu'au soir pour me vider de ce qui m'occupait l'esprit. Mais je décidai de prendre le vapeur. Aller jusqu'à Eminönü en vapeur me ferait du bien. Passant le tourniquet, lorsque je posai le pied sur l'embarcadère, je ressentis une grande joie à revoir le Bosphore. Quelle mauvaise habitude j'avais prise ! Le bleu foncé du Bosphore le matin, ses eaux violacées au crépuscule, le soleil étincelant sur l'eau, les bois d'un vert émeraude de la rive opposée et la forteresse de Rumeli Hisar avaient pris place dans ma mémoire. Ils étaient devenus une partie intégrante de mon être, de ma vie recluse dans le *yalı*, une chose à laquelle je ne pouvais renoncer. Le premier vapeur du matin, surgi du brouillard, apparut en écumant et s'approcha de l'embarcadère en levant de petites vagues qui se brisaient régulièrement sur le rivage. Je montai et allai jusqu'au pont arrière, m'assis sur le siège en demi-cercle et m'abandonnai au bouillonnement de la mer. Emporté par le courant, nous mîmes le cap sur Kandilli.

Le brouillard était assez dense. Au bout de quelque temps, on ne vit plus aucune des deux rives. A gauche on distinguait à peine le blanc sale du palais de Küçüksu. Plus qu'un palais, il rappelait les bâtiments délabrés des films d'horreur. Et la prairie du Göksu s'était fondue dans le vide, de même que les platanes, la route et aussi la colline de Sevda. En entendant l'appel à la prière qui fendait le brouillard, je compris que nous approchions de l'embarcadère de Kandilli. Juste à ce moment-là, comme s'ils s'étaient donné le mot, toutes les cornes de brume du vapeur se

Il n'y a pas que la mosquée de Medidiye à Ortaköy où l'on pouvait voir, lors de la cérémonie après la prière, le sultan entouré de courtisans et de rameurs au garde-à-vous, les rames en l'air. On peut y visiter également une église grecque, une autre arménienne et une synagogue. Des bouquinistes y exposent des livres, nouveaux ou anciens, parmi lesquels se trouvent parfois des « trésors ». On peut aussi y manger (plutôt bien) ou siroter un thé « couleur de sang de lapin » tout en regardant passer d'énormes bateaux poursuivis par des mouettes (à gauche).
Dans le petit café à Çengelköy où la photo a été prise, les joueurs de carte ne lèvent jamais les yeux pour admirer le paysage. Pourtant, c'est d'ici que l'on voit le mieux le pont du Bosphore et le ciel couvert qui laisse filtrer une lumière cendrée sur les collines de la rive d'en face (ci-dessus).

Quand le printemps arrive, les arbres de Judée fleurissent parmi les cyprès sur les collines du Bosphore (à droite). Les cimetières d'Istanbul ont fasciné plus d'un écrivain français et non des moindres, comme Gautier, Nerval ou Loti. Il est vrai que souvent une atmosphère de jardin sauvage règne dans ces « champs des morts » où herbes et fleurs partent à l'assaut des turbans de pierre qui jonchent le sol, à moitié enterrés. Mais les cimetières des collines qui surplombent le Bosphore, surtout ceux de la rive européenne, présentent un autre aspect. Ils sont plus ordonnés, mieux entretenus et relativement plus récents (ci-dessous). Les toits du palais de Çırağan vus depuis un pavillon du parc de Yıldız (à droite) rappellent la proximité des deux palais habités par les sultans ottomans durant le XIX^e siècle. Celui de Çırağan fut construit pour Abdülaziz deux ans avant que celui-ci ne soit renversé par les Jeunes-Ottomans qui proclamèrent la première Constitution en 1876. Quant à son successeur, Abdülhamit II, qui habita pendant longtemps le palais de Yıldız, il fut renversé par les Jeunes-Turcs en 1908.

mirent à retentir en même temps. A celles-ci se mêlèrent les cris stridents des mouettes, les voix et le claquement des amarres qui touchaient l'eau alors que l'appel à la prière devenait inaudible. Après Kandilli, lorsque nous nous dirigeâmes vers la rive opposée, le brouillard se fit encore plus dense. Nous n'entendions plus rien. Nous avancions dans un agréable clapotis, sans voir ni savoir où nous allions. Comme si le premier vapeur à fendre les eaux était le nôtre. Nous étions livrés à une nature vierge, sans présence humaine, avec la seule compagnie des poissons et des mouettes. Je songeai à des milliers d'années plus tôt, à l'époque géologique où cette mer s'était formée. Lorsque les eaux de la mer Noire se mêlèrent – après avoir rempli le Bosphore qui était alors une vallée basse – à celles, tièdes et salées, de la Méditerranée, qu'était-il alors arrivé aux poissons au moment où les deux mers s'étaient pénétrées avec volupté dans une étreinte violente. L'homme n'existait pas encore, mais les poissons et même les monstres sous-marins existaient, eux. Lorsque les eaux recouvrirent la vallée, les collines s'abaissèrent et un courant naquit, filant du nord au sud en surface tandis qu'au fond il adoptait le mouvement inverse. Depuis ce jour, qui sait combien de bancs de poissons, de navires, combien de cadavres de malheureux suicidés en s'abandonnant aux eaux profondes – ou encore assassinés – ont été entraînés par ce courant. Et maintenant c'est nous qu'il emportait, notre vapeur s'efforçant de rejoindre l'autre rive vers la Marmara, et il nous attirait au large de la tour de Léandre. Après avoir été entraînés quelque temps ainsi, je réalisai que mes craintes

n'étaient pas fondées. Le capitaine, avec sa grande expérience, poussa les machines à fond de la Pointe du Courant à la baie de Bebek et mena le bateau au gré du Courant du diable. Comme je luttais avec ces pensées, tout en rêvant des jours anciens d'Istanbul et de ce qui me venait à l'esprit à propos des périodes préhistoriques, le brouillard avait commencé à se dissiper et le Bosphore commença à se montrer sous son vrai jour. Les eaux tourbillonnantes, les maisons de la rive, les versants des collines se révélaient dans la lumière, et le blanc des coques à l'ancre dans la baie de Bebek se précisait un peu plus.

Au fur et à mesure que le vapeur progressait, je me sentis moins oppressé, lavé de l'obscurité de la nuit et des visions et rêves chaotiques liés au récit du *Boğazkesen*. Je me sentis renaître de mes cendres. Comme s'il s'agissait de mon premier voyage en vapeur sur le Bosphore. Je revivais et redécouvrais tout. Le clapotis de l'eau, la fraîcheur du vent, les cris stridents des mouettes, les navires dont la corne de brume résonnait dans le brouillard et la douceur du soleil de septembre qui le dissipait en se réverbérant peu à peu sur la rive d'en face. A un certain moment, un énorme navire passa près de nous. Le remous éclaboussa les passagers assis sur le pont latéral. Ils ne bougèrent même pas de leur siège. Ils continuèrent à siroter leur thé en silence. Lorsque nous approchâmes de l'embarcadère de Bebek, je vis la petite coupole de la mosquée du bord de l'eau et son minaret minuscule comme un jouet. Dans le parc, les arbres n'avaient pas encore commencé à perdre leurs feuilles. On avait coulé du béton dans le tronc d'un vieux et énorme platane qui commençait à se fendre en deux, pour qu'il ne s'abatte pas d'un seul coup.

Nous prîmes la direction d'Arnavutköy, et, de là, d'Ortaköy et de Beşiktaş. A chaque embarcadère j'avais l'impression d'être à l'étape d'un voyage fait pour la première fois. Le long de la rive, je voyais, dans des bâtiments de béton mêlés à de vieux *yalı*, des femmes qui venaient de se réveiller, des hommes en pyjamas qui fumaient leur première cigarette sur le balcon. Ils étaient semblables à des gens inconnus, appartenant à un monde que je découvrais pour la première fois. Si lointains, incertains et même irréels. Mais, en fait, c'était moi qui étais hors du réel, en dehors de la vie. Depuis que je m'étais enfermé dans le *yalı*, j'avais oublié qu'il pouvait y avoir d'autres personnes sur terre et d'autres situations. Au fur et à mesure que mon sujet devenait plus important et que je restais en tête à tête avec la feuille blanche et les personnages de *Boğazkesen* dans l'univers des mots, je m'étais éloigné de la vie quotidienne en m'efforçant de les créer dans mon imagination.

La tour de Beyazït, qui « ne présente aucun intérêt » selon certains guides touristiques, est pourtant l'un des symboles d'Istanbul. Elle se dresse au milieu du jardin de l'Université pour guetter les incendies qui étaient très fréquents au XIXe siècle, l'époque où elle a été construite. Aujourd'hui, elle ne sert plus à grand-chose, sinon à contempler la mer de Marmara à travers les coupoles et les minarets de la mosquée de Beyazit ainsi que le mont Olympe que l'on peut apercevoir au loin par les temps ensoleillés (ci-contre).

La tour de Léandre, source de nombreuses légendes depuis l'époque byzantine, se trouve à l'embouchure du Bosphore dont elle est le symbole. Elle servit successivement de phare, de sémaphore, de lieu de quarantaine, de poste de douane, de maison de retraite pour les officiers de la marine. L'été dernier, un groupe de jeunes poètes y a proclamé la république de Poésie et proposa au maire d'Istanbul de la marier avec la tour de Galata (ci-dessus).

Les salons de thé sont nombreux à Istanbul. Mais rares sont ceux que l'on appelle « pavillon » de thé. Sans doute est-ce parce que ces derniers sont moins populaires, comme celui-ci dans le style rococo de la fin du siècle dernier. Il est à Çamlıca, sur la rive asiatique. Des hauteurs de ce quartier, au sommet d'une colline verdoyante, on peut admirer le charme de la rive européenne (ci-dessous).

La coupole de Süleymaniye, chef-d'œuvre de l'architecte Sinan, domine majestueusement l'entrée de la Corne d'Or et le pont de Galata (à droite). « Il conquit le monde et soumit dix-huit monarques. Il établit l'ordre et la justice dans ses territoires, pénétra victorieusement dans les sept quartiers du globe, embellit tous les pays domptés par les armes et réussit dans toutes ses entreprises », écrit Evliya Çelebi à propos du sultan Süleyman que les Turcs appelaient « le Législateur » et qui fut l'un des rares sultans monogames. La beauté et la ruse de sa femme Hürrem (Roxelane) y étaient sans doute pour beaucoup.

Dans le vapeur, ces maisons qui défilaient sous mes yeux comme une pellicule de film, les objets et les gens qui habitaient ces maisons, les avenues, la foule et les véhicules qui y roulaient et même le ciel, ces images inhabituelles ou plutôt oubliées me mirent assez mal à l'aise.

Lorsque je me mêlai à la foule d'Eminönü, ce sentiment s'intensifia encore. Je n'étais pas un habitant de cette ville. Je ne pouvais pas être entraîné toute la journée comme eux dans le flot tumultueux d'Istanbul. J'aurais pu toucher une mine ou heurter un autre navire et couler. Car j'avais perdu tout repère, j'étais sans défense. Mon seul but, ma seule raison d'être dans cette ville, c'était *Boğazkesen*. J'avais rassemblé tous les documents nécessaires, les notes, les chroniques historiques pour écrire mon livre. Disposés ici et là sur les étagères de la pièce à la fenêtre en encorbellement, ils attendaient patiemment le jour où ils se transformeraient en monde concret du récit, prendraient la forme du destin des personnages peuplant ce monde. En me souvenant des autres livres qui inspireraient le mien, en particulier les vieux manuscrits, je ressentis comme un apaisement. Avant, je me promenais à ma guise dans la ville, en me reposant au crépuscule dans la fraîcheur des cafés du bord de l'eau ou à l'ombre des platanes à midi, ou allais au café où nous avions l'habitude de nous rencontrer avant d'entamer une soirée de beuverie ; je croyais connaître chaque rue et chaque recoin de cette ville. C'est durant ces pérégrinations dans Istanbul que j'avais découvert les vieilles maisons. Et c'est encore à l'occasion d'une de ces errances que j'étais descendu dans les citernes de Byzance et m'étais assis dans les caves humides et moisies de Galata. Dans beaucoup de mes livres, j'avais raconté Istanbul. J'avais évoqué à la fois la nostalgie ressentie pour Istanbul au loin, la ville de mon imaginaire et l'époque de mon adolescence, la ville esquissée par les historiens et les voyageurs. Il m'était arrivé aussi bien de raconter les rues de la ville que les bâtisses en bois, les grands hôtels ou les palais. J'avais tout autant parlé de ses mosquées que de ses églises et synagogues. Disons que dans les livres que j'avais jusqu'à présent écrits une image subjective d'Istanbul s'était mise en place avec son histoire et sa géographie. Une image sans acteurs, lointaine mais colorée. Colorée et réelle. Soudain je me dis qu'en écrivant *Boğazkesen* j'aurais pu répéter tout cela, mais sous une forme différente. Je devais trouver un système qui me permette d'exprimer la dimension historique du récit tout en différant des réalités de l'histoire. Hélant un taxi, je lui dis de me déposer à la bibliothèque de Fatih. En se faufilant à travers la foule et la circulation d'Eminönü, nous arrivâmes à Unkapanı, et, de là, à Fatih via Saraçhane. Lorsque j'entrai dans la bibliothèque, je laissai à l'extérieur la rumeur de la ville, la foule dégageant une énergie animale, le mouvement infini des autobus et des taxis, des vapeurs du Bosphore et des navires, des pigeons et des mouettes, tout, oui tout, tout ce chaos opposé à l'absence de vie dans un *yalı* d'Anadolu Hisar, même mes propres mouvements qui appartenaient à ce flux incessant. En tournant les pages poussiéreuses d'un manuscrit, je compris l'immensité infinie d'Istanbul, et renonçai à écrire *Boğazkesen*.

*Traduit du turc*
*par Timour Muhidine*

# Promenades dans la ville

par John Freely

Des sept collines de la vieille Stamboul
jusqu'aux beaux quartiers au-delà de la Corne d'Or
et à ceux, nimbés d'un discret charme oriental,
de la rive asiatique, une découverte des couleurs,
des parfums et des lumières de la ville,
à travers le labyrinthe de ses bazars et de ses
caravansérails où résonnent les outils des artisans.

Des ruines gréco-romaines servent de cadre au café en face du Musée archéologique qui ne dresse ses tables qu'à la belle saison (pages précédentes).
Au cœur du *Külliye* de la Süleymaniye s'élève le doux murmure de l'eau purificatrice, généreusement offerte par le *şadırvan* ou fontaine aux ablutions (ci-contre). Ce *külliye* comprend, outre la mosquée, plusieurs *medrese* (écoles de théologie), un hôpital, une soupe populaire, un caravansérail, un marché, un hammam, les mausolées de Süleyman et de son épouse Roxelane, ainsi que la tombe de Sinan, le grand architecte de la mosquée.
Cette inscription, superbement calligraphiée, rappelle sous une forme poétique le nom du fondateur et la date d'édification du monument (ci-dessous).
Sous les dômes de ce *medrese* se situent les pièces qui servaient de cellules aux étudiants venus non seulement étudier, mais aussi habiter, à la Süleymaniye (à droite).

Seule ville au monde bâtie sur deux continents, Istanbul s'étire sur les rives du Bosphore, ce détroit qui sépare l'Europe de l'Asie entre la mer Noire et la mer de Marmara. Sa rive européenne est elle-même scindée en deux par la Corne d'Or, qui va mêler ses eaux à celles du Bosphore : au sud, la cité ancienne – site de la Constantinople byzantine – prisonnière de la Corne d'Or, de la mer de Marmara et des murailles de Théodose ; au nord, au point de rencontre de la Corne d'Or et du Bosphore, le quartier portuaire de Galata, ancienne ville-Etat indépendante, placée sous la protection de Gênes du temps de l'Empire byzantin. Au-dessus de Galata se niche le quartier de Beyoğlu, connu sous le nom de Pera et habité par les Européens sous l'Empire ottoman, tandis que sur les collines du nord qui surplombent le Bosphore sont perchés des quartiers plus modernes. Sur la rive asiatique du Bosphore, on ne saurait être insensible au charme oriental discret d'Üsküdar qui, après avoir été, pendant deux millénaires, une ville à part entière, a fini par être absorbé par Istanbul. A l'est, au large de la côte asiatique, les îles

Sur chacune des six collines de la vieille ville, qui surplombent la Corne d'Or, se dresse une mosquée impériale. Ici se détache la sihouette de la Süleymaniye, le complexe que le grand architecte impérial Sinan fit édifier de 1550 à 1557 pour Süleyman le Magnifique. La mosquée plus petite, sur la rive de la Corne d'Or, fut construite par Sinan en 1561 pour Rüstem Paşa, le gendre et grand vizir de Süleyman (ci-contre).
De minuscules détails – le seuil usé de l'entrée ou cette petite niche surmontée d'un arc en ogive – ramènent à une échelle humaine ces édifices ottomans à l'architecture grandiose (ci-dessous).

SKELESI 2
KARŞIYAKA
GARDENA

Les maisons des vieux quartiers bordant la rive sud de la Corne d'Or sont perchées sur la corniche qui relie six des sept collines de la ville. Des guirlandes de linge ornent les rues étroites et pavées, peuplées de marchands ambulants (ci-dessus) qui font le tour du quartier avec leurs paniers en osier, leurs charrettes à bras ou leurs chariots tirés par des chevaux. Au-dessus des maisons d'Istiniye se dresse le *Megali Scholion*, un lycée grec construit en 1881 (ci-contre).

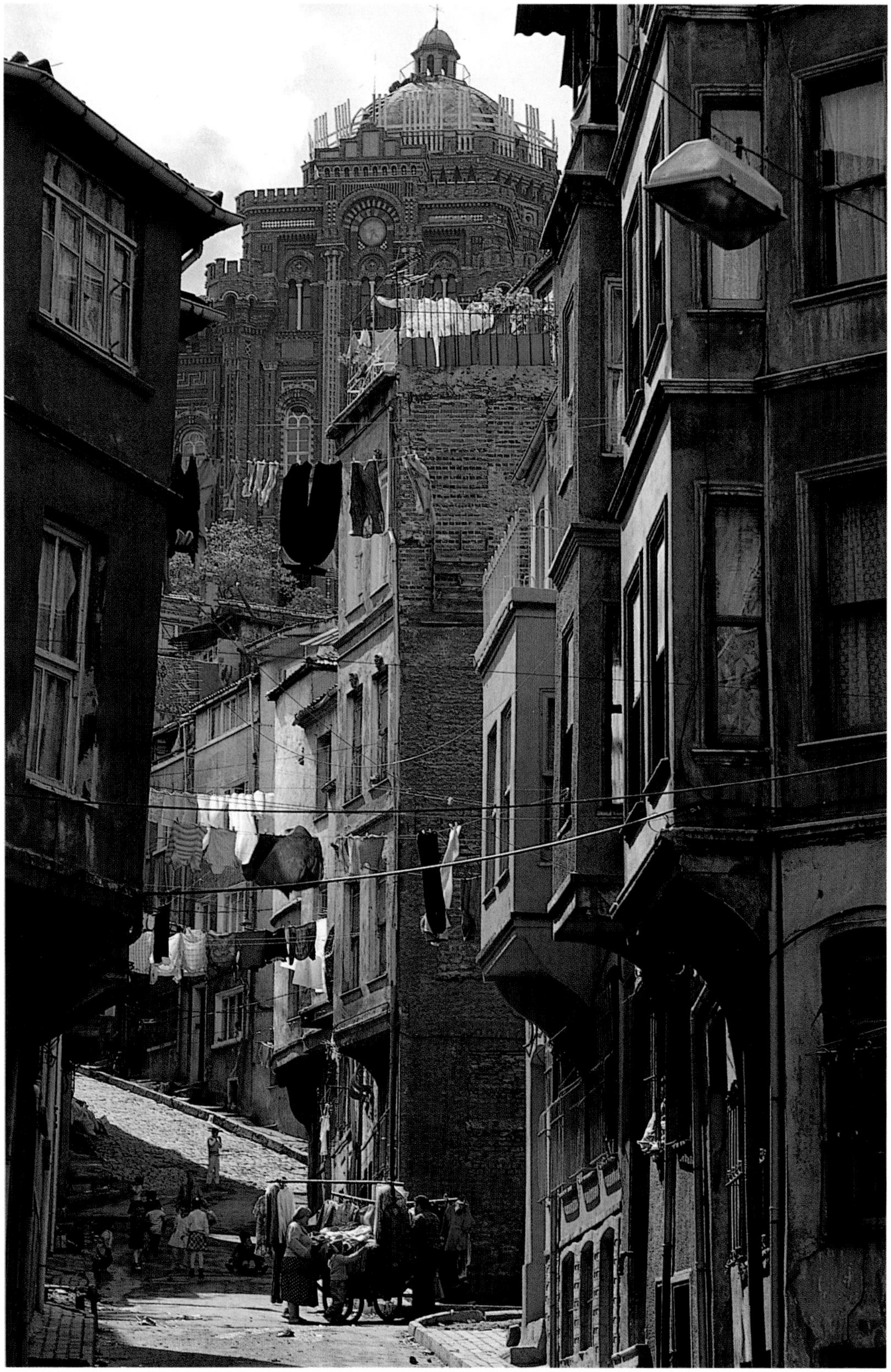

Scène de rue à Unkapanı, sur la rive sud de la Corne d'Or. Ici, comme dans tous les quartiers pauvres de la vieille ville, des enfants pleins de vie emplissent les rues de leurs débordements. Leurs jeux ne diffèrent guère de ceux que le touriste parisien, londonien ou new-yorkais a gardés en mémoire de sa petite enfance. Dans ces quartiers, les marchands ambulants semblent spécialisés dans les sucreries, les gaufres, et les jouets bon marché. Les enfants leur tournent autour et appellent leur mère tout en fixant du regard la fenêtre d'où tomberont peut-être les quelques pièces accordées.

des Princes invitent au farniente en mer de Marmara. Ainsi Istanbul est-elle à elle seule une demi-douzaine de villes différentes, séparées par ce que le poète Procope a appelé il y a quatorze cents ans « la guirlande d'eau de la cité ».

Stamboul, la cité ancienne, compte en ses murs sept collines. Sur la première, au point de confluence du Bosphore et de la Corne d'Or, est installée la ville haute, là où Byzance fut fondée vers l'an 600 av. J.-C. Les cinq collines suivantes surplombent la Corne d'Or, sur la côte nord de la péninsule constantinopolitaine. La septième, enfin, se dresse au sud-ouest, non loin du point où les murailles de Théodose rejoignent la mer de Marmara. Aucune de ces collines n'est très haute, et leur silhouette disparaît aujourd'hui derrière les bâtiments construits sur leurs versants ou tout autour. Elles demeurent néanmoins des points de repère pratiques.

Le départ le plus indiqué pour une promenade dans Stamboul est le pont de Galata, qui enjambe la Corne d'Or, reliant Karaköy (Galata) à Eminönü (Stamboul) où se tiennent les marchés les plus pittoresques de la ville. Des ferries font entendre leur sifflement strident dès qu'ils abordent ou quittent la côte de Stamboul pour aller sillonner les eaux agitées de la Corne d'Or. Le long du quai, dans de grands baquets rouges, frétillent des poissons argentés que des pêcheurs font frire, glissent entre

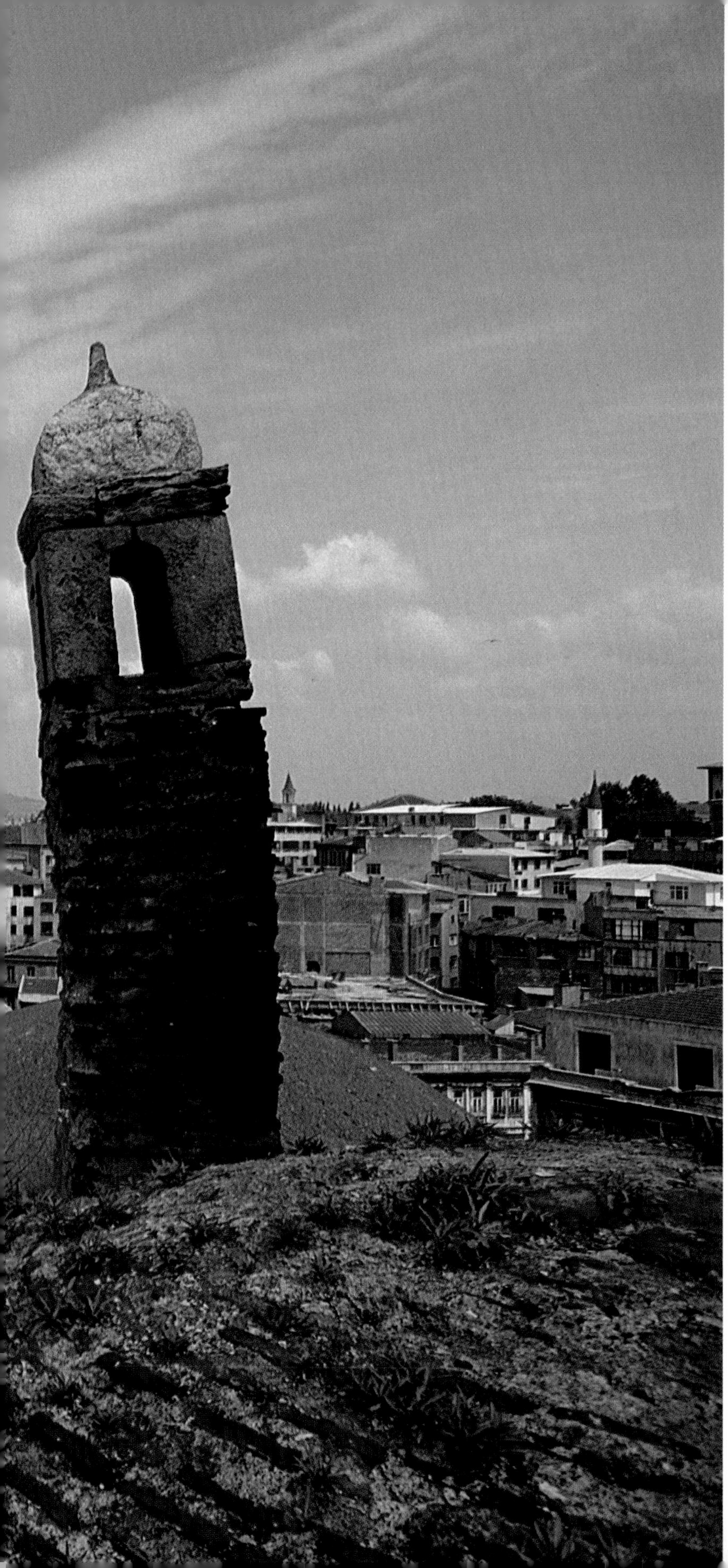

Vue sur les cheminées d'un ancien *han* ottoman, un des nombreux caravansérails qui bordent les rues du quartier des marchés, entre le Grand Bazar et la Corne d'Or (ci-contre).
A côté du Marché égyptien, près du pont de Galata, nombreux sont les marchands et les passants qui prennent encore de l'eau à cette fontaine baroque du XVIIIe siècle (ci-dessous).

Les habitants les plus pauvres de la ville utilisent encore les fontaines de l'Empire ottoman, car nombreux sont ceux qui n'ont pas l'eau courante chez eux. Cette femme tire de l'eau à une fontaine rococo du parc de Yıldız, sur les terres d'un palais ottoman du XIXe siècle maintenant disparu qui se dressait sur la rive européenne du Bosphore (ci-dessus).
Cette autre femme remplit son broc à une fontaine monumentale de Beykoz, grand village de la rive asiatique.

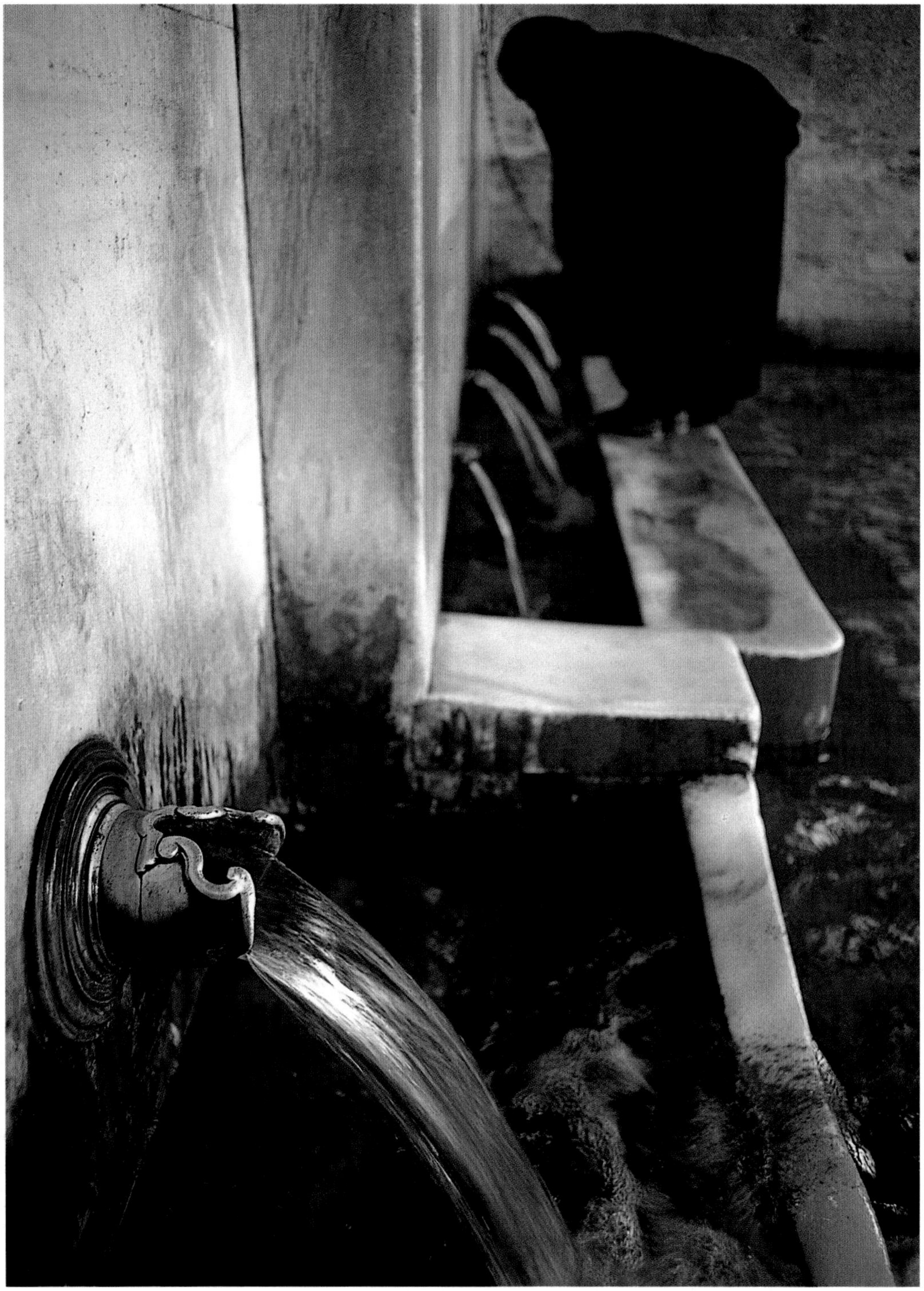

deux morceaux de pain, puis vendent aux passants. Des marchands ambulants couvrent de leurs voix le brouhaha qui monte de la foule : ils vendent des parapluies dès que les nuages se font menaçants et des lunettes de soleil dès que le temps s'éclaircit. Lorsqu'ils proposent des chapeaux, c'est que l'hiver approche.

A Eminönü, le chemin qui mène au cœur des marchés passe par Yeni Camii, la Nouvelle Mosquée. Istanbul compte tant de monuments beaucoup plus anciens que cette mosquée est dite « nouvelle », bien qu'elle domine le quartier depuis près de quatre cents ans. Dans le jardin de la mosquée, quelques représentants des plus vieux métiers d'Istanbul offrent leurs services : graveurs de sceaux et de talismans, vendeurs de sangsues ou d'huiles essentielles, diseuses de bonne aventure assistées d'un lapin, écrivains publics se proposant de rédiger les lettres ou de remplir les imprimés des paysans illettrés. Ce sont les mêmes boutiques et les mêmes cours de mosquée qui, depuis des temps immémoriaux, accueillent ces spécialistes. Evliya Çelebi, chroniqueur turc du XVIIe siècle, a décrit ces métiers dans *Seyahatname* (Récit de voyages), un ouvrage consacré au monde ottoman de l'époque. Evliya fait notamment revivre la Procession des Guildes de 1638 : sous le règne de Murat IV défilèrent toutes les guildes et tous les corps de métier, les négociants, les marchands, les artisans, et les diverses professions représentées dans la vaste ville de Constantinople, offrant un spectacle destiné à distraire le sultan.

Parmi les marchands figuraient ceux du bazar aux épices : « Les chars des épiciers égyptiens regorgent de paniers de gingembre, poivre, cardamone, cannelle, clous de girofle, rhubarbe, nard indien et aloès : ce sont en tout plus de trois mille articles qui défilent sous les yeux des spectateurs. »

Plus de trois siècles se sont écoulés, mais l'élégant bâtiment en L du bazar aux épices se dresse toujours à droite de Yeni Camii. Egalement appelé Mısır Çarsísí, il enivre encore aujourd'hui le visiteur de ses senteurs orientales : herbes aromatiques, gommes, plantes médicinales, baumes, onguents, épices, parfums, encens et l'aphrodisiaque soi-disant préféré du sultan mêlent leurs effluves. Les parfums les plus exotiques de toute l'Asie semblent s'être concentrés sous un seul toit pour que le voyageur s'imprègne de l'atmosphère grisante de l'Orient. Le bazar aux épices est aussi célèbre pour ses boutiques de café, qui existent depuis que cette boisson a été introduite de Turquie en

Porte tout en couleurs à Istiniye, sur la rive européenne du Bosphore. Le port d'Istiniye, l'ancienne Sosthenion, existait déjà à l'époque de l'Antiquité, comme en témoigne le récit du voyage de Jason et des Argonautes par Apollonius de Rhodes. Il y a encore peu de temps, des cales sèches défiguraient ce village, mais depuis qu'elles ont été retirées, la baie

est devenue l'une des plus belles de tout le Bosphore (ci-dessus). Vendeur de matériel de pêche à Çengelköy, sur la rive asiatique du Bosphore (ci-contre). Çengelköy et tous les autres villages situés sur le Bosphore étaient à l'origine des villages de pêcheurs, car c'est notamment en raison de l'importante réserve de poissons que représentait le détroit que Byzance fut fondée. Depuis quelques années, la tradition de la pêche renaît : les rives du Bosphore sont jalonnées de pêcheurs, qui considèrent la pêche comme un moyen d'améliorer leurs revenus, souvent maigres.

SADIRVANDAN SU

Cet homme accomplit le rituel des ablutions au *şadırvan* de la mosquée de Kiliç Ali Paşa de Tophane, sur la rive européenne du Bosphore (à gauche).
Regard d'un enfant à travers une fenêtre, à Fener, sur la rive sud de la Corne d'Or (ci-contre).
Dans les rues, on voit souvent des Istanbuliotes passer un moment à bavarder ou à méditer, assis sur une chaise. Les deux messieurs, à l'air rieur, sont installés dans une allée de Beyoğlu (en bas à gauche).
Bouquet d'ail accroché à une porte de la vieille ville. Une ancienne légende turque raconte que lorsque Satan descendit pour la première fois sur terre, des oignons poussèrent à son pied droit, et des gousses d'ail à son pied gauche. Voilà pourquoi l'ail est parfois utilisé comme un talisman susceptible d'écarter les puissances maléfiques. Il est cependant fort probable que la maîtresse de maison ait accroché ce bouquet par simple respect d'une tradition dont elle ignore les fondements (ci-dessous).

Europe au début du XVII<sup>e</sup> siècle ; l'odeur âcre du café flirte avec le parfum des épices.

Evliya mentionne aussi la présence des pêcheurs à la procession des Guildes : « Les pêcheurs ornent leurs étals de milliers de poissons disposés pêle-mêle, parmi lesquels figurent de nombreux monstres de la mer. Ils défilent avec des dauphins enchaînés, des hippocampes, des morses, des baleines et toutes sortes de gros poissons qu'ils ont pêchés quelques jours auparavant et ont chargés sur des chars tirés par soixante-dix-huit buffles. » Le marché auquel Evliya fait allusion est le marché aux poissons proche du bazar aux épices : c'est le plus ancien de toute la ville, mais il ne subsiste aujourd'hui qu'un reliquat du marché d'origine, qui s'est tenu sur les rives de la Corne d'Or de la fin de l'Empire romain à la fin des années 1960.

Le principal marché aux fleurs de la ville a lieu dans un jardin niché au creux du L du bazar aux épices. Il mêle ses divers parfums aux odeurs moins subtiles du marché aux pois-

A la terrasse d'un café du passage Ali Paşa, à Eminönü, près du pont de Galata, un homme s'offre un moment de détente en fumant un narguilé (ci-dessus). Verres de *çay* (thé) sur un plateau traditionnel turc (*tepsi*) [ci contre]. Le thé est cultivé en grande quantité dans la province de Rize, sur la côte orientale de la mer Noire. Il est toujours servi dans ces verres en forme de cloche, et accompagné d'un ou de deux morceaux de sucre destinés à adoucir sa saveur parfois un peu âpre.

sons. Evliya témoigne de l'existence de ce marché en 1638 : « Aux étals de ces marchands de fleurs, qui ont donné un grand spectacle lors de la procession, on trouve en toute saison des coupes regorgeant de fruits et de fleurs, qu'on offre aux vizirs et autres grands hommes. »

Une partie du marché est consacrée à la vente de poissons tropicaux, d'oiseaux et autres petits animaux. Dans ce domaine, les articles qui ont le plus de succès sont les poissons rouges, les canaris et autres oiseaux chanteurs, les perroquets, les lapins et, quand il y en a, les singes. On raconte que des enfants achètent des rossignols en cage pour avoir le plaisir de les libérer. Evliya nous apprend qu'à son époque Stamboul comptait cinq cents vendeurs de rossignols, fournissant « aux grands hommes et aux barbiers de ces oiseaux dont les mélodies ravissent l'âme ».

Accroché au versant de la première colline,

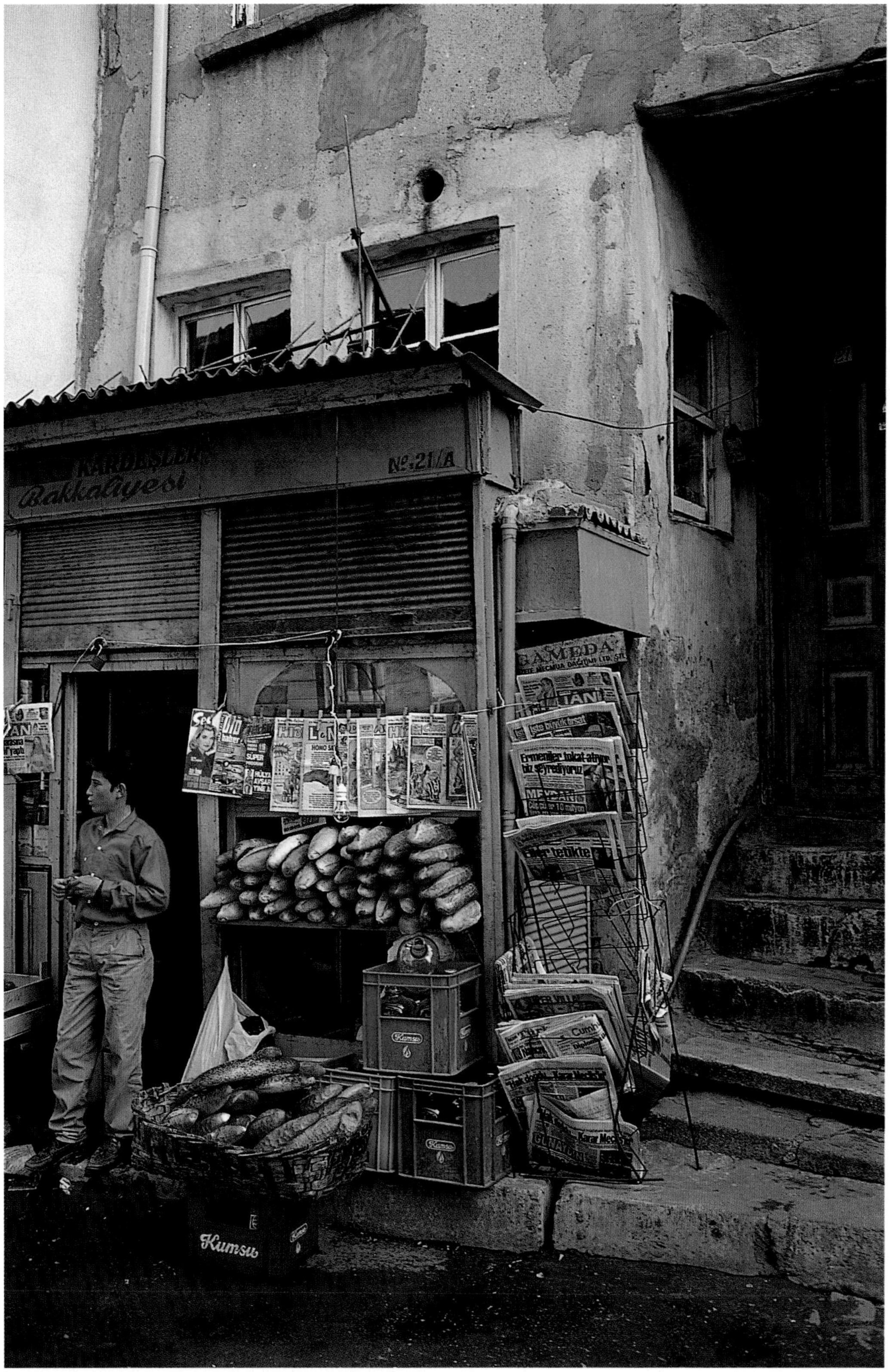

Dans cette épicerie d'Unkapanı, des piles de pain frais (*ekmek*) attendent le client. En Turquie, on distingue ce type de pain (*francala* ou pain français) du pain sans levain, appelé *pide* et consommé pendant le Ramadan (ci-contre). Une vitrine sur un tricycle offre des gâteaux traditionnels turcs (ci-dessus).

Les amandes fraîches sont servies sur un pain de glace. C'est délicieux et pratique tout à la fois car ainsi la peau s'enlève facilement (ci-contre). Un repas dans la rue proposé par cet éventaire d'un pêcheur (ci-dessous). Un *bademci*, ou vendeur d'amandes, à la terrasse d'un restaurant, dans les allées du marché de Galatasaray (en bas, à droite). Les marchands turcs mettent un point d'honneur à disposer avec art la marchandise qu'ils vendent, ce qui ajoute au charme des marchés de la ville. Ici, au marché de Galatasaray où, pendant une vingtaine de jours chaque année, on trouve ces prunes vertes, acides et juteuses que l'on déguste avec du sel (page de droite).

s'étend, de la mosquée Bleue à la mer de Marmara, l'un des quartiers les plus pittoresques d'Istanbul. C'est là que la ville a donné à ses rues les noms les plus curieux : rue de la Moustache-Blanche, avenue de la Barbe-Hirsute ou rue du Château-de-L'Eunuque-Noir. Au cœur de ce vieux quartier, la place de la Moustache-Blanche, Akbıyık Meydanı, ornée de deux superbes fontaines ottomanes (*çesme*) du milieu du XVIII^e siècle. Istanbul compte quelque sept cents fontaines comme celles-ci, la plupart ornées de magnifiques motifs floraux en relief et d'inscriptions calligraphiques, évoquant dans ces vieilles allées l'atmosphère d'un passé ottoman plus clément.

Ce vieux quartier en contrebas de la mosquée Bleue est séparé de la mer de Marmara par les murailles maritimes qui protégeaient déjà la Constantinople byzantine. Lorsqu'on vient de la place de la Moustache-Blanche, une porte s'ouvre sur la mer : c'est la porte des Ecuries, ou Ahır Kapı, appelée ainsi car c'est là que se situaient les écuries royales tant sous

l'Empire byzantin que sous l'Empire ottoman. A gauche, juste à la sortie des murailles, est installé un restaurant qui a pour nom Karışmasen, soit « Occupe-toi de tes affaires ! », ce qui est toujours un bon conseil lorsqu'on dîne dans un endroit aussi reculé.

Au sommet de la troisième colline, tout près de la cour extérieure de Beyazıdiye, le complexe de la mosquée de Beyazıt I, s'étend une grande place qui, il y a encore peu de temps, accueillait le marché aux puces d'Istanbul. Les Istanbuliotes continuent à se retrouver ici par milliers pour acheter ou vendre, tout comme ils en avaient l'habitude du temps d'Evliya, qui décrit ainsi la cour extérieure de la mosquée : « Six portes donnent accès à cette cour ornée d'arbres majestueux, à l'ombre desquels des milliers de gens gagnent leur vie en vendant diverses choses .» Jouxtant la cour extérieure de Beyazıdiye, Sahaflar Çarşısı, le marché aux livres d'occasion, se tient dans une cour pittoresque jalonnée de stands, à la disposition des libraires depuis le début du XVIIIe siècle.

Au nord de Beyazıdiye, sur le versant de la troisième colline qui descend à la Corne d'Or, Kapalı Çarşı, le bazar le plus grand et le plus fascinant du monde islamique, envahit rues et bâtiments. De toutes les constructions qui le composent, les plus anciennes sont les *han* – ces gigantesques caravansérails édifiés au cours des premiers siècles de l'Empire ottoman et toujours utilisés aujourd'hui par les commerçants. Le plus pittoresque est le Valide Han, construit vers 1650 par la sultane mère Valide Kösem, épouse de Ahmet I et mère des sultans Murat IV et Ibrahim. La cour principale de ce *han* occupe un espace de cinquante-cinq mètres de côté, entouré de deux niveaux d'arcades. Un tunnel conduit à une cour intérieure, située en contrebas. Là, des pièces labyrinthiques, d'où montent un bruit assourdissant et les émanations de diverses substances chimiques, sont à la disposition de toute forme imaginable de commerce et d'industrie. Aujourd'hui encore, le *han* le plus ancien, Kürkçü Haní qui date presque de la conquête de Constantinople par les Turcs (1453), se compose surtout de boutiques de fourreurs. Du temps d'Evliya, ces marchands – qui, vêtus de leurs fourrures, ressemblaient à de véritables animaux sauvages à la procession des Guildes de 1638 – étaient tous des Grecs.

Le long de la Corne d'Or, au pied de la quatrième, de la cinquième et de la sixième collines, s'étirent quelques-uns des plus anciens quartiers résidentiels de la ville. Il y a encore cinquante ans, certains d'entre eux étaient essentiellement habités par des minorités. C'est ainsi que les Grecs vivaient surtout à Fener, et les Juifs séfarades à Balat, tandis que les Arméniens se répartissaient entre ces deux quartiers et Kumkapı, un ancien port de

Porte d'une vieille maison en pierre, à Çengelköy, l'un des villages les plus pittoresques de la côte asiatique. Ses nombreuses maisons en bois, datant de l'Empire ottoman, créent une atmosphère qui rappelle les jours anciens et sereins d'Istanbul (à gauche). Ces hommes, installés à la terrasse d'un café, jouent aux cartes tout en buvant du thé (ci-dessus), jouissant de la fraîcheur de la treille et de la brise du Bosphore et pratiquant le *Keyif*, l'art de cueillir le temps qui passe.

Dans ce café traditionnel turc du Grand Bazar (le *Şark Kafesi*) [ci-contre] est accroché un portrait de Nasrettin Hoca. Nasrettin Hoca, généralement représenté sur son âne, est un sage turc qui vécut en Anatolie au XIIIe siècle. Plein d'esprit, ce dernier forgeait des maximes en toute occasion, et les Turcs racontent toutes sortes d'histoires drôles à son sujet. On dit ainsi que la porte qui donne accès à sa tombe est fermée à clé, mais que cette porte n'est liée à aucune clôture, ainsi tous ceux qui s'approchent de la tombe de Hoca ont le sourire aux lèvres (ci-contre).
Boutique d'objets en cuivre et en bronze dans le *bedesten*, au cœur du Grand Bazar où se trouvent les marchandises les plus précieuses.
En bas à droite, rue typique du Grand Bazar, l'un des plus extraordinaires marchés au monde.
Les riches couleurs et décors des babouches (ou *terlik*) que portent les femmes turques chez elles semblent vouloir compenser la tristesse des vêtements qu'elles portent à l'extérieur (à droite).

pêche qui, situé sur la mer de Marmara, peut se vanter d'avoir quelques-uns des meilleurs restaurants de poisson de la ville.

Un ancien village de gitans se dissimule à Sulukule, à l'intérieur des murailles de Théodose, au fond de la vallée qui sépare la sixième de la septième colline. Les gitans sont venus s'installer ici à la fin du XIIIe siècle, après avoir été nommés par l'empereur Andronic II Paléologue gardes-chasse des réserves impériales situées à l'extérieur des murailles de Théodose. Les gitans vivent avec des ours dansants qu'ils promènent dans toute la ville d'Istanbul. C'est là l'une des activités qui, depuis plus de sept siècles, leur valent des ennuis avec la police municipale. Evliya nous apprend que les gitans formaient un groupe à part entière à la procession impériale de 1638, précédant les bouffons et les imitateurs.

Le versant de la septième colline qui descend jusqu'à la mer de Marmara était connu, il y a encore peu de temps, sous le nom de Samatya, un nom qui remonte au moins au

Yöneten: Atilla KIZILTAN
4062
12 Ağustos
4012
Eylül ayı vatandaşı çıra gibi yakacak. Bir
lar, öbür yanda kış için odun-kömür
cek vergiler de aile bütçesi
Okula ad
yonu geçti
olan okul-
l'de ödene-
Sezgin GELMEZ
YAKACAK BÜYÜK PARA
Odun ve k
birlikte yanacağız
Son ödeme tarihi Eylül ayında
olan vergi prim ve fonlar
Kur'luya yeni tablo

KOLLEKTİF ŞİRKETİ
İMALAT - TOPTAN
No. 22
MonAmi
OKULİŞ
AFPC
ESANS
SATIŞ
EVEREADY
ENERGIZER
AKIN
OYUNCAK

v^e siècle av. J.-C. Le versant était alors occupé par un port de pêche situé à l'extérieur de Byzance. Là s'étend actuellement le quartier résidentiel le plus ancien de la ville, encore habité par un grand nombre de Grecs et d'Arméniens, bien que la population soit devenue en majorité turque. Dans ce charmant quartier, on rencontre encore quelques marchands ambulants, tandis que dans les quartiers plus modernes situés au nord de la Corne d'Or, ils ont totalement disparu. Ici, chacun d'entre eux attire l'attention du client en émettant un son à nul autre pareil. Le vendeur de *boza*, la boisson favorite des janissaires, prolonge indéfiniment le sien. A Samatya, on croise parfois un vieux vendeur de *macun*, qui incite les enfants à réclamer cette pâte sucrée multicolore en chantant : « Pleure, petit, pleure/ Pleure pour que ta mère t'achète ton *macun* ! ».

Le plus grand mausolée musulman d'Istanbul se trouve à Eyüp, un village situé au-dessus de la Corne d'Or, à l'extérieur des murailles de Théodose, et desservi par ferry à partir de Stamboul. Il a été donné à ce mausolée le nom d'Ebu Eyüp, ami et disciple du Prophète tué au cours du premier siège de Constantinople (674-678). Parmi les hommes en prière figurent de jeunes garçons vêtus de costumes de fête, venus ici en pèlerinage après leur circoncision.

Dans le cimetière musulman d'Eyüp, d'une extraordinaire beauté, la succession de pierres tombales surmontées de turbans ou de motifs floraux en relief peut sembler énigmatique : dans le premier cas, le défunt est un homme ; dans le second, une femme, et le nombre de roses sculptées correspond au nombre d'enfants qu'elle a portés en son sein. Dans le cas des hommes, les épitaphes sont souvent

Allée du marché reliant le Marché égyptien au Grand Bazar (à gauche). Les Istanbuliotes surnomment « chameaux » les portefaix (*hamal*) qui déchargent les camions et portent d'énormes charges à travers ces allées étroites. Ces hommes sont indispensables, car, pour apporter la marchandise jusque dans les profondeurs labyrinthiques des vieux *han*, ils traversent des rues escarpées, parfois même entrecoupées d'un escalier, où aucun véhicule ne peut circuler.
Le *Sahaflar Çarşısı*, ou marché aux livres d'occasion, délicatement ombragé, est un havre de fraîcheur et de tranquillité qui contraste avec l'animation bruyante des alentours de la mosquée de Beyazıt, toute proche (ci-dessus et ci-contre).

Scènes du Mısır Çarşsı, ou Marché égyptien. La brûlerie de Mehmet Efendi et Fils, « fournisseur du meilleur café turc depuis 1871 », est particulièrement attirante ; les cafés sont conditionnés sur place, au cœur du marché (ci-dessous). C'est dans ces boutiques vivement colorées, où s'empilent flacons, jarres, sacs exhalant les parfums les plus délicieux (à droite), que l'on peut acheter, à côté des épices et fruits secs de toutes sortes, des gâteaux de miel et du *sahlep*, bulbe d'orchidée qui se présente sous la forme d'une poudre blanche très onéreuse lorsqu'elle est vendue pure, pour préparer une boisson lactée délicieuse.

pleines d'humour et poétiques, comme en témoigne celle d'une tombe en bordure d'allée : « Oh, passant, épargne-moi tes prières, mais je t'en prie ne vole pas ma pierre tombale ! »

En haut du cimetière se situe un vieux café, le café Pierre Loti, que l'écrivain français a souvent fréquenté au cours de ses années à Istanbul. La vue qu'offre ce café au coucher du soleil invite tout particulièrement au romantisme, lorsque la silhouette des pierres tombales enturbannées et des cyprès fantomatiques se découpe sur le cimeterre de la Corne d'Or, dont les eaux chatoyantes virent au doré à la lumière du soleil couchant.

Sur l'autre rive de la Corne d'Or, un vieux funiculaire souterrain construit en 1874, le Tünel, va brinquebalant de Galata à Pera, l'actuel Beyoğlu. A son terminus, Istiklal Caddesi qui n'est autre que la plus grande avenue de Beyoğlu, un tramway attend les amoureux des anciens moyens de transport. Récemment remis en service, il longe l'avenue jusqu'à la place de Taksim et s'arrête devant le célèbre lycée français. L'avenue étant interdite à la circulation automobile, on y retrouve le charme d'autrefois – celui de la Grand-Rue de Pera. Elle était alors flanquée de d'élégantes résidences, ambassades des puissances européennes, mais aussi de grandes maisons dans lesquelles résidaient les riches minorités de l'Empire ottoman, notamment les Grecs, les Arméniens, les Juifs séfarades et les Européens du Levant, dont le nombre a considérablement diminué au cours des cinquante dernières années.

L'ancien Pera invite à remonter encore dans le temps, jusqu'en 1492, année de fondation de son monastère derviche, le Galata Mevlevi Tekke. Au centre du *tekke*, les *mevlevi* exécutaient, sur des mélodies obsédantes jouées à la flûte (*ney*), les danses mystiques qui les ont rendus célèbres en Europe sous le nom de derviches tourneurs. Du temps de l'Empire ottoman, Istanbul comptait de multiples *tekke*, mais celui-ci est actuellement le seul qui demeure ouvert au public et qui rappelle ce qu'était la ville du temps des derviches.

Dans une rue perpendiculaire à Istiklal Caddesi et dans les ruelles voisines se tient un marché pittoresque, le marché au poisson de Galatasaray. Tout près, une arcade en verre donne accès à une allée couverte en L. Il s'agit du célèbre Çiçek Pasajı ou passage aux Fleurs. L'allée est flanquée de toute une série de *meyhane*, brasseries turques animées et logées au rez-de-chaussée d'immeubles autrefois chic qui constituaient la Cité de Péra. Le passage a été restauré il y a une dizaine d'années et nettoyé pour les besoins du tourisme, de sorte que la plupart des marginaux qui avaient l'habitude de s'y retrouver – acrobates, marchands ambulants, clochards et petits délinquants – n'ont plus le droit d'y entrer, à l'exception de deux musiciens ambulants, dont un aveugle qui

BASTER
HAKKARI ŞEMDİNLİ
ÇİÇEK BALI
1 kg. 60.000.

Vieux manoir à Fener, l'ancien quartier grec d'Istanbul situé sur la rive sud de la Corne d'Or (ci-contre). Cette boutique est celle de Muzaffer Bey, barbier à Kuzguncuk, un ravissant petit village situé sur la côté asiatique du Bosphore (ci-dessous). Kuzguncuk rappelle ce que fut Istanbul sous l'Empire ottoman : les habitants de ce village vivent depuis toujours en parfaite harmonie, indépendamment de leurs origines et de leurs religions. Voilà pourquoi, à deux pas de la boutique de Muzaffer Bey, se dressent une mosquée turque, une église grecque, une église arménienne, et une synagogue.

chante et joue de airs traditionnels ottomans.

Le monde de l'écriture, du théâtre et du cinéma se rencontre au Café Pub et au Papyrus, bars de l'Istiklal Caddesi, entre Galatasaray et Taksim. Le cinéma turc a élu domicile dans les rues labyrinthiques du vieux Pera, au cœur de Beyoğlu. Au nord de Taksim, Cumhuriyet Caddesi conduit aux quartiers plus modernes de la ville : Harbiye, Sişli, Maçka et Nişantası. Dans Cumhuriyet Caddesi, une rue à gauche descend à Kurtuluş, un ancien quartier où quelques tavernes grecques ont su préserver l'atmosphère du temps où le quartier s'appelait Pera.

Des ferries relient fréquemment Eminönü et Kabataş à Üsküdar, et de petits taxis maritimes effectuent aussi la traversée dès qu'ils ont fait le plein de passagers. Les scènes de rue évoquent davantage la Turquie d'autrefois à Üsküdar que sur la rive européenne, car la plupart des habitants sont arrivés récemment : venus d'Anatolie, nombreux sont ceux qui vivent dans des maisons ottomanes en bois, qu'on ne trouve plus du tout dans les autres quartiers d'Istanbul. La principale avenue, conduisant du débarcadère à l'intérieur des terres, mène au cimetière de Karaca Ahmet, le plus grand cimetière de toute la Turquie. Certaines de ses pierres tombales datent du XVe siècle.

Au-dessus d'Üsküdar se dresse Büyük Çamlíca, la grande colline aux pins, point culminant de la région du Bosphore. Dans le parc, le belvédère offre une vue magnifique sur le Bosphore inférieur et la cité impériale, située sur l'autre rive du détroit.

A partir d'Üsküdar et d'Eminönü, les ferrys emmènent les voyageurs en une petite heure vers les îles des Princes. Ce petit archipel est constitué de neuf îles : quatre relativement grandes et constamment peuplées ; cinq minuscules, habitées – lorsqu'elles le sont – uniquement l'été. Les ferrys desservent les quatre plus grandes : Kınalı, Burgaz, Heybeli et Büyükada, ou Prinkipo en grec, la plus étendue et la plus connue. Bien que très proches de la ville, ces îles ont été jusqu'à présent relativement protégées et, avec leurs vieilles maisons en bois, elles conservent un peu l'atmosphère et le charme des derniers jours de l'Empire ottoman. Büyükada demeure la plus belle, particulièrement au printemps : lorsque la glycine et les bougainvillées relèvent de leurs couleurs les façades fanées des grandes demeures, lorsque les arbres de Judée couvrent de leurs fleurs roses et pourpres les deux collines de l'île. Les sérénades des rossignols se répondent les nuits de lune claire et les grands vols de cigognes dessinent des spirales dans le ciel vers leurs nids du mont Ayios Yorgios (Saint-Georges) où elles reviennent chaque année. Du sommet de ce mont, la vue est superbe sur les îles des Princes éparpillées sur la mer de Marmara et au-delà, il est possible de découvrir par temps clair le dessin des dômes et des minarets d'Istanbul, l'incomparable cité impériale.

*Traduit de l'anglais*
*par Lydie Echasseriaud*

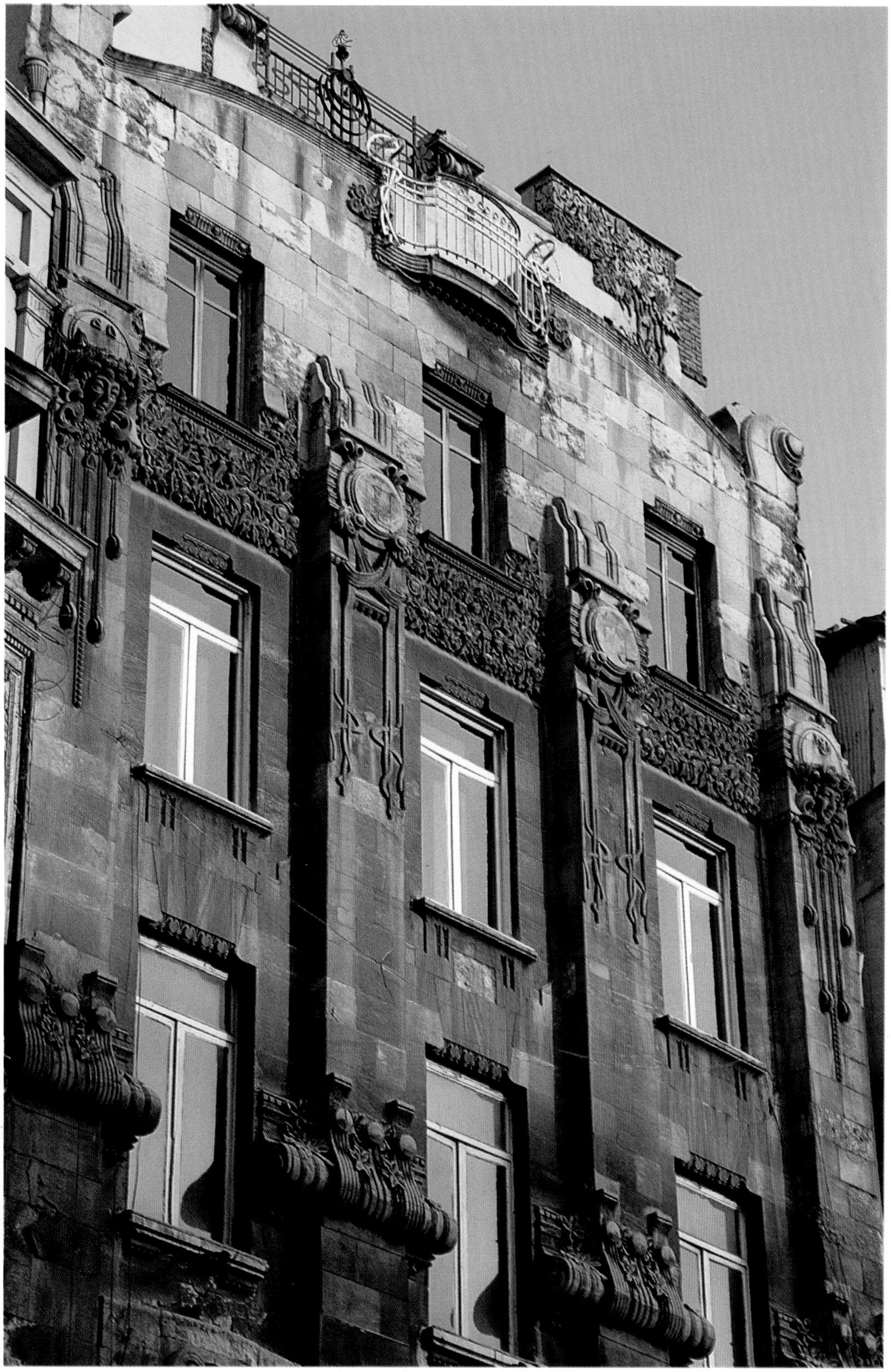

Bâtiment datant de la fin de l'Empire ottoman et situé sur l'Istiklal Caddesi, la principale avenue de Beyoğlu. A cette époque, les ambassades des grandes puissances européennes bordaient cette avenue, alors connue sous le nom de Grand-Rue de Péra. Ces ambassades ne sont plus aujourd'hui que des consulats (ci-contre).
Rosace de la gare de Sirkeci, terminus du célèbre Orient-Express qui relie Paris à Istanbul depuis 1888 (ci-dessus).

Büyükada, la plus grande île de l'archipel situé en mer de Marmara, au large d'Istanbul. Dans ce chapelet d'îles – les îles des Princes dont Lamartine a tant apprécié la paix idyllique –, la circulation automobile est interdite. Presque tous les véhicules sont tirés par des chevaux, et tous les taxis sont des phaétons, ces magnifiques calèches qui ont disparu des rues d'Istanbul.

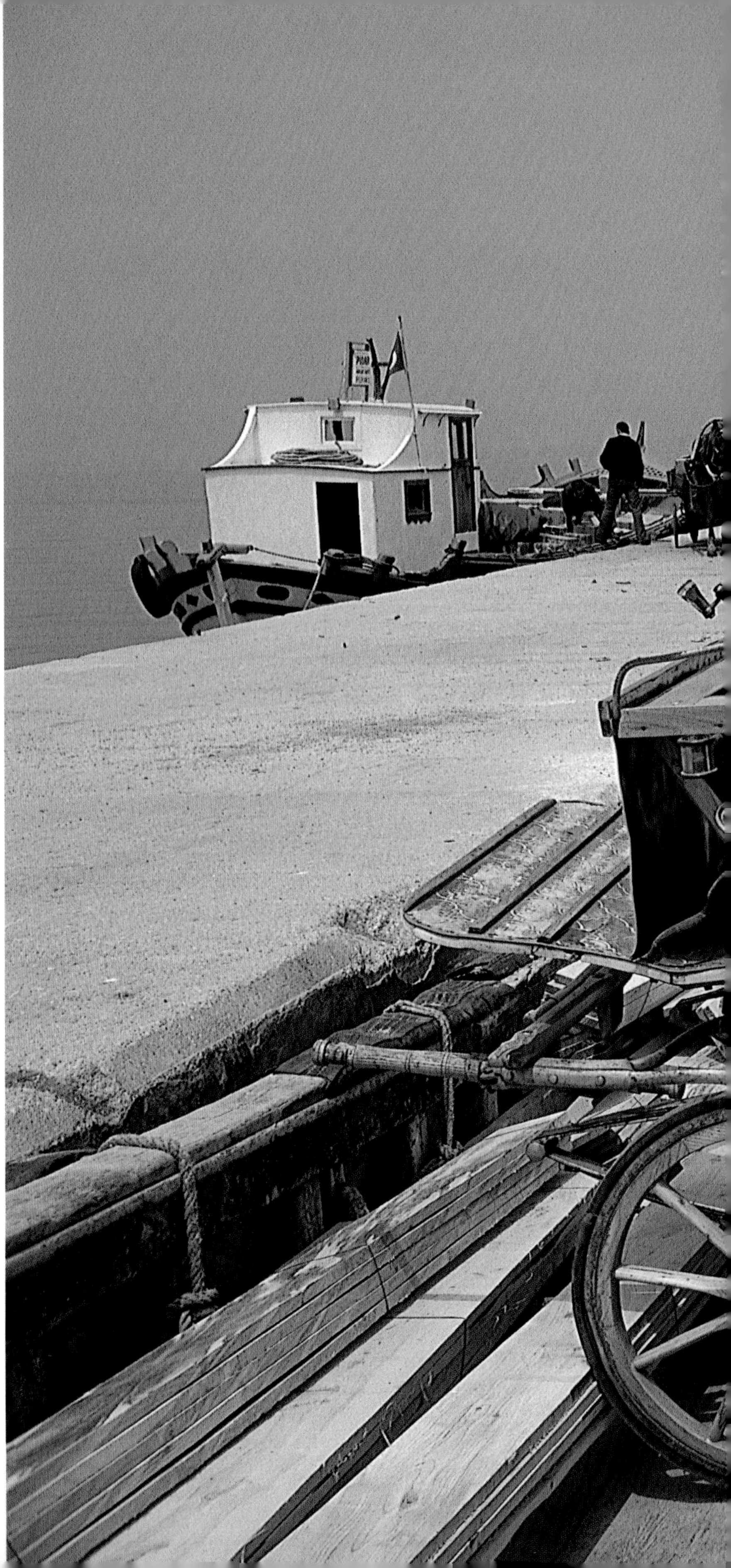

# Interieurs

par Arzu Karamani et Caroline Champenois

Fragiles *yali* des rives du Bosphore ou appartements au cœur de la ville, anciennes demeures ottomanes ou maisons contemporaines, les plus beaux intérieurs d'Istanbul ressemblent à ses plus beaux extérieurs, habités par la même magie de mer et de lumière, de cuivre et de bois, de Byzance et Constantinople, d'Orient et d'Occident.

# LES YALI DU BOSPHORE

par Arzu Karamani

A chaque saison, à chaque heure du jour, le Bosphore change ses contours, ses couleurs, ses parfums. Entre ses deux rives on croirait un paysage de fleuve, mais à voir les grands bateaux et les mouettes on sait que c'est un paysage de mer. Ce sont des brumes d'hiver où les deux rives s'estompent, et l'été des éclats de soleil sur l'eau d'un bleu profond. Ce sont un jour des senteurs de roses et de jasmin, et l'autre le grand air du large salé par la mer.

Tels des navires de bois ancrés sur les rives, les *yalı* sont les témoins plus que centenaires de ce spectacle toujours changeant. Belles demeures au bord de l'eau, édifiés par l'aristocratie ottomane entre le XVII^e^ et le XIX^e^ siècle, ils furent conçus comme des résidences d'été. Bâtis entre l'ombre douce de leurs jardins et le souffle de la brise marine, ils permettent, dans leurs vastes pièces largement aérées, d'échapper à la touffeur de la ville.

Si aucun des *yalı* ne ressemble à un autre, différent par le style de son architecture, par les ornements et la couleur de sa façade, la plupart d'entre eux respectent le même plan symétrique que seul un accident, comme un incendie, a pu parfois altérer : deux entrées – l'une côté mer, l'autre côté jardin –, s'ouvrent sur un salon central cruciforme, le *sofa*, encadré par quatre pièces d'angles, les chambres ou *oda*. Ce plan divisait autrefois le *yalı* en deux espaces, celui des femmes, le *harem*, et celui des hommes, le *selamlık*.

Le mot *yalı* vient du grec *ghialos* : rive, bord de mer. Habiter un *yalı* c'est en effet habiter avec l'eau, convier la mer dans son salon, considérer les sirènes des navires, le cri des mouettes et le clapotis des vagues comme tous les autres bruits familiers de la maison. C'est surtout habiter une rive, et ici, sur le Bosphore, la rive d'un continent face à la rive d'un autre. C'est donc vivre chaque jour, intimement, la singularité d'Istanbul qui fait toute sa magie : entre l'Occident et l'Orient, la rencontre de deux mondes.

**LE *YALI* DE FETHI AHMED PAŞA.** Aucun autre intérieur de *yalı* n'illustre aussi bien cette rencontre que celui du *yalı* de Mocan. Bâti en 1732

Un rideau s'ouvre sur l'univers magique des *yalı*. Il fait partie d'un trompe-l'œil ornant une chambre du *yalı* de Sadullah Paşa (pages précédentes). Grâce au *yalı* de Mocan, ou « *yalı* Rose », dont Le Corbusier admirait l'architecture, le vert, le rose et le bleu s'unissent depuis deux siècles sur la rive asiatique du Bosphore, près d'Üsküdar (ci-dessous).
De la petite terrasse fleurie au bord de l'eau, on contemple les grands palais de la côte européenne. Le sol est une mosaïque de galets de marbre noirs et blancs, provenant de Malte, à motifs floraux (à gauche).

L'étage en encorbellement, soutenu par des consoles, est l'une des originalités du *yalı* de Mocan, avec sa couleur (ci-dessus). Une couleur rehaussée encore par les galets noirs de la mosaïque, à l'entrée nord de la maison. Derrière les grandes fenêtres de l'entrée, on aperçoit le double escalier d'inspiration vénitienne (ci-contre). Dans le « salon doré » du premier étage, la lumière du soleil couchant joue sur les tissus clairs et s'attarde sur un fauteuil propice à la méditation (à droite).

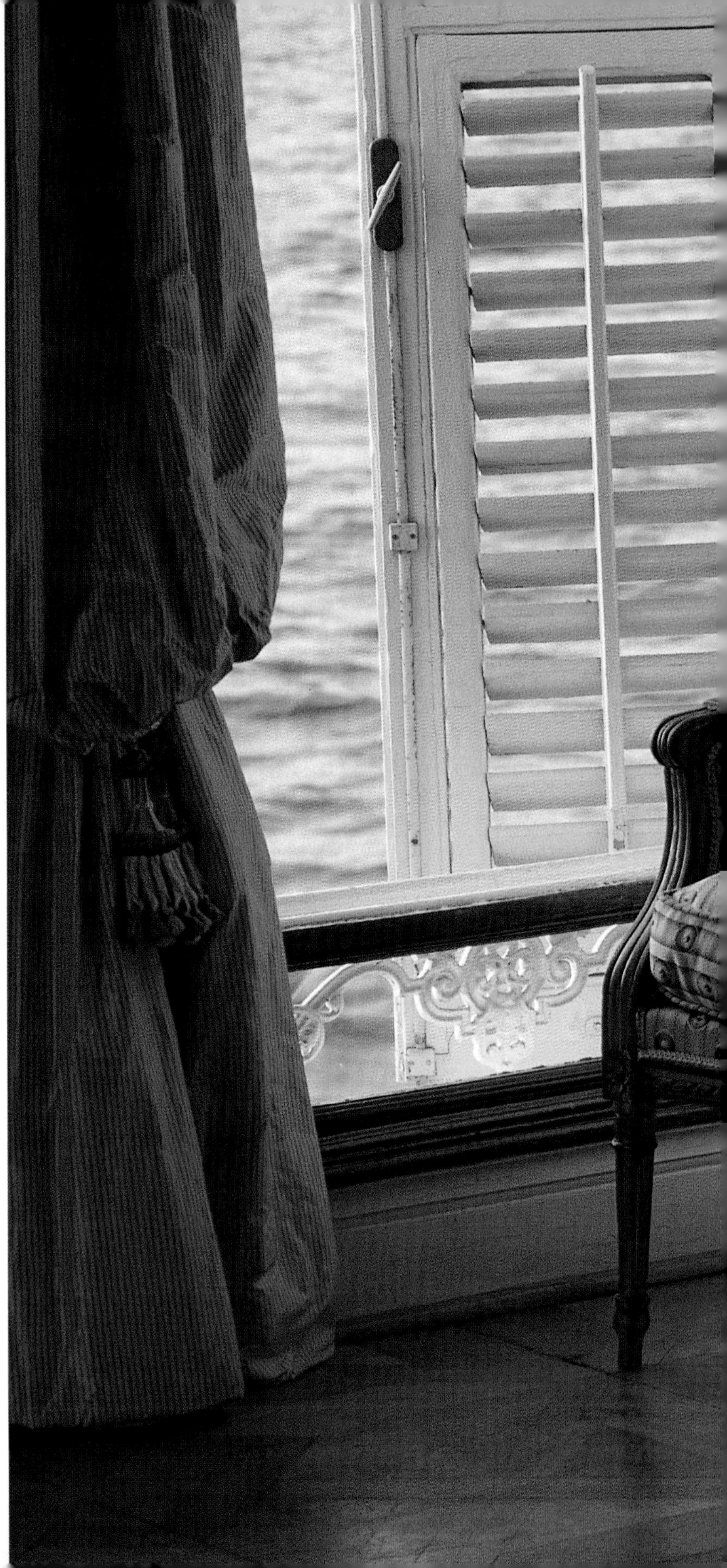

Le « salon doré » est sans doute la pièce la plus « européenne » du *yalı* de Mocan. Le motif des murs décorés de stencils s'inspire du décor vénitien du plafond, les rideaux sont anglais et les sièges français. Mais le grand tapis Uşak du XVIIIe siècle donne sa note ottomane à cette pièce évoquant un salon de paquebot.

sur la rive asiatique par le général Fethi Ahmed Paşa, il prit au XXe siècle le nom de Mocan quand l'habita l'un de ses descendants, l'homme politique Şevket Mocan. Mais on l'appelle aussi le *yalı* Rose, pour sa couleur si bien accordée à tous les pastels du Bosphore. Très en contrebas de la route entre les villages d'Üsküdar et de Kuzguncuk, bien caché par les cyprès et les arbres de Judée, on ne peut le voir que de la mer. Si une grande partie du *yalı*, dont le harem, a disparu au cours d'un incendie en 1920, les quelque vingt pièces qui demeurent en font encore un splendide palais d'été. Les consoles, qui l'entourent à sa base, soutiennent les pièces en saillie de l'étage et semblent des bras qui l'empêchent de se pencher vers l'eau, font sa principale originalité architecturale.

L'une des filles de Şevket Mocan, Rüya Nebioğlu, a présidé à sa décoration actuelle. Décoratrice elle-même, vivant une partie de l'année à Londres, elle a voulu d'abord faire entrer la lumière et les couleurs dans des pièces qu'elle avait toujours connues étouffées par un mobilier sombre et massif. D'où un choix de tissus, de papiers peints, de tapis, de rideaux et de stores, où dominent les motifs fleuris et les tons clairs.

Puis, pour renouer avec l'histoire et la nature particulière du Bosphore, mais aussi

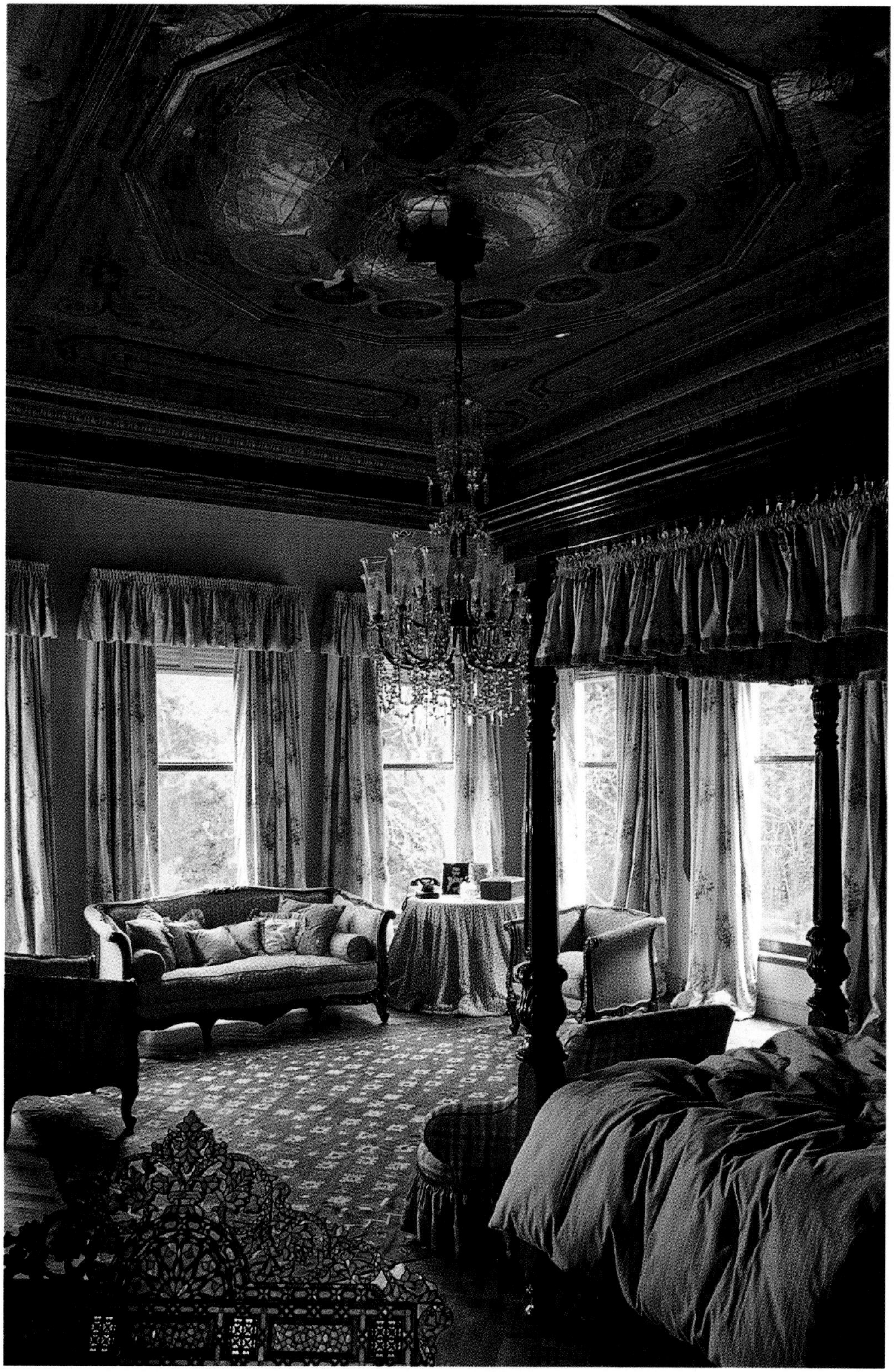

La chambre à coucher de Rüya Nebioğlu donne sur le jardin. Comme dans tout le *yalı* elle a voulu réunir ici l'européen et l'ottoman : le grand kilim rose de Şarköy à motifs floraux et la chaise en bois au dossier incrusté de nacre s'harmonisent parfaitement avec le mobilier anglais (ci-contre).
La belle fontaine en marbre blanc de la salle à manger, avec ses vasques superposées en forme de coquillages et son décor de faïence, date du XVIIIe siècle (ci-dessus).

Le « salon doré » ne mérite jamais mieux son nom qu'au soleil couchant. Une lumière chaude et sereine s'empare alors du décor, caresse les contours de ce splendide canapé Louis XV, rassemble les fleurs du pouf, de la toile du XIXe siècle et du décor mural (ci-contre). Une scène que semble observer d'un regard bienveillant Kemal Atatürk, dont l'élégante silhouette en uniforme paraît derrière une porte (ci-dessus).

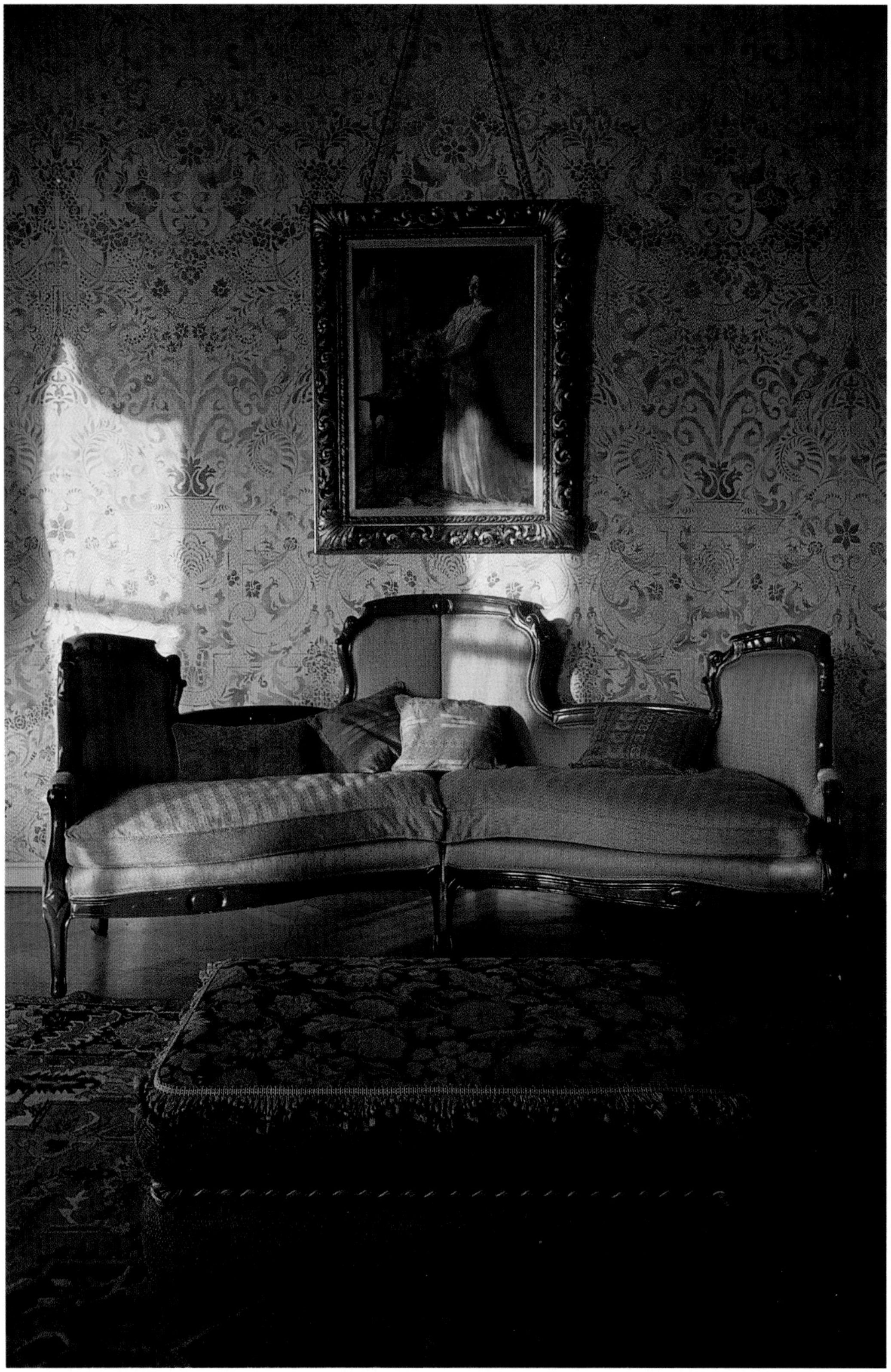

pour illustrer son propre style de vie, elle a choisi de mêler dans sa décoration l'européen et l'ottoman. Dans la grande salle à manger, par exemple, une fontaine en marbre, ornée de faïences de Kütahya du XVIIIe siècle, cohabite harmonieusement avec quelques chaises portugaises du XVIIe. Et dans le grand salon très anglais du rez-de-chaussée, le plancher est couvert de kilims. En décidant de confronter ces deux mondes, Rüya Nebioğlu n'a fait que ressusciter l'ancien esprit de la maison. Dès sa conception, le *yalı* Rose se caractérisait par ce mélange des genres. Ses premiers occupants avaient imité les sultans, dont le palais de Dolmabahçe s'inspirait de divers styles européens. On peut contempler ainsi, dans le salon du premier étage, les ornements du plafond, la marqueterie et les parquets, œuvres des artisans vénitiens qui au XIXe siècle décorèrent le palais de Dolmabahçe. Quant au magnifique

De grandes fenêtres s'ouvrant sur le jardin illuminent le bureau de Şevket Mocan, au beau parquet marqueté (ci-dessus). Un brasero en laiton scintille au soleil. Pendant longtemps, les braseros furent les seuls systèmes de chauffage dans les *yalı* (à gauche).

escalier du grand hall, orné de ses très vénitiennes balustres en forme de lyre, il abrite depuis 1840 un ensemble de sièges de bois finement sculpté... en Inde.

**LE *YALI* DE RAHMI KOÇ.** « Vous devez absolument venir en bateau ! » avait insisté Ömer Koç qui habite l'un des plus beaux *yalı* du Bosphore, blanche demeure du XIXe siècle située à

Dans le *sofa* du *yalı* de Rahmi Koç, bâti en 1895 et abritant aujourd'hui une admirable collection de meubles et d'œuvres d'art, cette structure en bois traditionnelle a été conservée. Elle délimite un petit salon et ses divans (ci-dessus).

Anadoluhisari, sur la rive asiatique. Je n'ai pas regretté d'avoir suivi son conseil. Car en approchant le *yalı* par la mer on découvre peu à peu les détails de son architecture, et c'est un plaisir intense que devaient d'autant mieux goûter les dignitaires ottomans d'autrefois qu'ils se déplaçaient à la vitesse mesurée des caïques.

On débarque sur un petit quai, on passe entre deux statues de lion montant la garde, puis on franchit la porte du *yalı*. Dès l'entrée, on reconnaît le plan cruciforme traditionnel de ces palais de bois, cet espace de calme et de simplicité que même un riche mobilier ne peut altérer. Les canapés européens du XIXe siècle, les vases chinois, les très précieux kilims anciens, la collection d'antiques, et, sur les murs, les aquarelles représentant l'Istanbul d'autrefois s'exposent ici avec la même élégance. On les admire tour à tour, passant devant les fenêtres ouvertes sur le Bosphore où se découpe, sur l'autre rive, la forteresse de Rumeli.

Rahmi Koç et son fils Ömer sont tous deux des collectionneurs avertis. Chacune de leurs collections a sa place, choisie avec soin, dans la maison. Celle de livres anciens, composée surtout d'ouvrages sur Istanbul, a été réunie par Ömer. Elle est disposée sur des rayonnages au premier étage, entre les chambres à coucher et le salon privé où l'on apprécie une décoration simple et chaleureuse.

Au rez-de-chaussée, une porte du grand salon s'ouvre sur un beau jardin en terrasses. Les murets qui le bordent sont ornés de stèles romaines et byzantines, dont la plupart ont été découvertes lors du creusement des fondations du *yalı*. On contemple aussi, discrètement placée dans un coin du jardin, une impressionnante collection d'amphores, et un peu plus loin une table composée de deux plateaux de verre posés sur deux grands gouvernails placés côte à côte. Tous ces détails s'offrent comme des trésors à demi enfouis dans la verdure. Au visiteur qui les découvre, ils rappellent encore une fois le lien qui depuis toujours, à Istanbul, unit l'histoire à la nature. Enfin s'ajoute le charme de la treille longeant la rive. On y prend un verre entre amis, de préférence le soir, quand le Bosphore s'enflamme au soleil couchant.

**LE *YALI* DE NURI BIRGI.** Quand les habitants de Megara, en Grèce, décidèrent de quitter

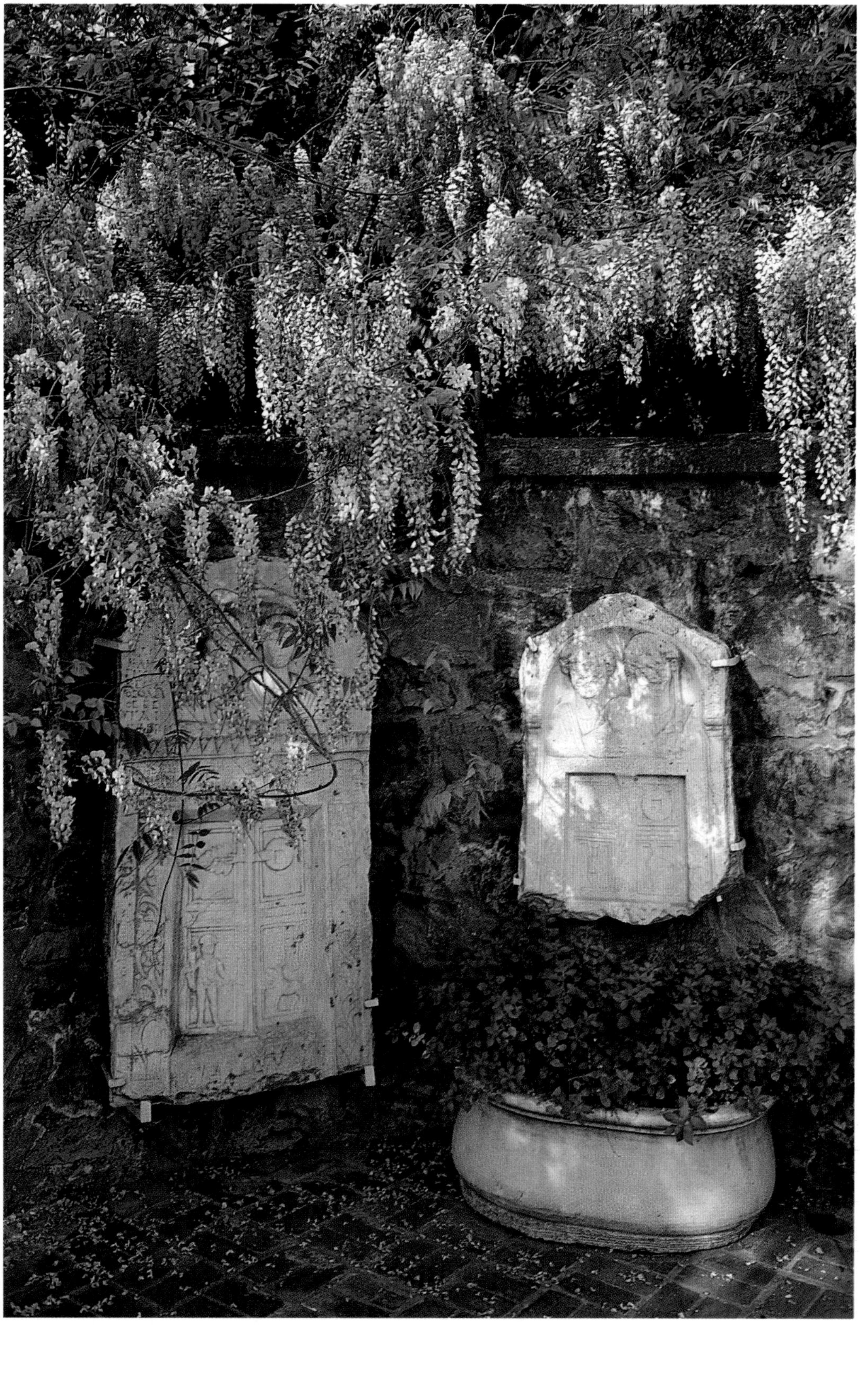

Tout comme les palais vénitiens, les *yalı* se prolongent sur l'eau qui les borde (en haut). Le Bosphore est la pièce la plus vaste et la plus lumineuse de tous ces *yalı*, que l'on ne cesse d'habiter du regard. Tandis que le jardin (ci-dessus) est la pièce la plus fraîche et la plus parfumée de tous les *yalı*, et ici, dans celui de Rahmi et Ömer Koç, on aime y contempler des trésors : ces stèles byzantines, par exemple, découvertes lors de la construction du *yalı* (ci-contre).

Ici, la sobriété et le raffinement sont les maîtres mots du décor. Ainsi le canapé français du salon donnant sur le Bosphore, datant du XIXe siècle, d'un beau rouge uni, souligne par sa simplicité les motifs bariolés du kilim (ci-dessus). A sa gauche, une collection de têtes romaines en marbre est exposée sur un meuble en bois peint dans le style « Edirne » (ci-contre).

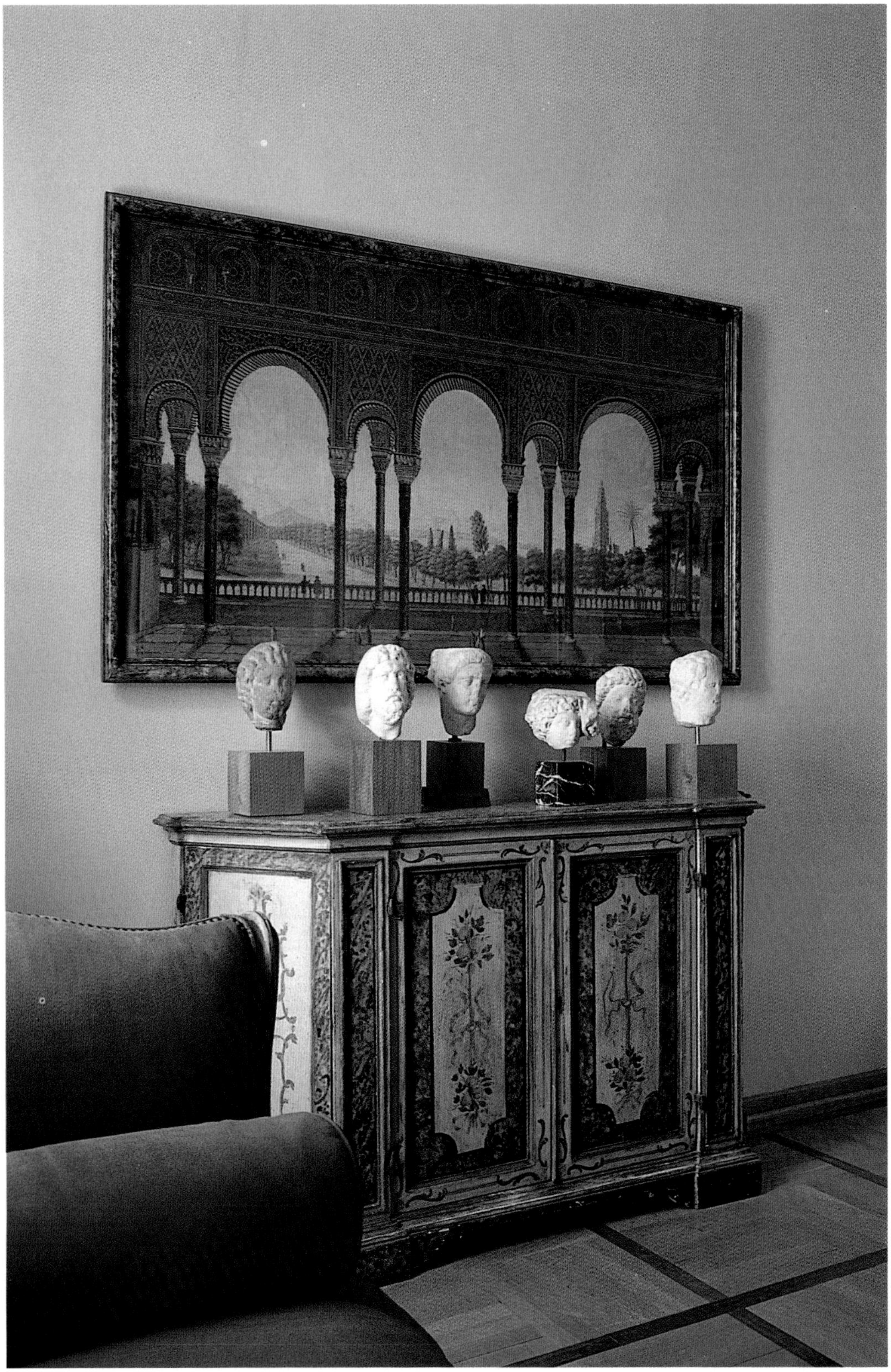

Ömer Koç a le souci du beau détail, telle cette nature morte – une rose en bronze et un vase en terre cuite – qu'il a lui-même composée et placée sur une console italienne du XVIIIe siècle.

leur terre ingrate, ils consultèrent l'oracle de Delphes pour savoir où ils devaient s'installer. L'oracle parla d'une terre qu'un peu de mer séparait du « Pays des aveugles ».

Cette terre était la péninsule où s'édifièrent bien plus tard le palais de Topkapı, Sainte-Sophie et la mosquée Bleue. Une terre magnifique que seuls des aveugles, ceux qui habitaient le pays de l'autre côté de la mer, pouvaient ne pas avoir choisie. Telle est la légende des origines d'Istanbul.

Qui oserait dire aujourd'hui que le *yalı* de Nuri Birgi se trouve au « Pays des aveugles » ? Certainement pas ceux qui ont la chance de le visiter ou, mieux encore, d'y séjourner quelques jours. Bâti au sommet de l'escarpement de la rive asiatique, à Salacak, il est un des rares *yalı* à ne pas avoir les pieds dans l'eau. Et de l'une de ses vingt fenêtres ouvertes sur la mer, sa position élevée offre d'Istanbul le plus beau des panoramas : la mer de Marmara, tous les minarets des mosquées, le pont de Galata, le palais de Topkapı.

C'est avec un même émerveillement qu'on découvre le domaine de Nuri Birgi. A l'extérieur, derrière le *yalı*, on s'égare dans le désordre un peu touffu de son jardin planté d'arbres de Judée se reflétant dans des petits bassins. A l'intérieur, parmi tous les objets et les meubles patiemment réunis par Muharrem

Au printemps, sur les rives du Bosphore, les arbres de Judée donnent leurs fleurs couleur lilas et c'est un enchantement. Dans le jardin du *yalı* de Nuri Birgi, dit « de l'Ambassadeur », ces fleurs se détachent sur le bois rouge de l'édifice, avant de tomber sur le sol où elles forment un tapis qu'on hésite à fouler. Muharrem Nuri Birgi a lui-même dessiné son jardin et décoré son *yalı*. Dans le sofa du premier étage, il a parfaitement réussi à marier le mauve des fleurs des arbres de Judée au gris perle des murs.

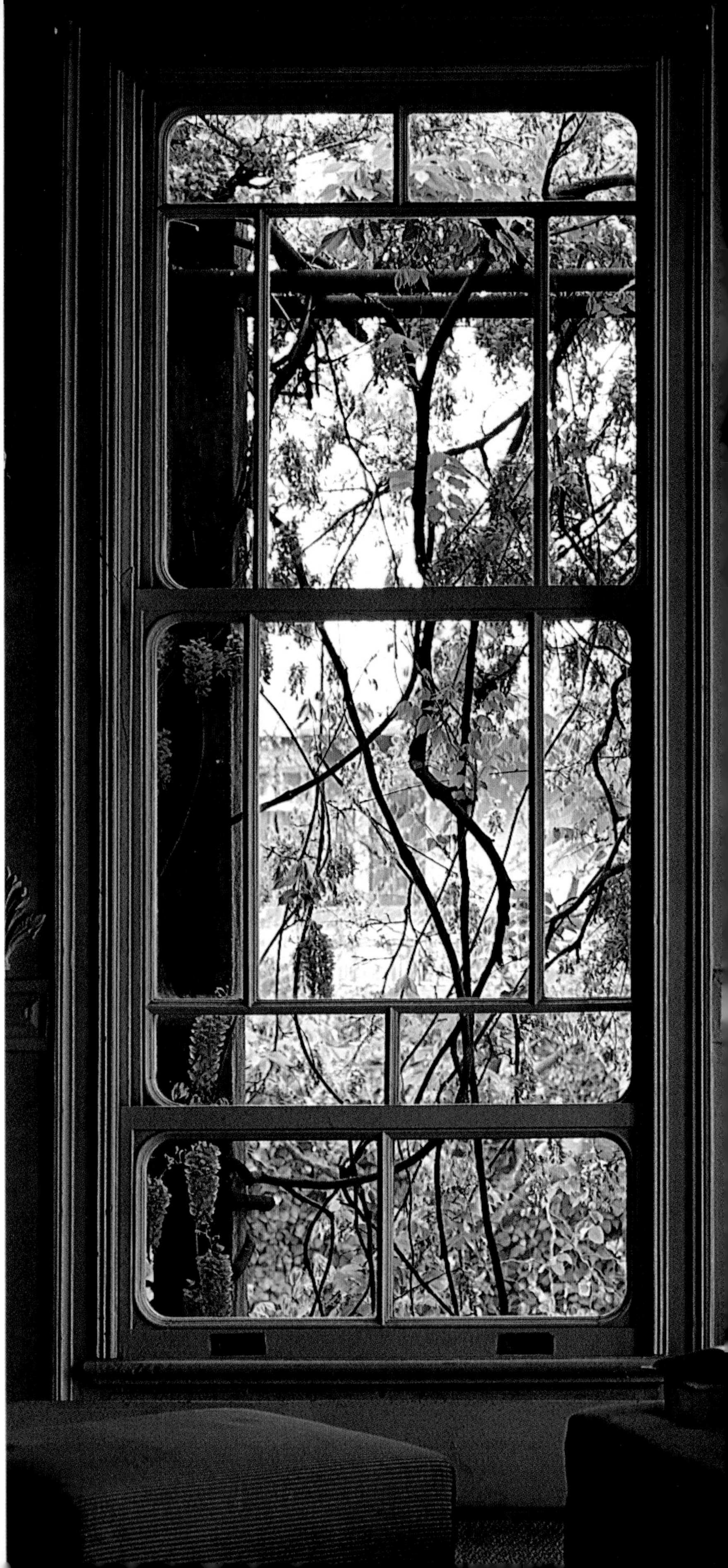

MICHELANGELO DRAWINGS
GOYA

L'actuel propriétaire du *yalı* de l'Ambassadeur, Selahattin Beyazit, conserve tous les objets et le mobilier réunis par Nuri Birgi. Des concerts et des réceptions sont donnés dans la salle à manger du rez-de-chaussée

(en bas, à droite), où sont exposés quelques-uns des plus beaux trésors du *yalı* : gravures ottomanes, petits guépards de porcelaine (ci-dessus) astucieusement assortis à des coquillages tachetés, céramiques et porcelaines chinoises, danoises et allemandes, et, au centre, une grande table française du XIXe siècle. Au soleil du Bosphore, cette nature morte aux petites poires et à carafe de Bohême (page de droite) emplie certainement de limonade ne demande qu'à être dégustée...

Nuri Birgi, on admire sa collection de verres de Beykoz, ses céramiques chinoises, ses nombreuses aquarelles, ses calligraphies. Et partout on glisse dans les jeux d'ombre et de lumière donnés par les volets de bois qui s'ouvrent ou se ferment selon l'humeur du temps.

Muharrem Nuri Birgi fut ambassadeur de Turquie en Grande-Bretagne et à Bruxelles auprès de l'OTAN. Il acheta le *yalı* en 1968, qu'on appela dès lors, aussi, le *yalı* « de l'Ambassadeur ». Il le restaura avec amour, récupérant souvent quelques éléments d'autres *yalı* en ruine, le décora lui-même avec un goût parfait. Après sa disparition, son ami l'homme d'affaires Selahattin Beyazit en devint propriétaire. Il n'habite pas dans le *yalı*, mais l'entretient avec soin et en conserve pieusement tous les souvenirs. Certains visiteurs de marque ont le privilège d'y être reçus : Yehudi Menuhin y a joué, tandis que Malraux, Rockefeller ou lord Carrington, face à la ville déployée devant eux, y ont peut-être médité sur le destin d'Istanbul.

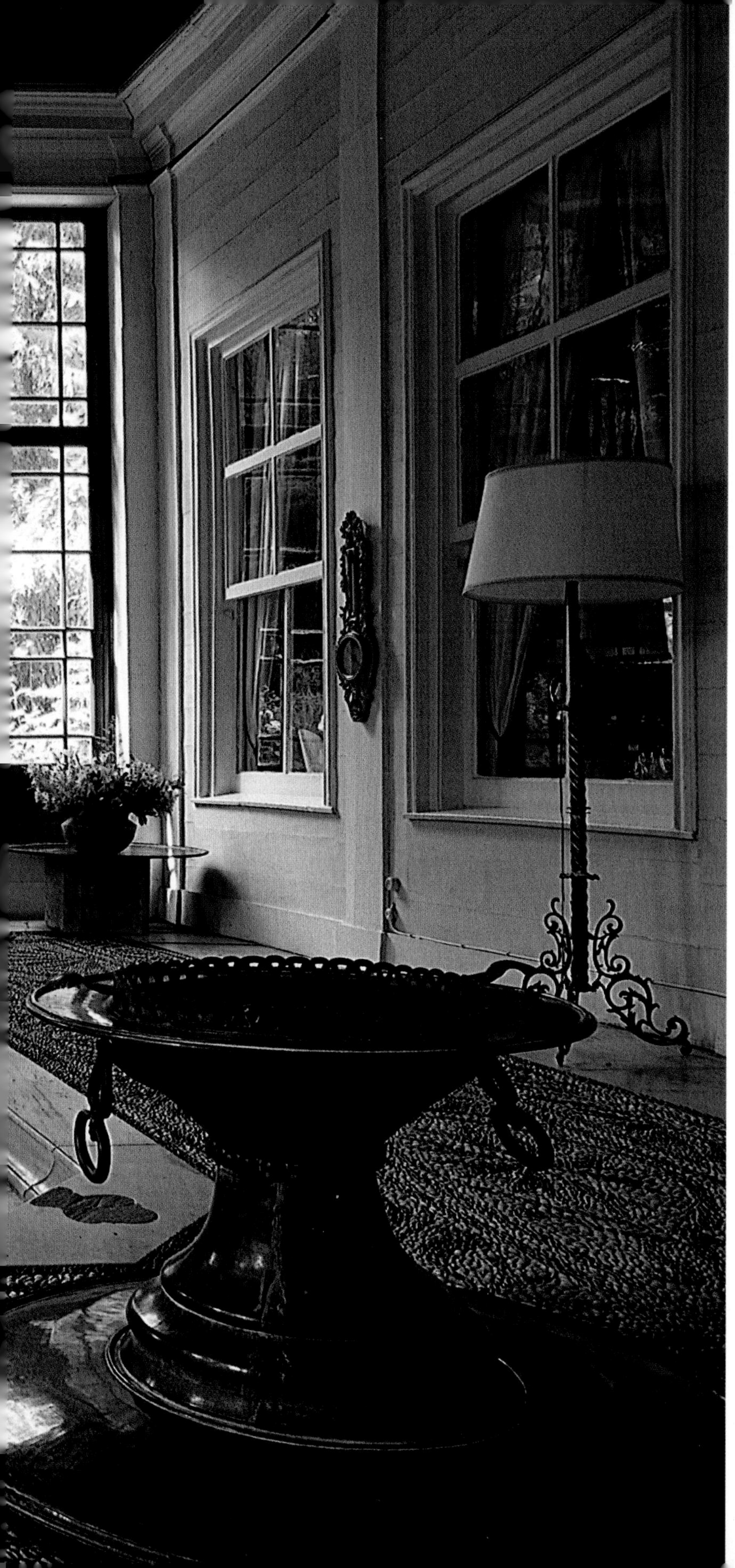

L'un des plus beaux sofas de l'un des plus beaux *yalı* : celui de Kıbrıslı. Ici le végétal, le minéral et l'eau prolongent l'univers du jardin, bien visible derrière les grandes fenêtres. La mosaïque de galets, la fontaine de marbre ou *şardivan*, le grand brasero ou *mangal*, les bas divans ou *sedirs* font, avec la lumière, le charme de ce sofa (à gauche).
Dans le jardin (ci-dessus), les massifs de pivoines, qui sont les fleurs fétiches du *yalı*.

Arrière-petit-fils de Mehmet Paşa Kıbrıslı, l'archéologue Selim Dirvana (ci-dessus), veille avec autant d'amour sur son *yalı* que sur sa nombreuse famille, qui habite en sa compagnie. Dans la magie aquatique des *yalı*, tout semble possible, même de boire un grand verre de raki accompagné de mûres noires et de mûres blanches... Il se boit de préférence avec des mets salés. Lorsqu'il est comme ici allongé d'eau et qu'il devient blanc, les Turcs l'appellent « lait de lion » (à droite).

LE *YALI* DE KIBRISLI. S'il est un *yalı* où l'on peut encore sentir vibrer le souffle du passé, c'est bien celui de Kıbrıslı, à Kandilli. Le long *yalı* blanc est adossé à la « colline des amoureux », couverte d'arbres de Judée, et ressemble à une jeune fille pâle allongée au bord de l'eau. De plan très simple, bâti en 1775 et bien conservé, il permet de saisir l'essentiel de la structure de ces résidences : encadrant un pavillon central à étage, se tiennent d'un côté le harem et de l'autre le *selamlık*, l'appartement des hommes. Aujourd'hui, celui qui vous accueille s'appelle Selim Dirvana. Il est l'arrière-petit-fils de Mehmet Paşa Kıbrıslı (le « Chypriote »), gouverneur de Jérusalem et plusieurs fois grand vizir, qui aménagea ce *yalı* dans les années 1850. Il avait été séduit par la particularité du site, unique sur le Bosphore : la côte fait ici un coude perpendiculaire à la mer et reçoit toute la fraîcheur de la brise.

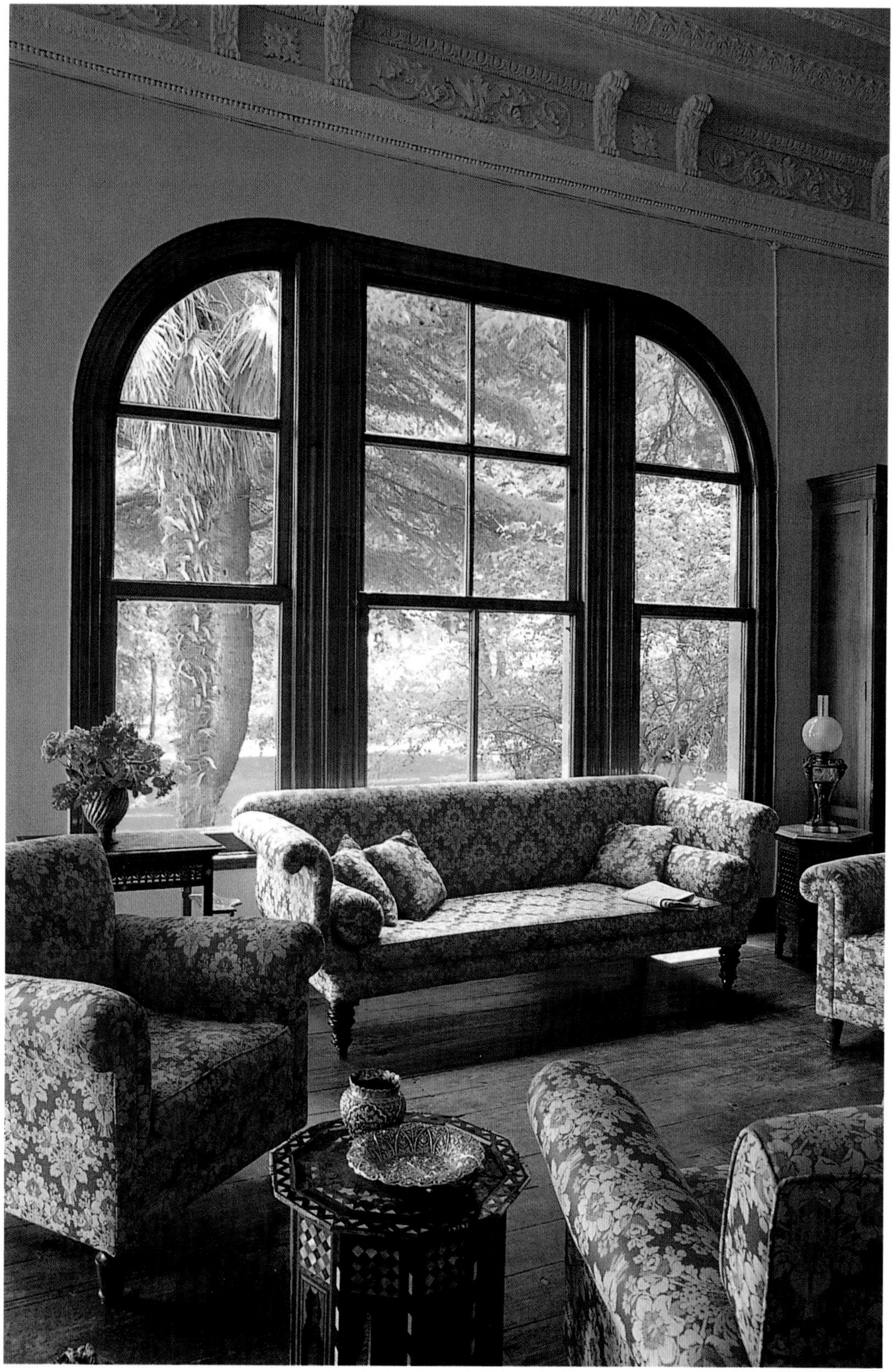

Le salon occidental du *yalı* s'ouvre d'un côté sur le jardin et de l'autre sur la mer (à gauche). C'est ici que le grand vizir né à Chypre – d'où son nom de Kıbrıslı (chypriote) – reçut, tout empreint du sentiment qu'il éprouvait pour elle, l'impératrice Eugénie.
Le portrait de Mehmet Paşa trône sur un mur du salon, dominant les photographies des plus jeunes de ses descendants (ci-dessus).

Par quelques petits détails, comme cet éventail en papier du XVIII^e siècle (ci-dessous), on devine, dès qu'on entre dans le *yalı* de Sadullah Paşa, que son âme est une femme. Une jeune femme, en effet, Ayşegül

Nadir, a su magnifiquement restaurer et décorer son *yalı*. Ce trompe-l'œil ornant une chambre de l'étage est l'œuvre de l'artiste qui peignit les trompe-l'œil du grand sérail de Topkapı. Il représenterait le kiosque de Küçüksu et le *yalı* de Kıbrıslı (ci-contre). L'étage se caractérise par l'exceptionnelle forme ovale du sofa central. Aux rayons du grand soleil situé au centre du dôme répondent ceux qui se posent sur le tapis Uşak, datant du XVIII^e siècle (à droite).

Selim Dirvana manie le dialecte d'Istanbul avec saveur, et visiter son domaine en sa compagnie est un plaisir qui ne s'oublie pas. « Il faudra absolument que vous reveniez quand les pivoines seront en fleur, dit-il en traversant le jardin, elles sont le symbole de cette maison. » Quelques instants plus tard, en pénétrant dans le grand sofa dallé de marbre qui relie le jardin à la mer, nous comprenons pourquoi : son plafond voûté est orné d'un motif de pivoines... Le sofa de l'aile gauche s'éclaire côté jardin par deux grands murs de verre. Une lumière douce, tamisée par les feuillages, glisse sur un divan et se pose sur une mosaïque de galets noirs et blancs à motifs floraux entourant un bassin de marbre.

Selim Dirvana nous entraîne dans la grande

salle de réception, où le pacha donnait des fêtes somptueuses pour ses hôtes les plus illustres. Lorsque l'impératrice Eugénie visita le petit palais voisin de Küçüksu, elle admira la maison. Séduit par son charme, Mehmet Paşa Kıbrıslı s'empressa de l'inviter à dîner et lui offrit une rose... dont les pétales dissimulaient un diamant. Bien des années plus tard, le *yalı* reçut un autre visiteur de marque, Pierre Loti, qui séjournait dans un très beau *yalı* voisin, celui du comte Ostrorog.

Aujourd'hui, une chaleureuse atmosphère familiale a remplacé les fastes d'antan. En témoignent un cerf-volant multicolore suspendu au plafond voûté et quelques petits vélos d'enfants garés le long de divans anciens. Le tout sous le regard amusé des ancêtres, dont les photos sur les murs côtoient une collection de peinture contemporaine.

**LE *YALI* DE SADULLAH PAŞA.** Votre bateau longe la rive asiatique du Bosphore vers la mer Noire. Il dépasse le grand palais de Beylerbeyi et, soudain, vous apercevez un petit *yalı* à la sobre architecture, peint en rouge, qui ressemble à une maison de poupée. C'est le *yalı* de Sadullah Paşa, ou du moins ce qu'il en reste, l'ancien harem. Depuis quelques années, derrière cette simple façade se dissimule un intérieur fastueux.

Sadullah Paşa, qui s'installa dans ce *yalı* bâti au XVIII^e siècle, fut ambassadeur en Autriche durant le règne d'Abdülhamit II. Le *yalı* fut acquis en 1982 par Asil Nadir, homme d'affaires anglais d'origine turque, et entièrement restauré par son épouse Ayşegül. Passionnée d'art ottoman, collectionneuse très experte, Ayşegül Nadir est l'âme de ce *yalı* enchanteur.

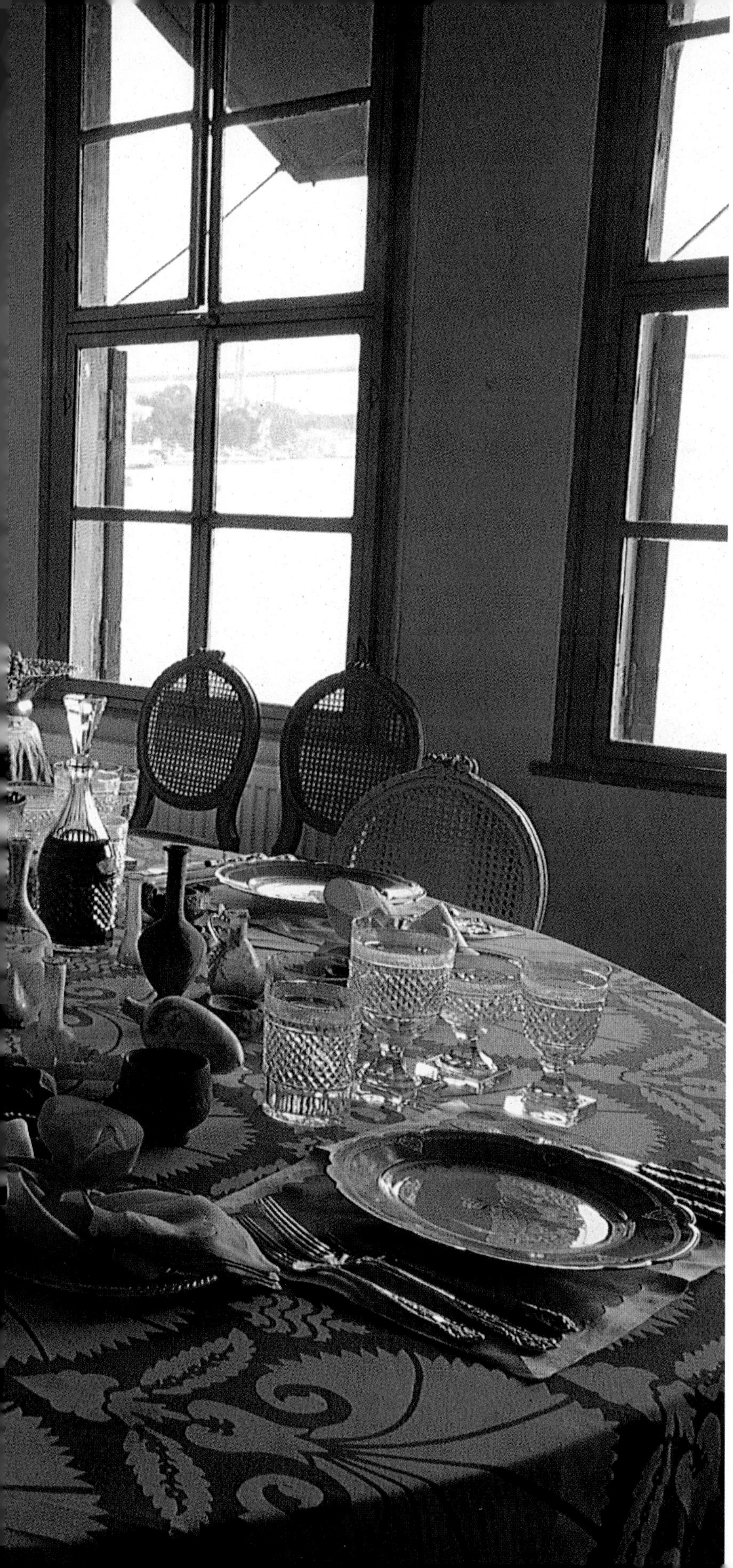

A la table d'Ayşegül Nadir, qu'elle dispose toujours dans la salle donnant sur le Bosphore, des plats roses ayant appartenu à une princesse égyptienne, des verres russes en cristal, des verreries romaines délicatement irisées. Les œillets stylisés de la nappe sont un motif ottoman traditionnel (à gauche).
La maîtresse de maison offre à ses invités la plus grande cuisine ottomane, tel ce poulet à la circassienne (ci-contre) présenté avec beaucoup de raffinement.

De l'autre côté de la salle, un petit salon ottoman avec son *sedir* et, au centre, un grand plateau de cuivre où est exposée une collection de petits bibelots en *tombak*, cuivre recouvert d'un amalgame d'or et de mercure (ci-dessus).

L'audace avec laquelle Ayşegül Nadir expose ses œuvres d'art renforce la magie, l'atmosphère quasi surnaturelle de son petit palais. Elle mêle ici le hiératisme de ces visages grecs et romains, le symbolisme austère de quelques *alems* et la profusion baroque d'une table en bois du XVIIIe siècle.

Le grand sofa central du premier étage, entouré de quatre chambres disposées aux quatre points cardinaux, possède la particularité d'être ovale. Il est surmonté d'un dôme figurant la sphère céleste, un soleil en son centre. Sur le plancher, un immense tapis Uşak à médaillon central lui répond, donnant à la pièce une allure de tente nomade. Elle est flanquée de deux petits salons bordés de divans, l'un conçu pour rêver face à la mer, l'autre pour contempler le jardin. Dans chacune des chambres carrées qui l'entourent, une niche ornée d'une fresque en trompe l'œil rappelle celles que l'on peut contempler dans le sérail de Topkapı : elles sont l'œuvre du même artiste. Ce plan traditionnel – un sofa central entouré de quatre pièces – se retrouve exactement semblable au rez-de-chaussée. Deux escaliers symétriques séparent les deux niveaux, l'un d'eux surmonté par une loge où s'installaient des musiciens.

Par on ne sait quelle magie, Ayşegül Nadir a su respecter la simplicité de ce décor, et même l'exalter, en le meublant et en le décorant avec un raffinement extrême. Peu de meubles encombrent l'espace, mais chacun d'eux est une merveille, tels ces fauteuils du XVIIIe siècle ornés de broderies ottomanes, ces canapés turcs et leur tissu de Fortuny, cette table baroque du XVIe en bois doré et en marbre. S'y ajoutent sur les murs de nombreuses broderies, de somptueuses calligraphies dont certaines brodées au fil d'or, des gravures anciennes. Même Magic, le très beau chat persan gris qui vous accompagne en miaulant durant votre visite, dont le nom résume à lui seul l'impression que vous ressentez, semble participer de cette féerie. Celle-ci se poursuit dans le jardin, où Ayşegül Nadir expose une collection de marbres gréco-romains et de jarres anciennes. C'est là qu'elle préfère recevoir ses nombreux amis, les soirs d'été, à la lumière des chandelles. Pour celui qui passe alors sur le Bosphore, le *yalı* semble un mirage enchanteur dans la nuit.

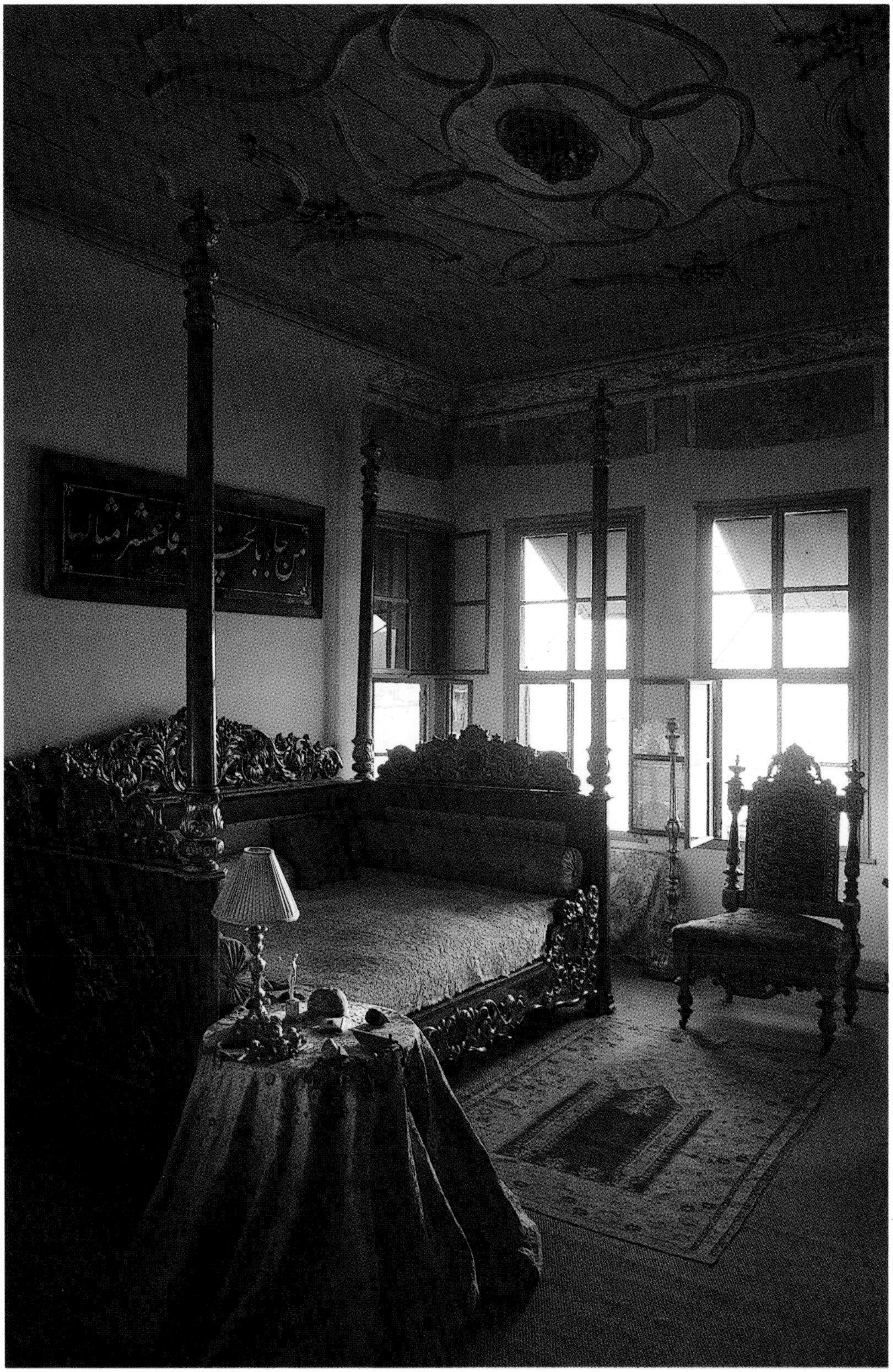

Dans la chambre à coucher, le lit à baldaquin, le tapis de prière et la calligraphie sont ottomans. Seule la chaise est européenne, mais elle est recouverte d'un tissu aux motifs *çintemani* (ci-contre). De nombreux objets éparpillés dans la maison concourent aussi à sa magie, comme ces chasse-mouches à manche d'ivoire (ci-dessus).

Cette grande tente de sultan (ci-dessus), où l'on s'alanguit sur des coussins en buvant un café à la lueur des chandelles, évoque irrésistiblement quelque conte des *Mille et Une Nuits.* Utilisée lors des réceptions, elle est dressée l'été dans le jardin du *yalı* de Sadullah Paşa.

LE *YALI* DE ŞERIFLER. Nous traversons le Bosphore pour visiter le *yalı* de Şerifler, bâti sur la côte européenne à l'extrémité du parc d'Emirgân, lieu de promenade toujours très fréquenté par les Istanbuliotes. Au XIX^e^ siècle, le khédive Ismaïl Paşa y aménagea un beau jardin, fit construire plusieurs kiosques et d'élégants bassins. Près de la mer, un vieux *yalı* du XVII^e^ siècle existait déjà. Souvent l'objet de destructions et de réaménagements, il connut un grand nombre de propriétaires, dont Şerif Abdullah Paşa qui lui donna son nom. Il perdit définitivement son harem en 1940 lors de la construction d'une route, et fut nationalisé en 1966. Un magnifique travail de restauration nous en restitue aujourd'hui toute la splendeur.

C'est la lumière qui, dès l'entrée dans le grand salon central, vous éblouit d'abord. Vingt-deux fenêtres donnent un jour éclatant qui rebondit sur une fontaine de marbre blanc. La musique du jet d'eau se mêle à celle des vagues, tandis que vous découvrez peu à peu la richesse des ornements du plafond. C'est un ciel de bois rouge, décoré de motifs floraux, que partagent les rayons polychromes, très finement sculptés, d'un soleil central. Tout autour, il est encadré par une large corniche dont la frise florale se détache nettement sur un fond noir et dont chaque angle est orné

d'un paysage naïf de kiosques et de jardins aux couleurs tendres.

On retrouve cette naïveté, cette fraîcheur, dans la décoration murale de la salle du foyer : kiosques peints dans des médaillons, bouquets de fleurs, guirlandes de bois sculpté, suaves couleurs fruitées dessinent un univers presque enfantin. De chaque côté du foyer, on hésite à ouvrir les deux portes couvertes d'arabesques et de fleurs, si légères qu'elles pourraient s'envoler.

Tout le charme du *yalı* de Şerifler tient en cette naïve allégresse, en cette sorte d'innocence décorative qui permet de mêler impunément tous les styles, de la chinoiserie au baroque, de l'antique au rococo. Libre profusion servant peut-être à compenser la rigidité du plan cruciforme traditionnel, seul élément du *yalı* qui n'ait pas changé – le fait est très rare dans les *yalı* – depuis le XVIIIe siècle.

La simplicité de la façade du *yalı* de Sadullah Paşa, construit au début du XVIIIe siècle sur la côte asiatique, n'a d'égal que le faste déployé à l'intérieur (à gauche). Dans ce contraste résident son charme et son mystère.
Au coucher du soleil, de beaux mariages de couleurs et de matières font toute la grâce et l'imprévu de ce petit quai, aménagé pour mieux savourer la fraîcheur du soir (ci-dessus).

Une route sépare désormais le *yalı* de Şerifler de la rive du Bosphore. Mais l'eau demeure partout présente.

Toutes les fenêtres de la salle de réception du *selamlık* donnent sur la mer, et une grande fontaine en marbre blanc trône en son centre (à droite). Tout autour, la simplicité des *sedir* ne fait que souligner la splendeur des plafonds, chefs-d'œuvre du *yalı* (ci-contre). Dans la « salle du foyer » (ci-dessus), la cheminée de marbre et son décor en bois polychrome à motifs floraux témoigne d'un étonnant mélange de styles, qu'on retrouve dans toutes les autres pièces du *yalı*.

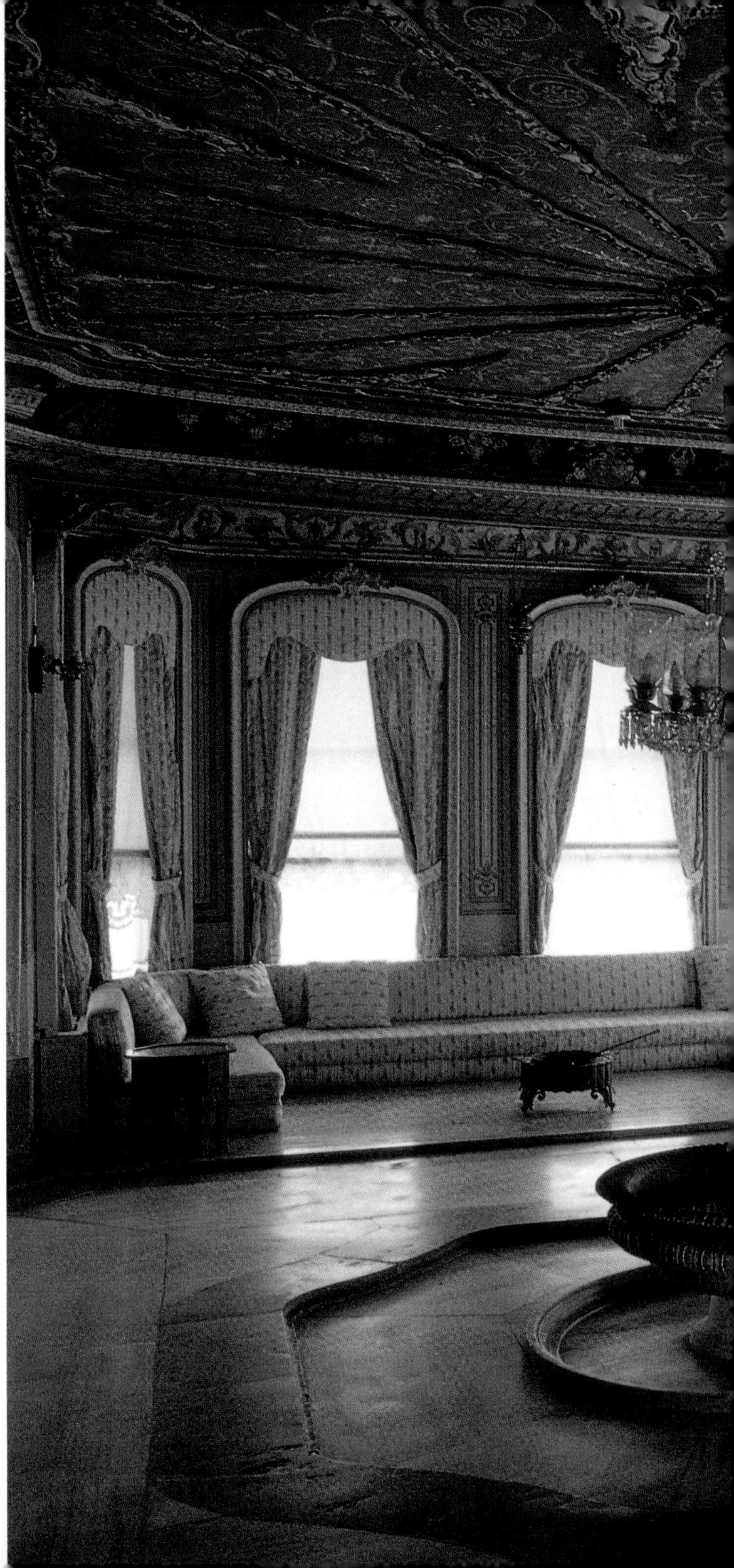

# MAISONS DE CHARME

par Caroline Champenois

Le temps d'un week-end, Polonezköy offre le rêve aux citadins d'Istanbul : charme de ses maisons de bois enfouies dans la verdure, hospitalité à la polonaise, découverte de magnifiques paysages vallonnés et boisés. A moins d'une heure de la ville, le « village des Polonais » est un autre monde, une oasis de calme et d'harmonie (ci-dessous). D'origine polonaise, Daniel Ohotski a restauré sa maison avec beaucoup d'amour. Elle est la plus ancienne du village et il la fait visiter aux promeneurs. Poutres apparentes, bois brut du plancher et chaux sur les murs composent un cadre rustique à sa chambre à coucher, agrémentée de beaux voilages turcs anciens. La maison est emplie de photos d'ancêtres, qui semblent veiller sur l'immobilité du temps (ci-contre).

Elles peuvent être maison ou appartement, de pierre ou de bois, anciennes ou récentes. On peut les trouver au cœur d'Istanbul ou dans ses alentours, à la campagne ou au bord de la mer. Mais chacune de ces habitations possède une âme, bien perceptible, émanant sans doute de sa propre nature et de celle de ses habitants, qui dégage un charme infini. Il y règne un parfum de vieux bois ciré, la patine des ans adoucit les lumières et les couleurs, des mystères reposent dans des coins d'ombre oubliés, des rideaux s'envolent dans le vent du Bosphore. C'est le charme d'un espace habité de sérénité, le charme d'un temps suspendu.

LE « VILLAGE DES POLONAIS ». A moins d'une heure d'Istanbul, en Asie, les maisons de bois de Polonezköy ont toutes les raisons d'avoir ce charme-là. Fondé dans les années 1850 par des réfugiés polonais ayant combattu dans l'armée ottomane durant la guerre de Crimée, le « village des Polonais » ne fut relié par une route qu'au début de ce siècle et ne connut l'électricité qu'en 1973. La plupart de ses habitants d'aujourd'hui sont d'origine polonaise, n'ont pas oublié les traditions de leurs ancêtres et vivent dans leurs anciennes maisons de bois à étage, dont les balcons, les galeries de bois, les jardins fleuris entourés de clôtures nous transportent dans une campagne d'Europe centrale, inchangée depuis des siècles. Les Istanbuliotes ont toujours aimé venir passer un week-end à Polonezköy. Même lorsque l'état des routes exigeaient une demi-journée pour l'atteindre, le lait, les fromages, les œufs frais et pour certains la charcuterie des paysans polonais valaient le voyage. Aujourd'hui, les citadins surmenés y goûtent la tranquillité des petits chemins sinueux entre les collines, les promenades dans les bois, le spectacle des saisons avec leurs tapis de feuilles mortes ou de fleurs des champs. Mais certains villageois louent des chambres, proposent des repas, et le plaisir suprême est d'habiter leurs maisons. Enfouies dans la verdure, accueillantes et simples, pleines des souvenirs d'une histoire singulière, elles offrent une parenthèse idéale à ceux qui veulent oublier pour un jour ou deux la fébrilité d'Istanbul.

Chez Daniel Ohotski, la douceur printanière se savoure à petites gorgées, assis sur un banc du jardin. Polonezköy recèle ainsi mille endroits paisibles aux couleurs douces, aux lumières tendres, propices à la détente et au repos (ci-dessus). La maison de Daniel Ohotski a dû être bâtie vers 1860. Pour les réfugiés d'alors, petite clôture et galerie de bois recréaient le décor familier des maisons de campagne polonaises (à gauche). La maison où Haldun Simavi vient passer ses week-ends mais où veille en permanence une villageoise est l'une des plus vastes de Polonezköy. Le monumental escalier descend vers la maison (ci-contre).

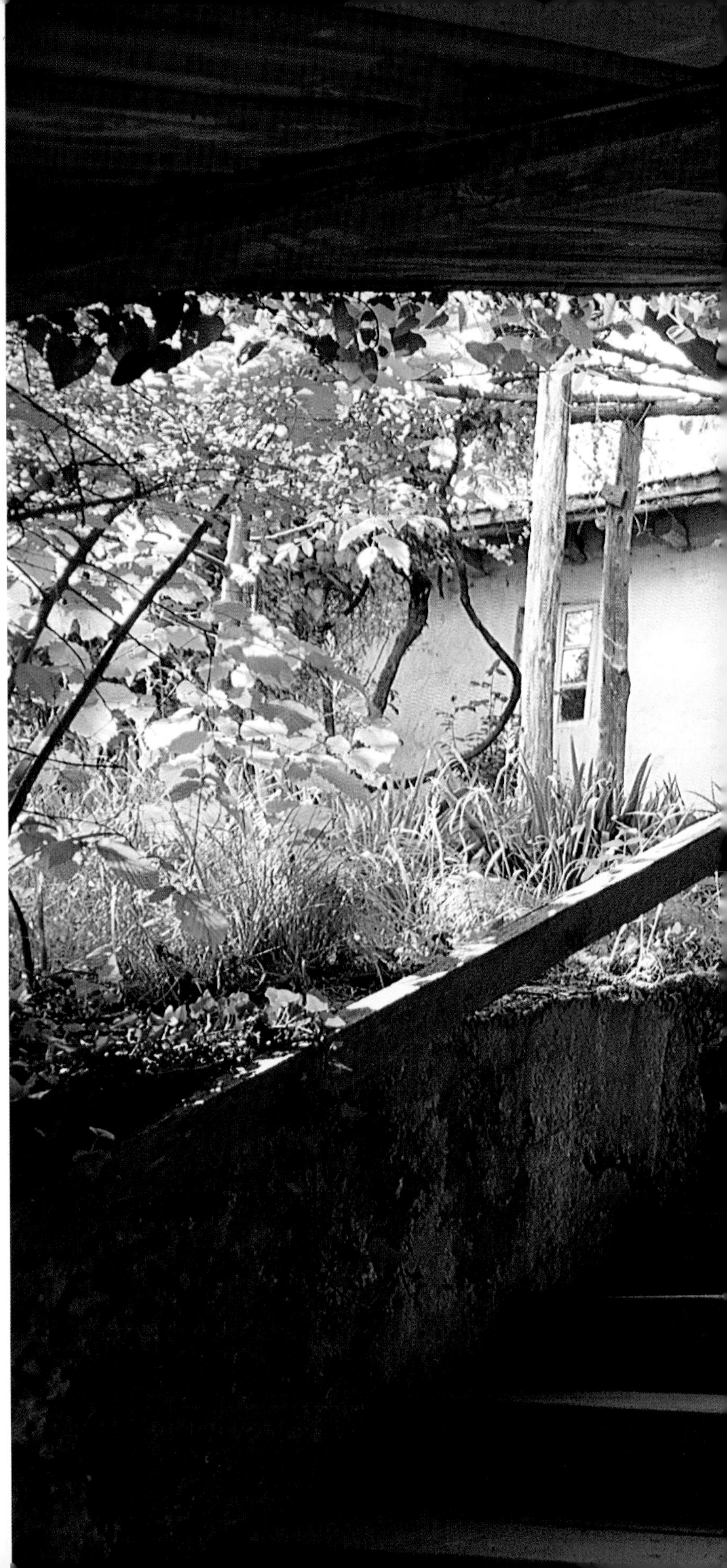

Dans un décor volontairement usé et sur le mode d'un surréalisme nostalgique, Hakan Ezer cultive l'art des rencontres fortuites : ici celle d'un dignitaire ottoman, de quelques blocs de savon et d'une ancienne structure en bois provenant d'un *yalı* ou d'un *konak* (ci-dessous).

A LA RECHERCHE DU TEMPS QUI PASSE. A Istanbul, dans le quartier un peu excentré de Göztepe, sur la rive asiatique, où aiment vivre les artistes pour son atmosphère de village, le rez-de-chaussée d'un immeuble moderne dissimule un appartement au charme centenaire. Celui qui l'habite et y travaille, Hakan Ezer, jeune créateur de bijoux et décorateur en vogue, amoureux de la nuit, des voyages et du passé, a tout fait pour lui donner la patine du temps. Ici rien de moderne ne doit apparaître. Le bois des placards de la cuisine, par exemple, trop récent, a été artificiellement vieilli. Lorsqu'une fenêtre est carrée, elle se métamorphose à l'ottomane par la magie d'un rideau dont on retrouve la découpe, traditionnelle, dans le palais de Beylerbeyi. Et lorsqu'il fabrique lui-même un siège, il le couvre d'un velours traité, ou plutôt maltraité, pour le charger d'un siècle de souvenirs. En réalité ce n'est pas le passé proprement dit qui fascine Hakan Ezer, mais bien plutôt le temps qui passe en s'imprimant sur les choses. Pour lui, les traces qu'il laisse sont sacrées. D'où le charme que le décorateur sait faire naître de l'usé, du décrépi, de l'écaillé, et cette impression un peu étrange qu'on éprouve d'entrer dans un intérieur depuis longtemps abandonné et dont on vient d'ouvrir la porte murée.

De tous les matériaux, Hakan Ezer préfère le bois pour son histoire, sa chaleur. Meubles, plancher, boiserie du salon qu'il a lui-même installée, vieux paravent ou vantail de porte ancienne qu'il n'est bien sûr pas question de restaurer, tout illustre cette passion pour le bois. Elle se retrouve dans les meubles qu'il a lui-même fabriqués, telles sa table d'architecte ou les deux chaises de son salon inspirées d'un modèle de Josef Hoffmann.

Vieux livres, bibelots de tous âges pourvu qu'ils ne soient pas neufs, souvenirs de voyage complètent ce décor de théâtre où les personnages des photos de famille en noir et blanc posées çà et là jouent, non sans humour, une pièce sur le dérisoire et l'éphémère de la vie.

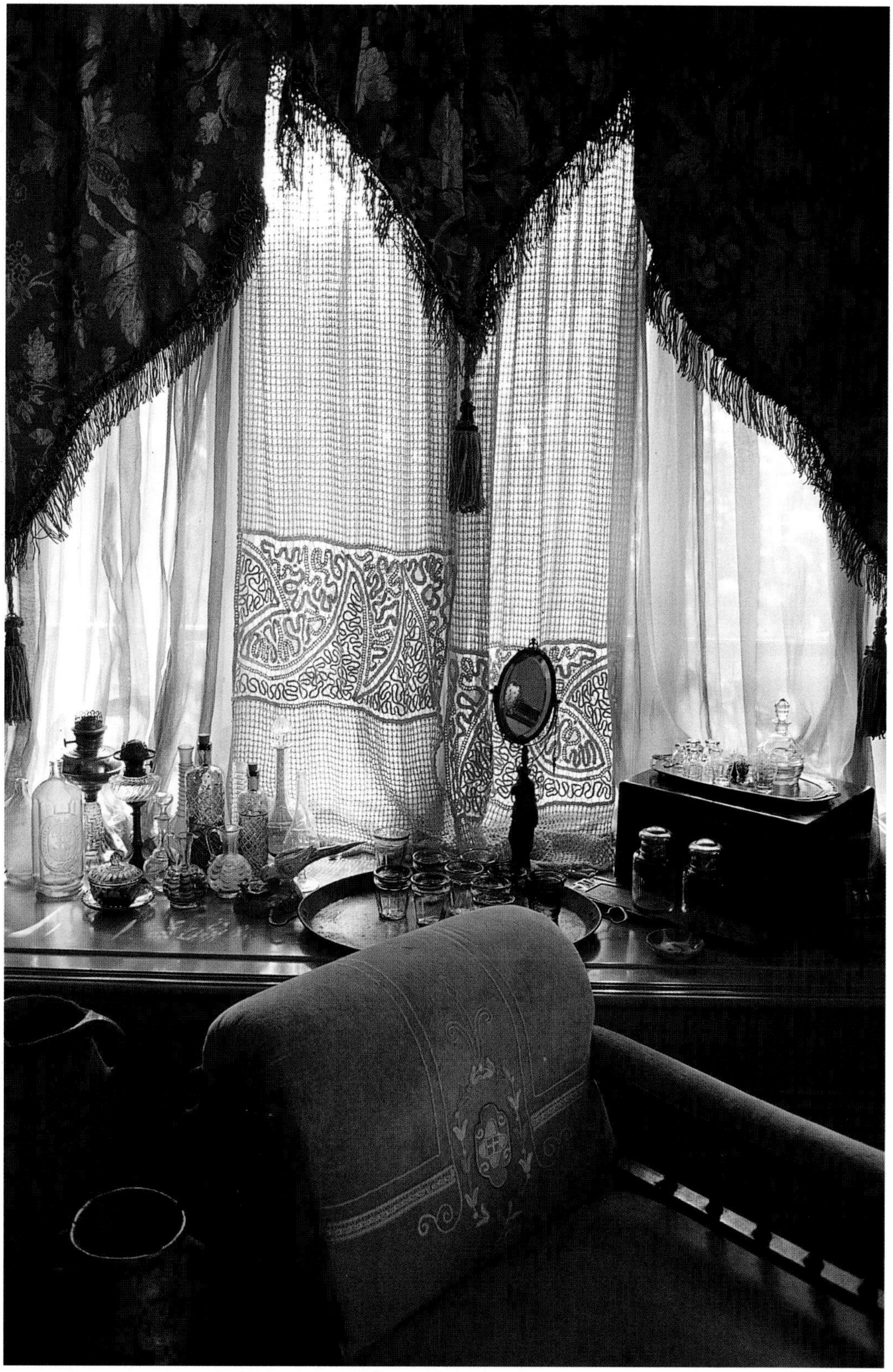

Cette fenêtre a pris cent ans d'âge grâce au rideau ottoman et à ces voilages du XIXe siècle, chinés à Istanbul. Hakan Ezer se sert quotidiennement de sa collection de verreries turques, respectant l'usage

traditionnel de chacune d'elles. Car chez lui rien n'est suranné, chaque meuble et chaque objet n'en finit pas de vieillir activement (ci-contre). Dans la salle de bains, l'accumulation d'objets de toutes époques liés aux thèmes de l'eau et du bain signe le génie particulier du décorateur, à la fois troublant et charmeur (ci-dessus).

Pour décorer un lieu de passage, Hakan Ezer a choisi un siège où l'on ne faisait que passer : il était installé dans l'une des stations d'origine du Tünel, construit en 1875 (ci-dessus). Même ce téléphone et ces équerres, d'un usage quotidien, sont anciens et chargés de souvenirs (ci-contre). S'il ne comportait pas un bon nombre de touches d'humour, on entrerait dans le salon (à droite), comme on pénètre dans une tombe inviolée de pharaon. Les vêtements brodés enfilés sur le mannequin, de style dit « européen » datent du début du siècle, ainsi que la banquette anglaise de velours rouge. La grille en bois, quiprotégeait la fenêtre d'une maison ottomane, est plus ancienne.

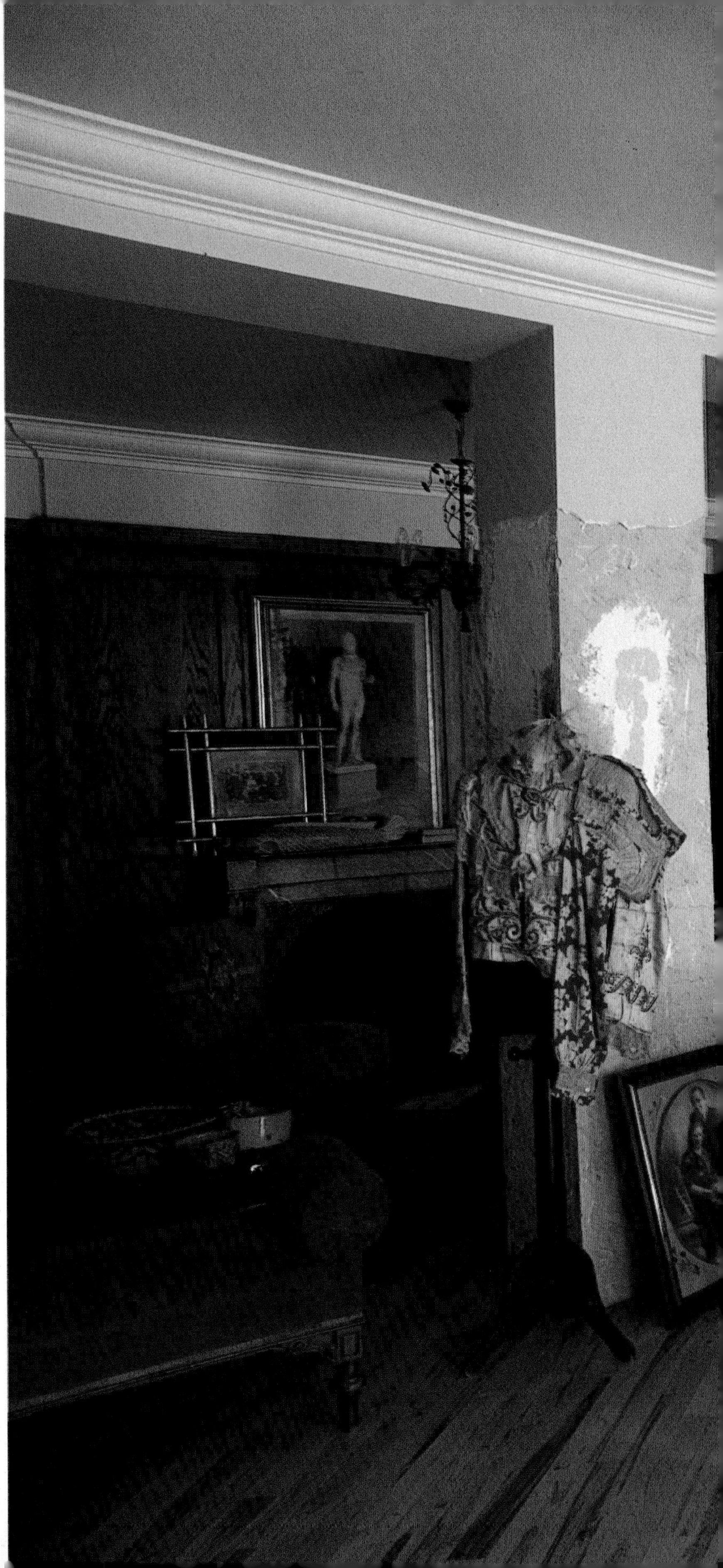

Habiter le point culminant d'Istanbul offre des plaisirs rares : paysage de ville et de mer à l'infini, silence, douceur de l'air. Et la maison de l'antiquaire Yaman Mursaloğlu, prolongée par une vaste terrasse-jardin, ressemble en outre aux plus beaux des *yalı* (ci-dessus). Du jardin, quelques marches conduisent vers le bureau souterrain, véritable caverne d'Ali Baba où s'entassent livres anciens et antiquités (ci-dessous).

Le belvedere de Çamlica. A 267 mètres d'altitude, le sommet de la colline de Büyük Çamlıca est le point culminant d'Istanbul, que les princes byzantins puis ottomans se réservèrent toujours à leur seul usage pour y savourer, l'été, la douceur de l'air. Vers 1870 un nouveau palais y fut construit, où habitèrent les derniers héritiers de l'Empire ottoman. Ses trois bâtiments distincts – habitation principale, pavillon de chasse et maison de gardien – demeurent aujourd'hui les seules maisons de la colline, couverte d'une forêt de pins. L'antiquaire Yaman Mursaloğlu a désormais le privilège d'habiter le pavillon de chasse, dont le plan et surtout la façade rouge évoquent les *yalı* du Bosphore. De son salon, de sa chambre à coucher ou de sa terrasse, il peut contempler l'extraordinaire panorama d'Istanbul et de la mer de Marmara jusqu'aux îles des Princes.

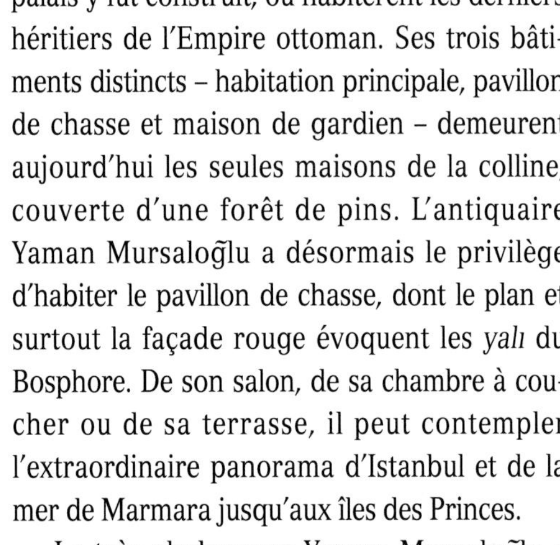

Le très chaleureux Yaman Mursaloğlu a restauré son palais du ciel avec beaucoup de compétence et de goût, réunissant les plus beaux meubles et les plus beaux objets d'une civilisation dont il est fier. Incontestablement, ce prince a mérité son privilège...

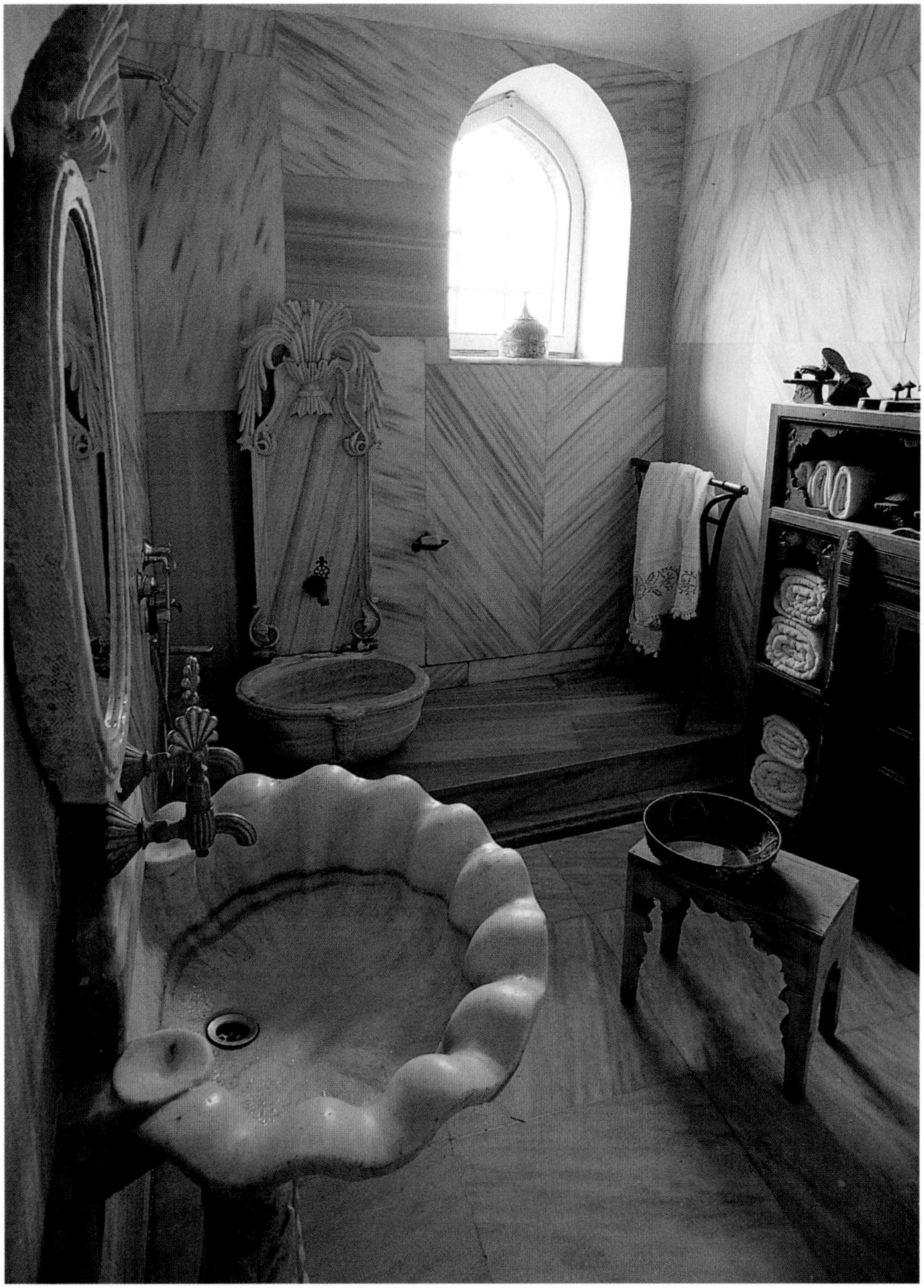

La salle de bains en marbre de Marmara est une reconstitution miniature de hammam ancien. On y retrouve du mobilier datant essentiellement du XVIIIe siècle : deux fontaines sculptées avec leur

robinetterie de cuivre d'origine, un meuble de rangement empli de serviettes brodées traditionnelles, un petit tabouret et une coupelle à ablutions (ci-contre).
Dans le miroir d'une fontaine se reflète une gravure du XIXe, illustrant les délices d'un harem rêvées par une imagination occidentale... (ci-dessus).

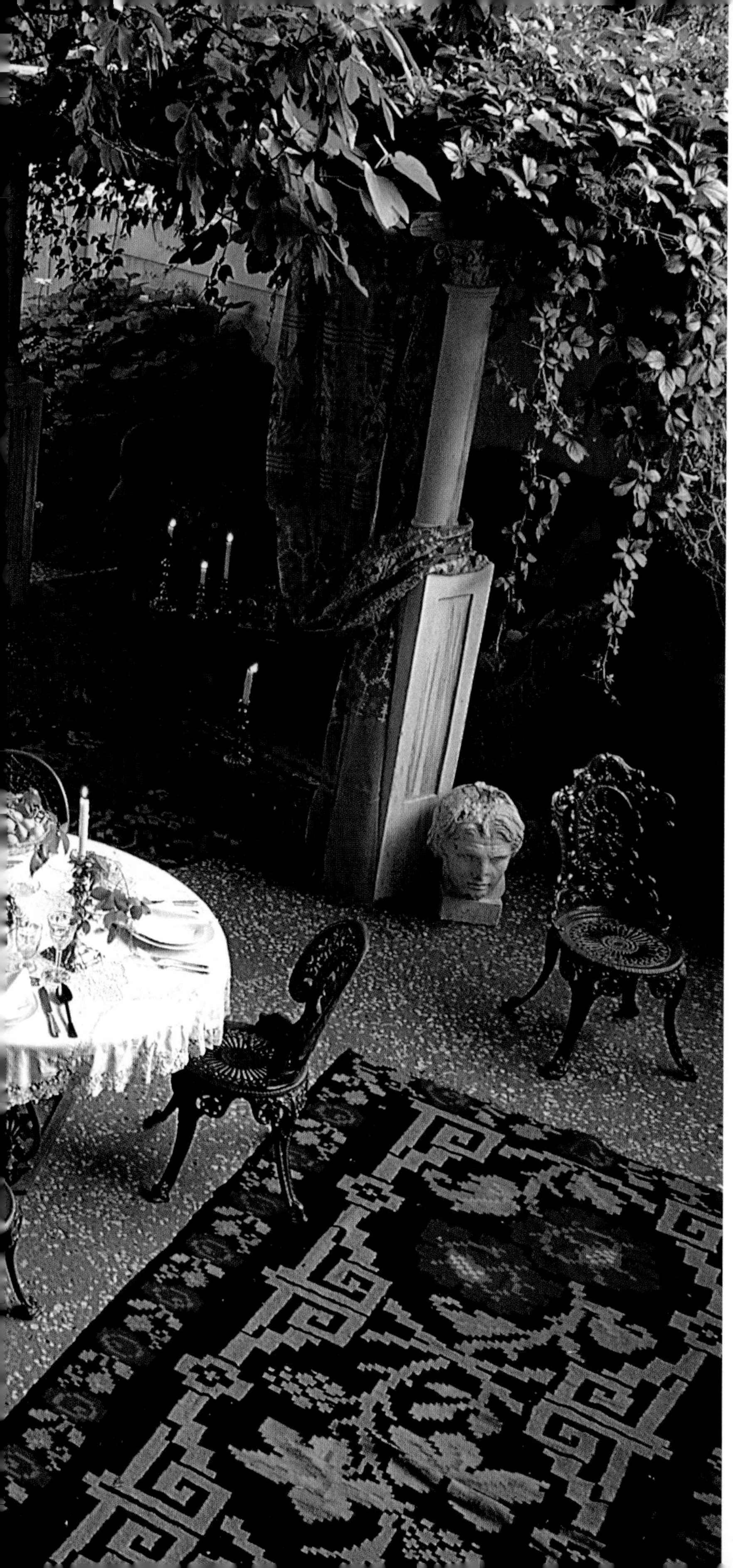

## UN JARDIN SECRET AU CŒUR DE LA VILLE

17 h à Istanbul. Au rez-de-chaussée d'un immeuble du quartier de Topağaci, on entend l'appel du muezzin. C'est là que le couturier Cemil Impekçi a conçu son jardin secret – qui n'était qu'une cour à l'origine – à la fois comme un jardin et comme un salon-salle à manger ouvert de mai à octobre.
On y attend des convives. La nappe en dentelle sur la table est française, les chaises sont fabriquées à Istanbul et le grand kilim est ouzbek. Cemil Impekçi a également conçu lui-même la façade de son rez-de-chaussée, désormais très différente du reste de l'immeuble, en s'inspirant des anciennes maisons levantines de Péra. La pergola couverte de verdure est aussi son œuvre. Le tissu qui peut se déployer en rideau est un sari indien. Alexandre le Grand, dont on voit deux têtes en plâtre sur le sol – copies d'un original conservé au Musée archéologique d'Istanbul – aurait sans doute aimé ce décor de conte où les cultures se mêlent pour célébrer l'amitié.

Dans l'appartement où il médite et où il peint, la chambre à coucher de Murat Morova ressemble à une cellule de moine. Le peintre aime les espaces vides, les lumières tamisées et les objets familiers des derviches (à droite), qui l'aident à méditer les thèmes de sa peinture.

L'APPARTEMENT DES DERVICHES. En 1990, Murat Morova a décidé d'abandonner son métier de décorateur et de se consacrer à plein temps à sa passion, la peinture. Il a transformé un appartement du quartier de Tesvfikiye en atelier et en espace de méditation. Murs nus, rares meubles noirs et plafond blanc construisent un espace épuré, à l'image de la peinture d'un artiste laissant une large place au mysticisme. A l'image aussi de Murat Morova lui-même, homme dont chacune des rares paroles sonne juste et dont le visage d'ascète s'éclaire d'un sourire quand il vous reçoit. Avec chaleur et simplicité, il vous entraîne dans son salon au décor minimaliste : rien d'autre que des coussins posés sur le sol autour d'un plateau de cuivre transformé en table basse, quelques rares objets dont des armes anciennes. Murat Morova vous sert le thé. Devant vous sur un mur, à l'autre extrémité du salon, une surface sombre et vibrante semble emplir tout l'espace : un grand triptyque, œuvre récente du peintre.

Murat Morova a seulement gratté les murs de son appartement, laissant apparaître des parcelles de revêtements anciens : « Ces traces, explique le peintre, me font penser à tous ceux qui ont projeté sur ces murs leurs pensées, leurs états d'âme. Méditer devant ces murs est pour moi une leçon d'humilité. »

Travaillant en 1991 sur le thème de l'Apocalypse, c'est dans ce décor monacal qu'il a lu tous les livres sacrés. Quelques témoignages de ce travail demeurent encore dans l'appartement, comme une icône représentant saint François d'Assise placée sur le sol près de son lit. Il s'inspire aujourd'hui de la mystique de l'islam, s'attachant à la symbolique religieuse des couleurs et des signes. Sa collection d'objets soufi – chaînes employées au cours des cérémonies de la secte rufaï, chapeau de derviche brodé de versets du Coran, œufs d'autruche censés éloigner les araignées et tasse en corne de rhinocéros – paraît ici comme un ensemble de mystérieux souvenirs de voyage, celui que Murat Morava accomplit vers le sacré.

Contrairement au style de sa peinture, Hale Arpacioğlu aime chez elle les lignes pures et les géométries contrastées. Elle a posé ici sur un secrétaire quelques céramiques très caractéristiques de Çanakkale (ci-dessus) datant de la fin du XIXe siècle et une calligraphie soufi du XVIIIe, peinte sur bois.

INTERIEUR DE PEINTRE A ARNAVUTKÖY. Avec ses traditionnelles maisons de bois, hautes et étroites, Arnavutköy est l'un des plus charmants villages de la rive européenne du Bosphore. C'est ici qu'habite le peintre Hale Arpacioğlu, qui jusqu'en 1988 fut aussi antiquaire. Tout en haut de l'une de ces anciennes maisons, elle a aménagé le dernier étage et le toit-terrasse en duplex.

Grâce à son ancien métier, Hale Arpacioğlu n'a eu aucun mal à décorer son intérieur de meubles et d'objets anciens, parmi lesquels sont placées quelques-unes de ses toiles. « Des coups de foudre », dit-elle à propos de ses poteries, ses tableaux, ses kilims et son mobilier Art déco. Des coups de foudre qui ne semblent pas le fruit du hasard : rectangles de nombreux meubles et des tableaux, cercles des dossiers de fauteuils, des plats anciens et des verres de lampes, losanges et triangles des kilims dessinent ici un décor à la géométrie très pure. Elle contraste étonnamment, pour les mettre en valeur, avec les œuvres aux lignes fluides de ce peintre qui s'inscrit dans la tradition expressionniste.

LA VUE SUR LE BOSPHORE. On l'appelle Marangozhane Evi, littéralement la « maison de l'Atelier du Charpentier », car elle fut bâtie à la fin du XIXe siècle par le plus grand des charpen-

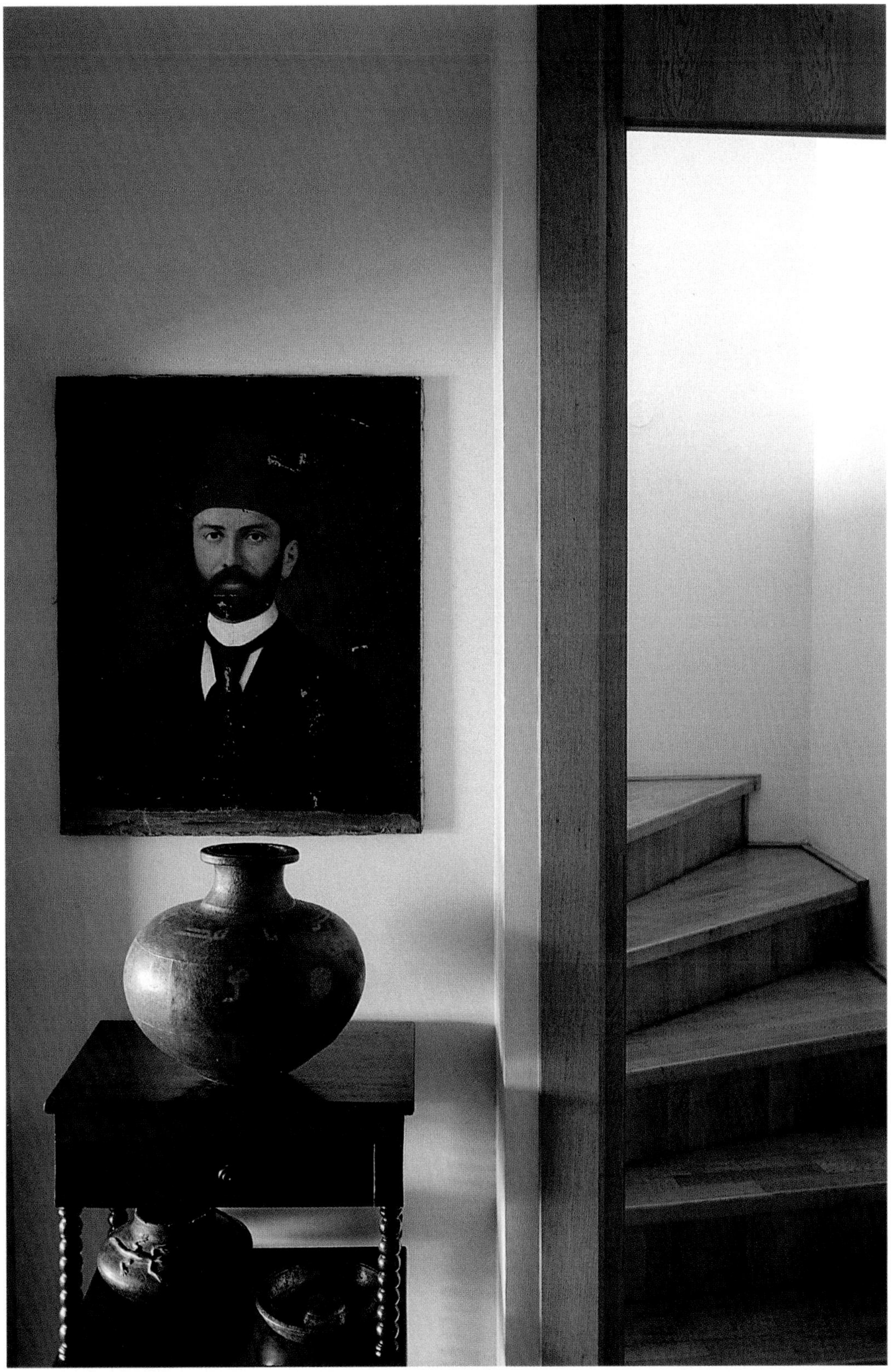

Le mélange des genres n'effraie pas le peintre pour qui seul le jeu des couleurs et des formes compte. Et Hale Arpacioğlu sait jouer avec subtilité et parfois malice. Sur ce guéridon où l'on attendrait une lampe, elle a placé une

belle poterie de Kütahya, et juste au-dessus une toile de la fin du XIXe qui dessine… un abat-jour (ci-contre). Autre exemple de ces jeux de formes, cette nature morte où se côtoient une lampe à pétrole au globe en opaline, des calligraphies encadrées et une écharpe en soie du XIXe brodée au fil d'or (ci-dessus).

C'est par les couleurs que l'intérieur de Hale Arpacioğlu évoque sa peinture, et particulièrement par le rouge et ses mille nuances, omniprésent dans son œuvre. Dans le salon (ci-dessus), on le retrouve sur la cheminée, servant de cadre à deux décorations militaires datant du règne de Mehmet II, sur une de ses toiles récentes et sur le tapis. A l'étage du duplex, toute la pièce est traversée par une ligne de chaises rouges, derrière laquelle est posée une œuvre datant de 1980. Hale Arpacioğlu s'est assise en compagnie de ses personnages, et son regard s'est posé sur son kilim de Manastir, datant de la fin du XIXe siècle (à gauche). Derrière le canapé viennois chargé de catalogues, on remarque un beau paysage « primitif turc » représentant Edirne (ci-contre).

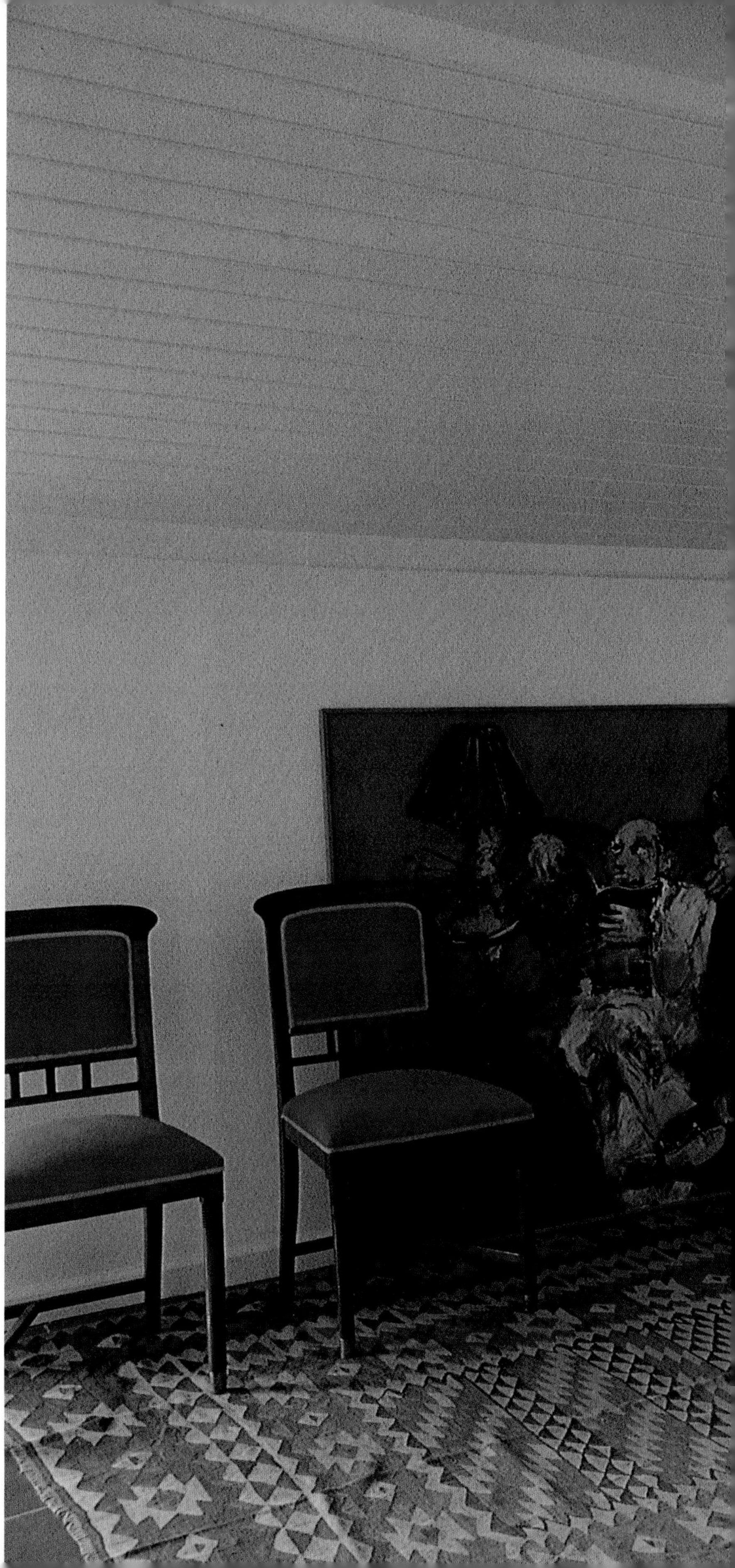

La lumière du Bosphore entre dans la chambre à coucher des Erez, décorée de meubles ottomans et de kilims anciens. Les stores ajourés et le dessin des fenêtres sont tout à fait caractéristiques des maisons turques traditionnelles. Ici le blanc domine, se prolonge sur la terrasse et donne à l'ensemble une délicieuse impression de légèreté (ci-dessus). Toute la magie chatoyante d'Istanbul se condense dans cette nature morte, à l'heure du thé : nappe brodée ancienne de Susani, fruits et glycines, argenterie ciselée, porcelaines traditionnelles dont un beau plat de Kütahya pour le melon (ci-contre).

tiers d'alors en Turquie, le Grec Andon Politis, pour lui servir d'atelier. Elle est située au sommet d'une colline dominant le Bosphore, sur sa rive européenne, dans le village de Boyacıköy. Lorsque l'architecte d'intérieur Irem Erez et son mari Selçuk l'achetèrent il y a quelques années, cette maison traditionnelle ottomane menaçait de s'effondrer. Ses fondations étaient vermoulues, l'intérieur était délabré et des éléments caractéristiques de sa façade avaient disparu. Irem Erez décida donc de restaurer la façade et de rebâtir intégralement l'intérieur, pour lui redonner tout son lustre d'antan.

L'âme du charpentier doit aimer sa nouvelle demeure, conçue sur trois niveaux, où de petits volumes savamment imbriqués – mezzanine, bureau sur un balcon suspendu – sont bordés de balustrades en bois. Couleurs claires, meubles, boiseries et tapis ottomans s'harmonisent ici dans une très subtile simplicité.

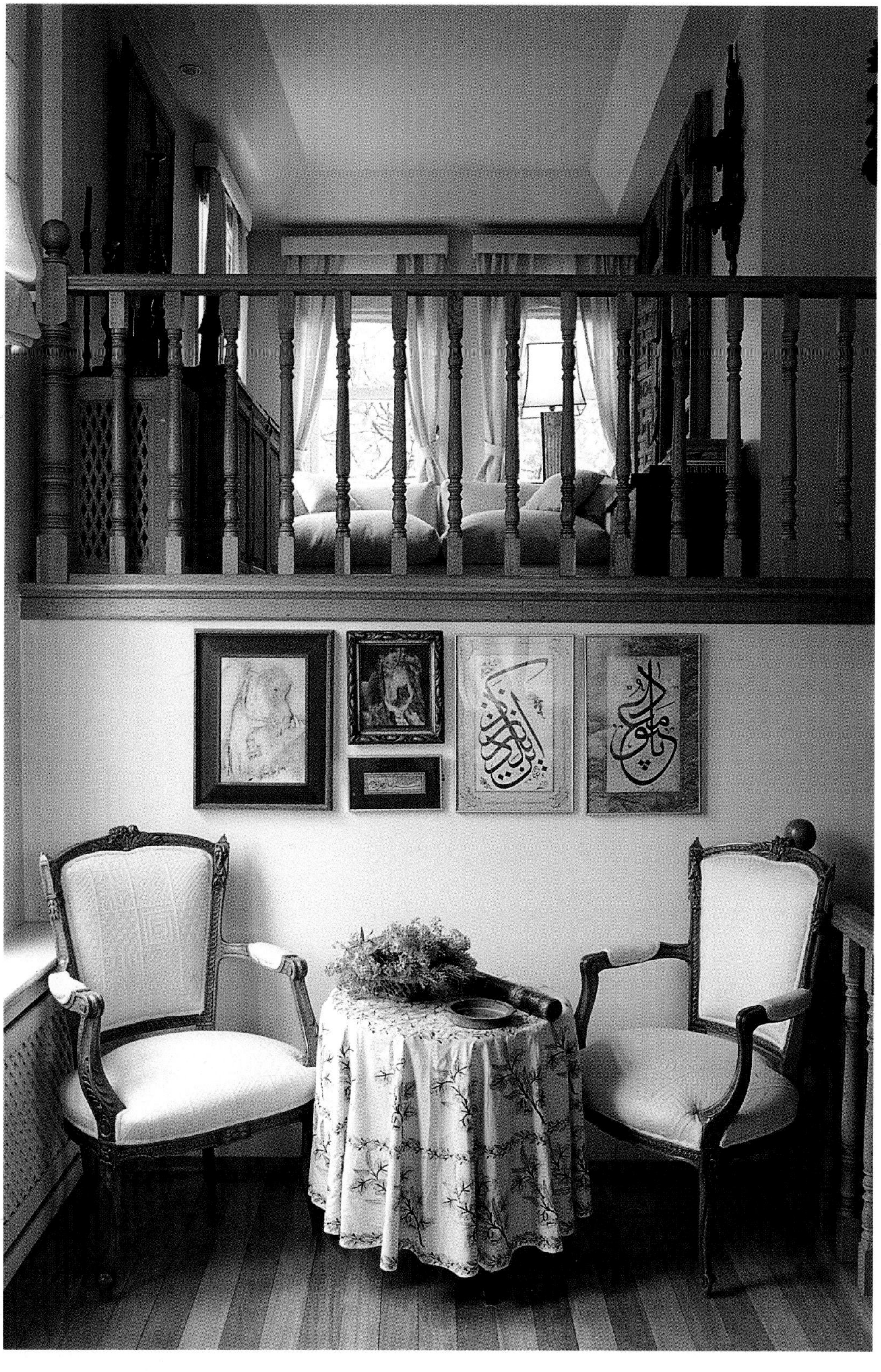

Six années ont été nécessaires à Irem Erez pour restaurer, reconstruire en partie et aménager sa maison. Divans, boiseries, balustrades, calligraphies et soieries brodées

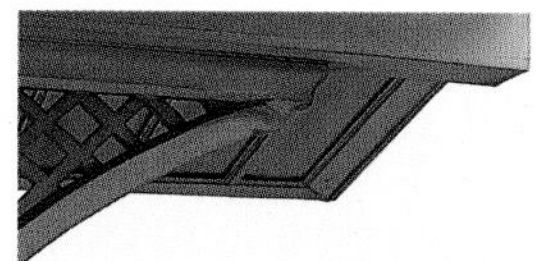

conservent à la décoration intérieure tout le caractère ottoman de la maison d'origine (ci-contre).
Irem Erez, sur l'un des balcons en bois ouvragés de la façade minutieusement restaurée (ci-dessus). Cette façade, comme le reste de la maison, fut bâtie par le charpentier Andon Politis, à qui l'on doit par exemple tout le travail du bois au palais de Yıldız .

# MODERNITE DANS LA TRADITION

par Caroline Champenois

On ne peut vivre vraiment heureux à Istanbul sans aimer sa longue histoire, ses cultures, ses traditions, car les traces de Byzance et de Constantinople s'y rencontrent partout. On ne peut habiter Istanbul avec un sentiment de parfaite harmonie sans être fidèle à sa mémoire. Aussi, lorsque les Istanbuliotes amoureux de leur ville peuvent s'inventer un habitat neuf à leur convenance, ils ne manquent jamais, d'une manière ou d'une autre, avec plus ou moins d'intensité, d'y imprimer la marque de la tradition. Lorsqu'on découvre l'une de leurs maisons ou l'un de leurs appartements parfois ultra-modernes, on sait aussitôt qu'on se trouve à Istanbul et nulle part ailleurs, on comprend que ces habitations n'auraient pu être conçues à Paris, à New York ni même à Ankara. Dans une façon particulière de s'ouvrir sur le Bosphore ou dans un simple reflet de *tombak,* dans la proximité d'un marbre grec et d'un divan ottoman, dans une symétrie de *yalı* ou un dallage de marbre gris, la magie millénaire d'Istanbul est présente.

La maison des lumieres. Près d'Emirgan sur la rive européenne du Bosphore, le village de Boyacıköy fut longtemps habité surtout par des juifs et des chrétiens. Ses petites rues sont bordées de belles maisons traditionnelles, dont quelques *konak* en pierre à encorbellement. Il y a une dizaine d'années, Christine et Rony Grünberg tombèrent amoureux de l'une d'elles, et purent l'acheter. Comme trois autres semblables, elle avait été construite en 1920 pour loger des professeurs d'université. Sa façade traditionnelle, plaquée de bois, était classée. Mais l'architecture intérieure de la maison, une multitude de pièces exiguës, ne répondait pas à l'amour des Grünberg pour les grands espaces.

Après avoir longuement réfléchi au problème, ils choisirent finalement la solution la plus simple : raser complètement la maison, reconstruire l'extérieur précisément à l'identique et aménager un intérieur à leur goût. Ils en dessinèrent le plan, confièrent à quelques-uns des meilleurs artisans d'Istanbul le soin de réaliser l'ensemble, puis, une fois la maison

Le jour toute la lumière du ciel et le soir toute celle d'un lustre de mosquée, suspendu à une corde, descendent par ce puits et se diffusent dans la maison. La mezzanine est bordée d'un moucharabieh en pin d'Oregon, et décorée de kilims et de coussins confectionnés par Christine Grünberg à partir de tissus anciens. Un plateau en cuivre Tepfi sert de table basse, où sont posées quelques pipes turques anciennes (à gauche). Situé juste sous le grand puits de lumière, le magnifique petit jardin d'hiver, avec sa classique fontaine ottomane en marbre et sa bordure de mosaïque de galets, transforme l'entrée en patio (ci-dessous).

Dans cette maison entièrement reconstruite, les Grünberg ont privilégié le bois. La salle à manger est ornée d'une très belle boiserie byzantine, vraisemblablement une tête de lit. Les chaises de Thonet ont été achetées dans un marché aux puces d'Istanbul (ci-dessus). Quant aux boiseries du salon (en bas), elles gardent tout leur mystère : les petites niches sculptées de cette paroi, récupérée dans une maison anatolienne du XVIIIe siècle, sont beaucoup plus nombreuses que d'ordinaire. Le bois s'accorde ici parfaitement au cuivre du *mangal*, traditionnel brasero de cuivre qui servait autrefois à chauffer les maisons. Tout comme au service à thé de Bohême du début du siècle, couleur corail, posé sur un pouf en forme de trèfle.

reconstruite, demandèrent à la décoratrice Rüya Nebioğlu – l'heureuse propriétaire du célèbre *yalı* Rose – de meubler et de décorer l'intérieur en mélangeant le moderne et l'ancien.

L'intérieur des Grünberg est aujourd'hui l'un des plus attachants d'Istanbul. Les différents niveaux de la maison s'organisent autour d'un grand puits de lumière, tel un espace de petit *han* sous une verrière : il donne vie, au rez-de-chaussée, à un magnifique jardin d'hiver bordé d'une mosaïque de galets et où trône, sous un lustre de mosquée, une fontaine de marbre. Sa lumière tamisée par une version contemporaine du moucharabieh se diffuse dans le reste de la maison, offrant des clairs-obscurs de mosquée. Jeux d'ombre et de lumière sur les kilims, sur les cuivres, sur les boiseries anciennes. Et ce sont aussi les lueurs d'un lustre de mosquée qui éclairent les dîners des Grünberg, dans une salle à manger où les convives goûtent au mystérieux plaisir de se sentir transportés hors du temps.

Les lustres de mosquée ont souvent leur place dans les intérieurs istanbuliotes. On peut en trouver au Grand Bazar, mais les séries complètes de verres anciens deviennent de plus en plus rares. Leur allumage exige patience et doigté : chaque coupelle de verre est remplie d'eau ; on y ajoute un peu d'huile d'olive ; on dépose ensuite sur l'huile un petit flotteur sur lequel est insérée la mèche. Il ne reste plus qu'à allumer la douzaine – parfois beaucoup plus – de petites mèches. Elles donneront, comme ici dans la salle à manger des Grünberg, une très douce et mystérieuse lumière (ci-contre).

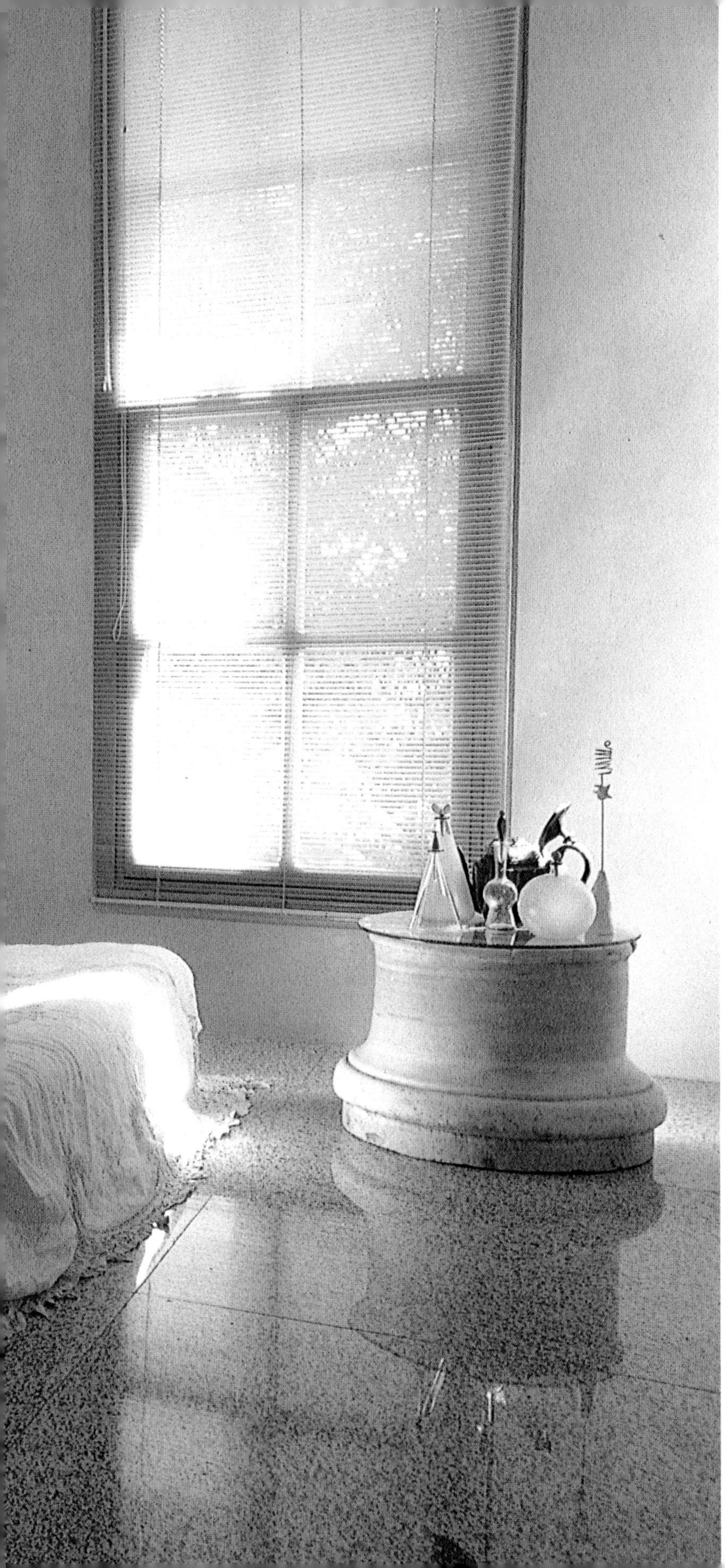

Filtrée par les arbres de l'université du Bosphore et par des stores vénitiens, une lumière pâle se glisse dans la chambre à coucher de Lale et Aloş Çavdar. C'est à partir de pièces anciennes qu'ils ont créé ce décor tout à fait contemporain : un coffre en bois ayant appartenu à la grand-mère de Lale, un plat et un chandelier en *tombak*, un dessus-de-lit en dentelles, quelques calligraphies, un fût de colonne antique. Et les rares éléments modernes – grand miroir et verrerie contemporaine de Murano – ne jouent qu'un rôle secondaire dans cette métamorphose (ci-contre).

Entre les trois niveaux de cette maison bâtie en 1910 mais entièrement reconstruite par les Çavdar en 1980, un savant jeu d'escaliers dessine un décor cubiste. Il s'anime ici grace à une toile du peintre turc Birol Kutay (ci-dessus).

Dans ce coin de salon où veille un grand oiseau – sculpture totem africaine –, on s'allonge sur une chaise-longue de Le Corbusier. Le jour on y savoure le contraste entre la profusion végétale du jardin et l'épure minérale de la pièce, qui se complètent et s'harmonisent comme le *yin* et le *yang*. Et si les dalles de granit procurent de la fraîcheur l'été, elles difusent de la chaleur l'hiver, grace à un système de chauffage par le sol (ci-contre).

UNE MAISON D'ARCHITECTES À RUMELI HISARI. « Comment concilier l'ottoman traditionnel avec les exigences de l'esthétique et du confort contemporains ? » ont dû se demander Tuncan Çavdar et son fils Aloş, tous deux architectes, après avoir acheté une grande maison traditionnelle bordée par les arbres de l'université du Bosphore, à Rumeli Hisarı. Une maison qui les a immédiatement séduits car, expliquent-ils eux-mêmes, « elle est située dans l'un des rares endroits de la ville où l'on se sente à la fois au milieu et en dehors de la ville ». Mais comment vivre aujourd'hui dans une maison de bois de trente pièces, conçue pour abriter tout un clan et équipée d'installations centenaires ? En la reconstruisant de fond en comble, sans oublier de reconstituer à l'identique sa façade classée. Puis en la meublant et en la décorant d'un mélange d'ancien et de moderne, d'ottoman et d'occidental, comme c'est de tradition à Istanbul depuis un siècle au moins.

Mais chez les Çavdar, qui vivent ici en famille, le contemporain prime et métamorphose l'ancien. La géométrie des traditionnelles fenêtres à guillotine, soulignée par la nudité des murs, devient soudain moderne, un coffre ancien placé en tête de lit en plein centre d'une chambre à coucher devient une splendide innovation. L'usage que les Çavdar ont fait du béton offre l'exemple le plus spectaculaire

de leur création. Tenus de respecter dans son intégralité la façade en bois traditionnelle, ils l'ont reconstituée à l'identique... mais dans un matériau moderne appelé « fibre-béton », permettant d'imiter parfaitement le bois sans en présenter les inconvénients. Et à l'intérieur, le béton gris apparent des murs laisse le champ libre aux lumières et aux couleurs les plus ténues, donnant à l'ensemble une grande impression de douceur. On le voit, les Çavdar ne se sont pas laissé impressionner par l'héritage culturel turc. Mais ils ne l'ont pas rejeté non plus : ils l'ont apprivoisé, à la manière de l'artiste véritable qui s'approprie et renouvelle la tradition pour exprimer son propre univers.

DEUX MAISONS DE SEDAD ELDEM. Disparu il y a quelques années, Sedad Eldem est considéré comme le plus grand architecte turc du XXe siècle. Il fut le premier, dès les années 30, à vouloir bâtir une architecture résolument contemporaine mais spécifiquement turque, qui s'épanouirait à partir des formes traditionnelles. En cela il ouvrit la voie à toute une tendance de l'architecture d'aujourd'hui en Turquie, fière de son héritage culturel et bannissant l'uniformité du « style international ».

Immédiatement apprécié et reconnu, Sedad Eldem signa, durant un demi-siècle, une multitude d'œuvres architecturales majeures. A Istanbul, la faculté des sciences et des lettres

Cette bibliothèque d'Albini, pas trop chargée pour demeurer transparente, sépare les espaces du vaste bureau de Tuncan Çavdar. On y découvre un fauteuil de Josef Hoffman et une grande toile du peintre turc Neset Gunal. Dans ce bureau d'architecte, autrement dit cet atelier, le plancher de bois semble plus approprié (ci-dessus).

La rigueur architecturale de Sedad Eldem sert la beauté des trésors de Rahmi Koç, grand amoureux d'œuvres d'art et d'antiquités. Dans son bureau raffiné, il expose une collection de vases grecs, romains et hittites, ainsi que des mappemondes anciennes qui lui évoquent sans doute ses nombreux voyages (ci-contre). Le ciel du Bosphore se reflète sur les fenêtres de la maison, dominant la baie de Tarabya. Le plan de la maison, les motifs des façades et même les structures des cheminées rappellent, en les stylisant, les formes de l'architecture turque traditionnelle (ci-dessous). Le péristyle en marbre du jardin de Suna Kiraç, situé derrière son *yalı* construit par Sedad Eldem, est un subtil écho de la façade de la maison, tout en rectangles. Suna Kiraç y a ajouté une fontaine de hammam dont les motifs sculptés répondent, eux, aux plantes grasses sur la pelouse.

et le palais de justice figurent parmi les plus célèbres.

Mais Sedad Eldem ne fut pas seulement attiré par le monumental de ces édifices prestigieux. Amoureux de l'architecture traditionnelle des rives du Bosphore, il y construisit un bon nombre de villas et de *yalı* où s'exprime, dans un langage contemporain, toute la grâce de leurs ancêtres des siècles passés.

Achevée en 1980 sur un terrain dominant l'un des plus beaux paysages du Bosphore, celui de la baie de Tarabya, la villa construite par Sedad Eldem pour l'industriel Rahmi Koç illustre parfaitement ce souci de conserver la grâce et la légèreté des maisons anciennes. A l'extérieur, on découvre celles des façades rendues transparantes par une multitude de grandes fenêtres et de baies vitrées. A l'intérieur, celles d'un espace lumineux inspiré des demeures ottomanes, s'organisant autour d'un vaste sofa central prolongé par deux terrasses, l'une sur le Bosphore et l'autre sur le jardin. Grand collectionneur d'œuvres d'art, Rahmi Koç l'a décoré, entres autres merveilles, de porcelaines chinoises et de magnifiques tapis.

En bâtissant le *yalı* de Suna Kiraç, en stylisant sur sa façade le vertical des arbres et des minarets et l'horizontal de l'eau, Sedad Eldem a su préserver toute la magie des rives du Bosphore (ci-dessus). Dans le grand hall du rez-de-chaussée, Suna Kiraç a placé quelques-unes des plus belles pièces de ses collections. Sous l'escalier, un canapé Edirne du XVI<sup>e</sup> siècle orné de motifs sculptés et dorés, est encadré par deux grands chandeliers en *tombak* du XVI<sup>e</sup> siècle (ci-dessous).

Mais y domine le bois, celui surtout de l'immense plafond en forme de base de pyramide, ouvert sur le ciel par un carré vitré.

C'est sur l'autre rive du Bosphore, à Vaniköy, que Sedad Eldem construisit en 1965 un *yalı* pour Suna Kıraç, sœur de Rahmi Koç. Ici, la parfaite simplicité et la rigoureuse symétrie des *yalı* traditionnels ont été respectées, et même exaltées : sur deux niveaux, les façades ne sont qu'un alignement de rectangles vitrés, tandis qu'à l'intérieur les chambres encadrent le sofa central. Un *yalı* étant une résidence d'été, inoccupée la majeure partie de l'année, Sedad Eldem a tenu à ce que celui-ci se transforme l'hiver en une sculpture géométrique belle à regarder plutôt qu'en une triste maison vide. Alors tous les stores en bois baissés, encadrés de blanc, s'accordent précisement au sol entourant la maison, fait de rectangles de plancher bordés de marbre. Puis, quand l'été vient, les quarante fenêtres du *yalı* s'ouvrent et la lumière du Bosphore illumine un décor très raffiné, précieuse reconstitution ottomane voulue par Suna Kıraç.

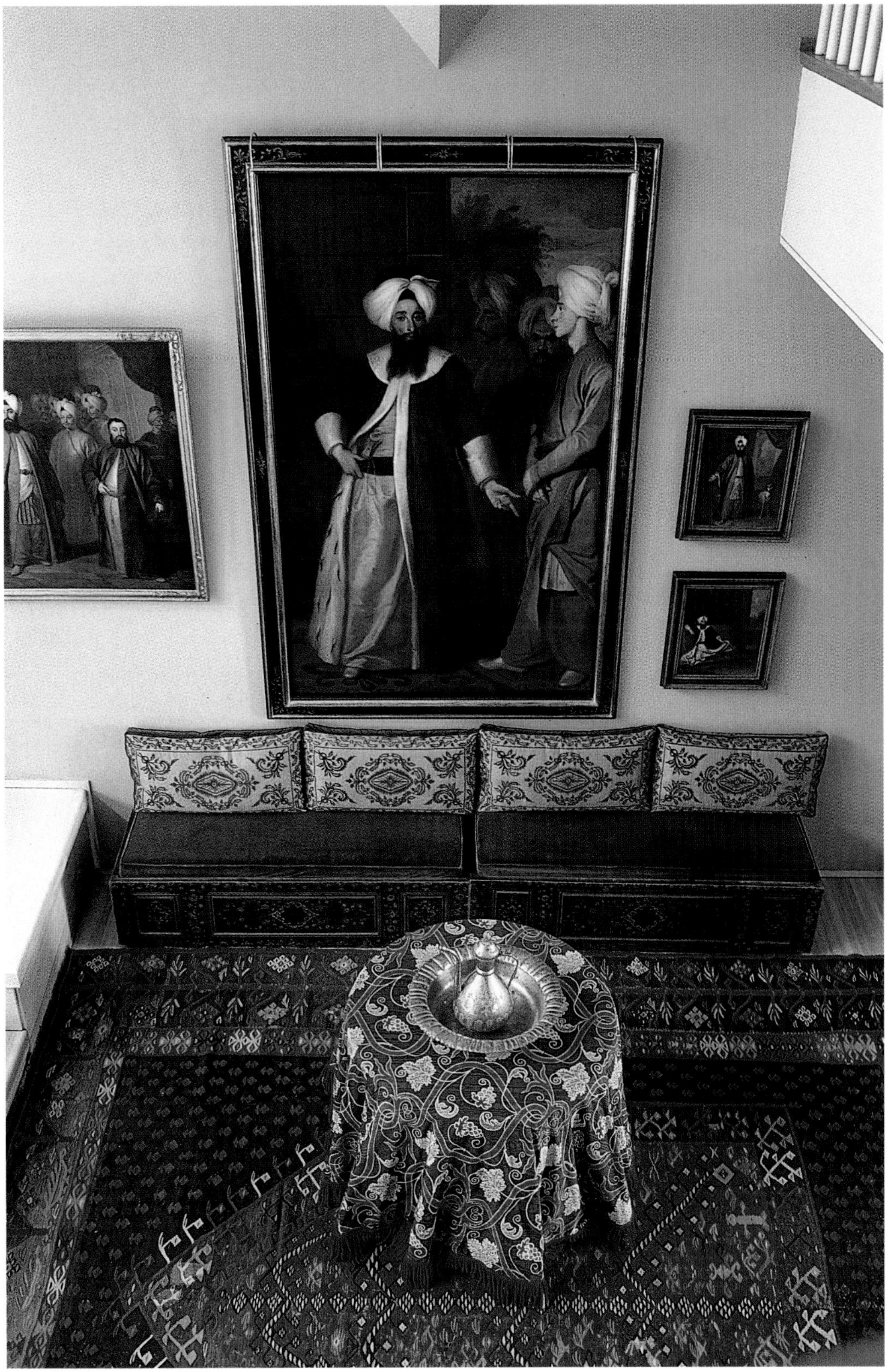

Ce salon s'ouvre sur le grand hall. La sobriété géométrique des espaces, voulue par Sedad Eldem, ne fait que souligner le chatoiement coloré des tapis, des étoffes et des tableaux anciens. Au-dessus d'un divan ottoman, trône Mehmet Saït Celebi,

ambassadeur extraordinaire de la Sublime Porte, représenté par Georg Engelhardt Schröder (1684-1750). Il est accompagné d'un autre personnage important de l'histoire ottomane, Ibrahim Mutéférica, qui introduisit l'imprimerie en caractères arabes dans l'empire (ci-contre). Suna Kiraç expose dans son *yalı* une magnifique collection de *tombak*. Cette aiguière date du XVIIIe siècle (ci-dessus).

Murs nus, magnifique porte anatolienne du XVIIIe siècle, velours à motifs de tulipes brodés de fils d'or et d'argent datant du début du XVIIe siècle, chaises d'Edirne du XVIIIe siècle résument tout l'esprit d'un intérieur très subtilement contrasté (ci-dessous et à droite).

**Un duplex sur la mer de Marmara.** Un beau *yalı* de famille, celui des Verdi, demeurait paisiblement dans l'élégant village de Suadiye, à une dizaine de kilomètres au sud d'Üsküdar sur la mer de Marmara. Mais peu à peu le village résidentiel fut englouti par la ville, et une nouvelle route côtière fut tracée emportant le *yalı* sur son passage... Sur le même terrain, mais à côté de la route, on autorisa les Verdi à construire un immeuble. Ils décidèrent d'y aménager un spacieux duplex et de l'habiter. Dédié à la mémoire du *yalı*, il devait rappeler sa splendeur perdue. Des exilés moins inspirés auraient sans doute tenté de le reconstituer tant bien que mal. Mais les Verdi, avec les architectes Havan Mingu et Mehmet Konuralp, eurent le génie de ne pas se lancer dans cet exercice nostalgique qu'est une reconstitution. Ferhunde Verdi, qui décida de l'aménagement de la nouvelle demeure, pensa qu'elle respecterait d'autant mieux l'esprit des *yalı* que le style de son duplex témoignerait de son temps. Et qu'elle demeurerait d'autant plus fidèle à son *yalı* disparu qu'elle n'en conserverait que les deux seuls éléments réellement transposables dans un autre espace et dans un autre temps : d'abord les grands volumes, puis la combinaison, propre à tous les *yalı*, de la simplicité et du raffinement.

Ferhunde Verdi a appliqué ces principes avec une extrême générosité. Les grands volumes sont devenus immensité, celle du salon par exemple, dont la superficie dépasse deux cent cinquante mètres carrés. La simplicité est devenue épure, celle des murs lisses patinés d'ocre pâle, celle des angles droits omniprésents, celle du rectangle blanc de la cheminée. Le raffinement, enfin, est devenu somptuosité : aucun meuble, aucun élément décoratif qui ne soit ici à la fois beau et précieux, toujours ancien voire antique. Et pas un qui ne soit disposé de manière extrêmement élaborée, judicieuse, dans un jeu de couleurs et de volumes le mettant en valeur. C'est ainsi que les Verdi ont retrouvé leur *yalı* perdu...

Deux escaliers côte à côte : celui qui mène à l'étage du duplex, et celui figuré par les lignes calligraphiées d'un firman du XVIIe siècle, que semble vouloir emprunter le très beau *tuğra* du sultan Mehmet IV (1648-1689) [ci-dessus].

Dans un coin du grand salon, le comptoir du bar est le seul élément contemporain qui ne soit pas tout à fait vertical. Il est entièrement doré à la feuille. Dans son coffrage Ferhunde Verdi expose une collection de bronzes antiques et de Selçuk perses et ottomans des XIIe et XIIIe siècles. La statuette est romaine et la frise ornée de bas-reliefs, coupée en deux pour la contempler en entier sans bouger, est hellénistique (ci-contre).

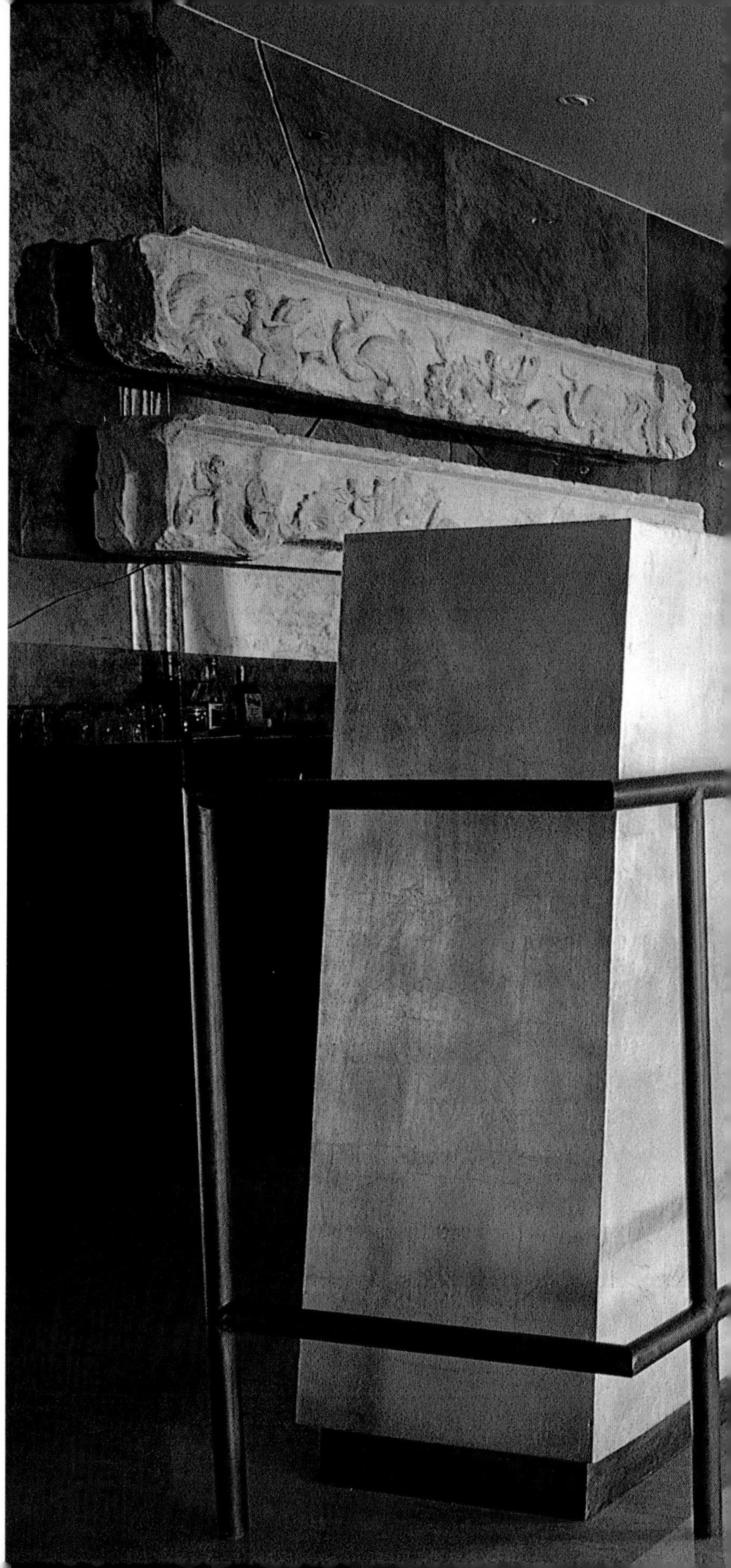

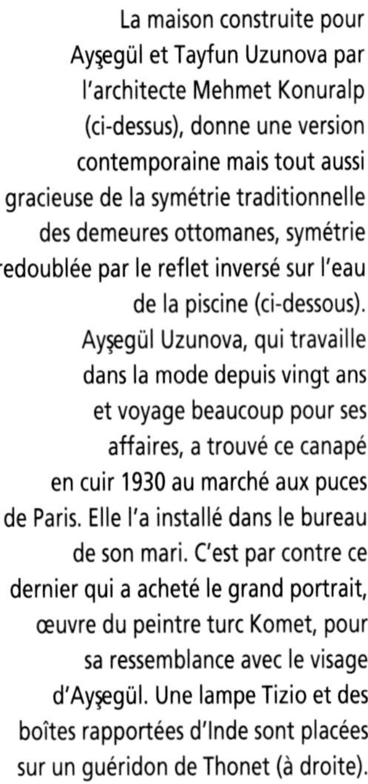

La maison construite pour Ayşegül et Tayfun Uzunova par l'architecte Mehmet Konuralp (ci-dessus), donne une version contemporaine mais tout aussi gracieuse de la symétrie traditionnelle des demeures ottomanes, symétrie redoublée par le reflet inversé sur l'eau de la piscine (ci-dessous). Ayşegül Uzunova, qui travaille dans la mode depuis vingt ans et voyage beaucoup pour ses affaires, a trouvé ce canapé en cuir 1930 au marché aux puces de Paris. Elle l'a installé dans le bureau de son mari. C'est par contre ce dernier qui a acheté le grand portrait, œuvre du peintre turc Komet, pour sa ressemblance avec le visage d'Ayşegül. Une lampe Tizio et des boîtes rapportées d'Inde sont placées sur un guéridon de Thonet (à droite).

A ÇENGELKÖY, ENTRE LE CIEL ET L'EAU. Lorsqu'une femme aimant chiner au cours de ses voyages décore une maison bâtie par un architecte de grand talent, le résultat ne peut laisser indifférent. C'est le cas de la maison de Ayşegül

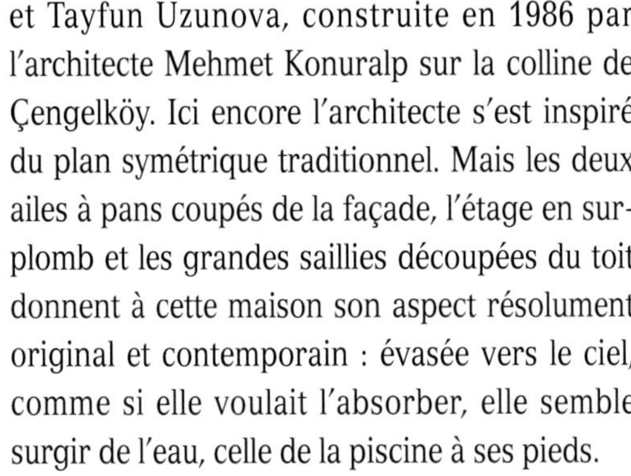

et Tayfun Uzunova, construite en 1986 par l'architecte Mehmet Konuralp sur la colline de Çengelköy. Ici encore l'architecte s'est inspiré du plan symétrique traditionnel. Mais les deux ailes à pans coupés de la façade, l'étage en surplomb et les grandes saillies découpées du toit donnent à cette maison son aspect résolument original et contemporain : évasée vers le ciel, comme si elle voulait l'absorber, elle semble surgir de l'eau, celle de la piscine à ses pieds.

Le charme du décor improvisé par Aşeygül Uzunova au gré de ses coups de foudre chez les antiquaires, surtout français et italiens, tient à cette même magie du ciel et de l'eau, où se conjuguent fluidité, reflets, éclats et transparence. Si les différents meubles et objets sont d'un grand éclectisme, un miroir est toujours là pour les réfléchir, une table de verre pour ne pas les cacher, des reflets d'arbres et

Touche féminine voulue par Ayşegül Uzunova dans sa chambre à coucher, cette coiffeuse Art nouveau de l'Ecole de Nancy reflète un fauteuil en rotin acheté à Paris (ci-dessous). L'été, les Uzunova reçoivent beaucoup sur leur terrasse, entre la piscine et la maison. La table est recouverte d'une ancienne étoffe ottomane brodée. Entre autres délices, dont ceux de la lumière et de l'air frais

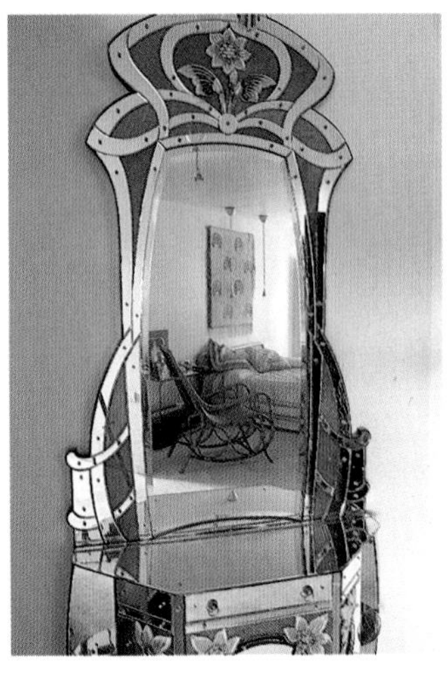

au sommet de la colline, on y savoure les fameux cornichons de Çengelköy, considérés bien sûr par la maîtresse de maison comme les meilleurs du monde... (en haut). Grande ouverte sur la terrasse et accueillant des reflets de ciel sur son dallage de granit poli, la salle à manger semble transparente. La table ronde, dessinée par Norman Foster, est entourée de fauteuils modernes de Thonet. La légère console Art déco a été achetée à Milan. Deux beaux *alem* en *tombak* y sont placés. On trouve parfois ces sculptures symboliques, ornant les dômes de mosquées, chez les bons antiquaires d'Istanbul (page ci-contre et en bas).

de ciel sur le sol de granit poli pour donner l'impression qu'ils flottent dans l'espace. Ce sol en granit est bordé dans chaque pièce du rez-de-chaussée d'un cadre de marqueterie de marbre en damier, qui lui donne un petit air de tapis volant transparent comme un voile.

Et le ciel est encore présent là où on ne le voit pas : dans les pièces de l'étage, les fenêtres sont surmontées de carreaux de verre bleu, qui transforment en ciel d'été l'ombre de l'avant-toit.

Quant à l'eau, elle est dans la piscine le miroir de la maison. D'autant plus miroir que Ayşegül Uzunova a eu l'idée subtile de la faire réaliser en pâte de verre gris anthracite – pour éviter le « bleu piscine » qu'elle déteste –, qui ajoute tout simplement le tain à la vitre de l'eau. Et ce tain particulier fait un miroir magique qui transforme le jour en nuit : dans son bleu profond, le reflet de la maison donne une autre symétrie, celle-là verticale et nocturne, tandis que l'ocre de la façade choisi par amour de l'Italie scintille dans un semblant de clair de lune.

# Les Palais du Bosphore

par Gérard-Georges Lemaire

Pavillons et kiosques de Topkapi qui semblent un campement de seigneurs nomades subitement figé, palais d'eau du Bosphore du XIXe siècle où se mêlent toutes les influences de l'Orient et de l'Occident, tels furent les décors où s'édifia l'un des plus fastueux empires de l'histoire, tels sont aujourd'hui les témoins d'une splendeur passée.

Peu de temps après la conquête de Constantinople, Mehmet II ordonne la construction d'un palais qui consacre le triomphe de la dynastie des Osmans. Ce palais est achevé en moins de deux décennies. Et il le baptise : Maison de la Félicité. Mais on l'appelle bientôt Topkapı Sarayı, le palais de la porte des Canons. Rien de grandiloquent dans ce centre névralgique d'un empire qui ne cesse de s'étendre sur trois continents. Rien de monumental ou de pompeux. Il a plutôt l'aspect d'un campement gigantesque. Quand Alphonse de Lamartine le visite en 1833, il est frappé par son agencement singulier : « Les cours et jardins, formés par les vides que laissent entre eux les kiosques, irrégulièrement disséminés, sont plantés irrégulièrement. » Les bâtiments alignés autour des trois cours qui se succèdent selon un ordre symbolique ont l'air de tentes bâties en pierre et en marbre ; les auvents qui ornent certains des bâtiments et les portes majestueuses renforcent cette sensation troublante d'une architecture nomade subitement figée.

Chaque sultan y apporte des embellissements, désire qu'on élargisse l'espace et y imprime son sceau en élevant un nouveau kiosque ou en ajoutant une nouvelle pièce à ce puzzle hors du commun. A la fin du XVII^e siècle, le déplacement du harem près des appartements du sultan renforce encore le sentiment de labyrinthe qui saisit quiconque a la faculté de s'y hasarder.

Lamartine est frappé par l'ameublement du palais, où la magnificence se mêle à une simplicité extrême : « Les portes des chambres impériales étaient ouvertes ; nous en vîmes un grand nombre, toutes à peu près semblables pour la disposition et la décoration des plafonds moulés et dorés. Des coupoles de bois ou de marbre, percées de découpures arabesques... ; des divans larges et bas autour de ces murs ; aucuns meubles, aucuns sièges, que les tapis, les nattes et les coussins ; des fenêtres qui prennent naissance à un demi-pied du plancher et qui donnent sur les cours, les galeries, les terrasses et les jardins ; voilà tout. »

Quand Alphonse de Lamartine fait son second voyage à Constantinople en 1850, il découvre des palais qui n'étaient pas construits lorsqu'il découvrit la capitale de l'Empire ottoman. Il est stupéfié par les « palais d'eau ».« Nos palais d'Orient ne peuvent donner nulle idée de ces constructions semi-indiennes, à la fois gigantesques et fantastiques comme l'imagination des Orientaux (...).

A l'époque où le poète découvre Topkapı, le vieux sérail a déjà été délaissé par Mahmud II, le sultan. Le premier choisit de s'installer dans le Çinili Köşk, un merveilleux palais entièrement bâti en bois se trouvant à Beşiktaş, au bord du Bosphore. Dans le *Tableau général de l'Empire ottoman* d'Ohsson, on peut trouver une merveilleuse gravure en couleurs qui dévoile la beauté enchanteresse de ce lieu. Et c'est justement ce palais chéri par Mahmud II que son successeur fait démolir pour construire à sa place le palais de Dolmabahçe. Construit entre 1842 et 1855 par l'architecte Nikogos Balyan, c'est le premier des *sahil sarayı* (« palais d'eau »). Théophile Gautier, qui

Des colonnettes de marbre, des ogives remplies d'arabesques capricieux, des terrasses de grillages, de vitraux, de balustrades de fleurs ; des balcons s'élançant de chaque étage pour ouvrir leurs fenêtres au souffle des vagues ; des portiques à perte de vue ouvrant d'un côté sur la mer, de l'autre côté sur des avenues de cyprès... »
Pages précédentes : la façade du palais de Beylerbeyi.
À gauche : Le pavillon de plaisance d'Ihlamur. C'est à cet endroit que Lamartine rencontre le jeune sultan Abdülmecit. Ci-dessus : Les grilles qui entourent le palais de Dolmabahçe.

Le grand romancier Edmondo de Amicis, comme Lamartine, est ébloui par les étranges séjours impériaux presque tous conçus par la dynastie des architectes de la famille Balyan. Dolmabahçe le fascine. Il le décrit comme la synthèse vertigineuse de tous les styles de l'univers : « On y voit, mêlés dans une confusion qu'on n'a jamais vue ailleurs, le style arabe, le grec, le gothique, le turc, le roman, celui de la Renaissance. Il y a une profusion indescriptible d'ornements, jetés là, comme dit un poète turc, par la main d'un fou... Il semble que ce ne puisse pas être un paisible architecte arménien qui ait eu la première idée, mais plutôt un sultan amoureux qui l'ait vu en songe en dormant dans les bras de la plus ambitieuse de ses amantes. » La serre de Dolmabahçe (à droite) et une des fontaine de marbre ornant le jardin (ci-dessous).

le voit en cours de construction pendant l'été 1852, le décrit avec transport : « Cette énorme construction en marbre de Marmara, d'un blanc bleuâtre que l'éclat criard de la nouveauté fait paraître un peu froid, produit un effet fort majestueux entre l'azur du ciel et l'azur de la mer... » Et, tout en s'étonnant de la façade hybride et de cet ordre composite, il admet qu'« on ne peut nier que cette multitude de fleurs, de rinceaux, de rosaces ciselées comme des bijoux dans une matière précieuse, n'ait un aspect touffu, compliqué, fastueux et réjouissant à l'œil ».

L'auteur de *Mademoiselle de Maupin* peut le visiter en compagnie de l'architecte, et il est surpris de pénétrer dans les appartements du sultan qui sont « dans un style Louis XIV orientalisé, où l'on sent l'intention d'imiter les splendeurs de Versailles : les portes, les croisées et leurs encadrements sont en bois de cèdre, d'acajou, de palissandre massif, précieusement sculptés, et ferment par de riches ferrures dorées à or moulu ».

L'association du goût oriental et du goût occidental devient une constante des palais du Bosphore.

La résidence impériale de Küçüksu, réalisée par le même architecte entre 1856 et 1857, puis le palais de Beylerbeyi, œuvre de Sarkis Balyan, achevé en 1861, tous deux sur la rive asiatique, comme le palais de Çirağan, à Beşiktaş, édifié par Sarkis Balyan en 1874, présentent des caractéristiques similaires et un même esprit décoratif. La démesure, l'outrance, le luxe tapageur, une poésie bizarre faite de contradictions et de rapprochements inouïs d'époque et de styles inconciliables en sont les arcanes majeurs. Les énormes candélabres en cristal de Bohême, les lourds lustres surchargés de gouttes en Baccarat, les mobiliers qui n'appartiennent plus ni à l'Orient ni à l'Occident, mais à un rêve devenu insensé, constituent le décor où se joue le drame de la fin d'un empire.

Mais c'est à Yıldız qu'a lieu le dernier acte. Abdülhamit, qu'on surnomme le « Sultan rouge », décide de quitter à jamais Dolmabahçe et s'installe dans le déconcertant *şale*, chalet caché dans les bois du parc. Il y fait des dépenses d'apparat pour en aménager les jardins avec l'aide d'une armée d'architectes, de paysagistes, de jardiniers, et pour orner ce séjour enchanteur, complètement isolé du monde, de pavillons de plaisance, de petits lacs artificiels, de chemins qui divaguent, de ponts de fantaisie, d'un petit théâtre à la coupole bleue (on dit que Sarah Bernhardt s'y serait produite), d'une mosquée somptueuse et d'un bâtiment de réception dans le style français, le Küçük Mabeyn.

A la fin de l'été 1922, le caïque impérial, vert et or, conduit par quatorze rameurs, accoste au débarcadère de Dolmabahçe. Le dernier sultan, Mehmet VI, vient de quitter sa retraite de Yıldız. Il s'apprête à monter dans cette embarcation magnifique pour rejoindre un cuirassé qui va l'emporter loin de la Sublime Porte, loin d'un empire qui n'est plus. Atatürk transforme Topkapı et la plupart des palais du Bosphore en musées nationaux. Une page glorieuse de l'histoire de l'humanité est tournée. Commencée au début du XIII^e^ siècle avec Osman Gazi, elle se termine définitivement en 1924 avec le départ en exil du prince héritier Abdülmecit, qui poursuivra son œuvre de peintre en France.

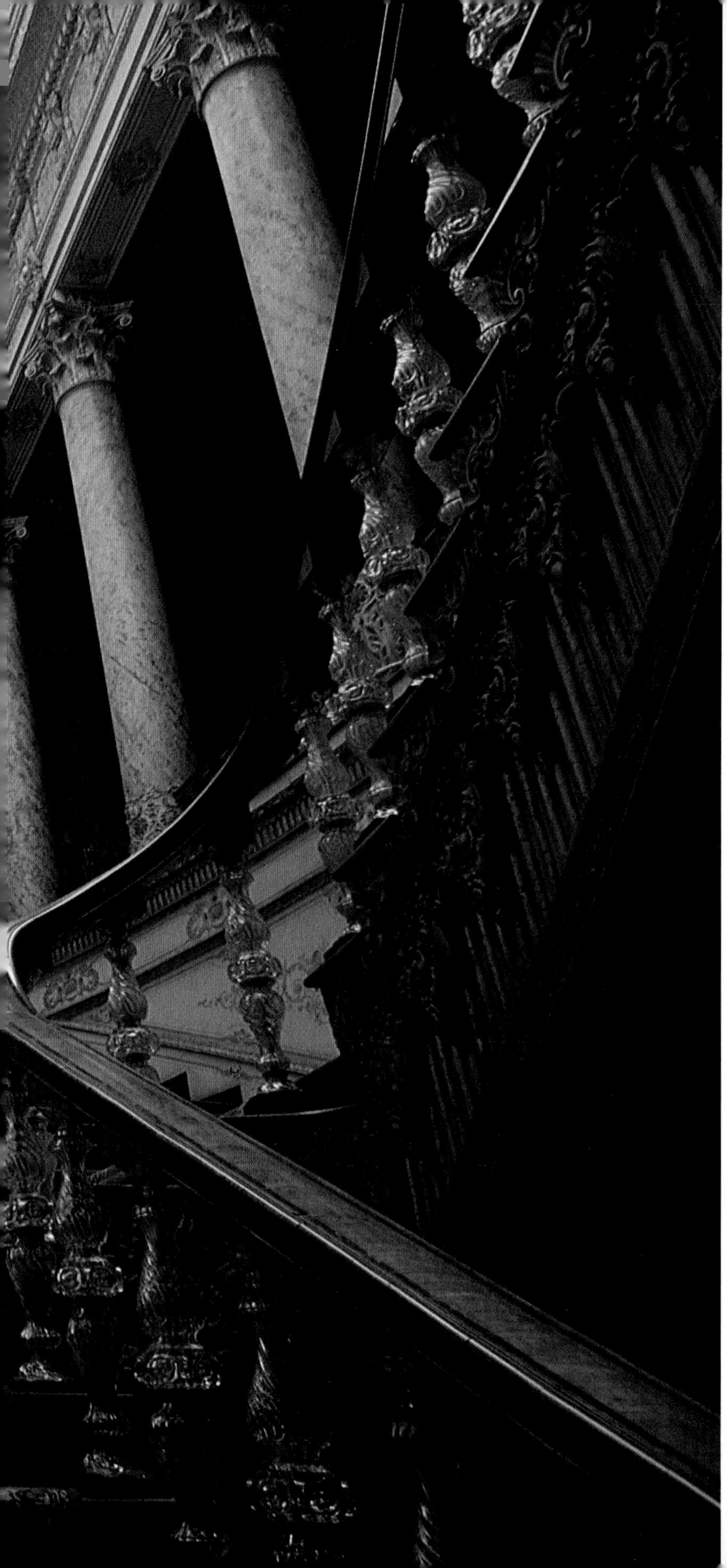

Théophile Gautier a la chance de visiter Dolmabahçe en compagnie de son constructeur, Balyan, en 1852. Il est étonné par une salle énorme « recouverte par un dôme de verre rouge. Quand le soleil pénètre ce dôme de rubis, tout prend des flamboiements étranges : l'air semble s'enflammer et l'on croit respirer du feu ; les colonnes s'allument comme des lampadaires. » Colonnes corinthiennes et escaliers à double révolution, dont les rampes aux balustres de cristal de Baccarat (ci-contre et ci-dessus), conduisent à cette extravagante salle du Trône.

Dans le palais, même les cheminées et les chaises (ci-dessous) sont en cristal de Baccarat.

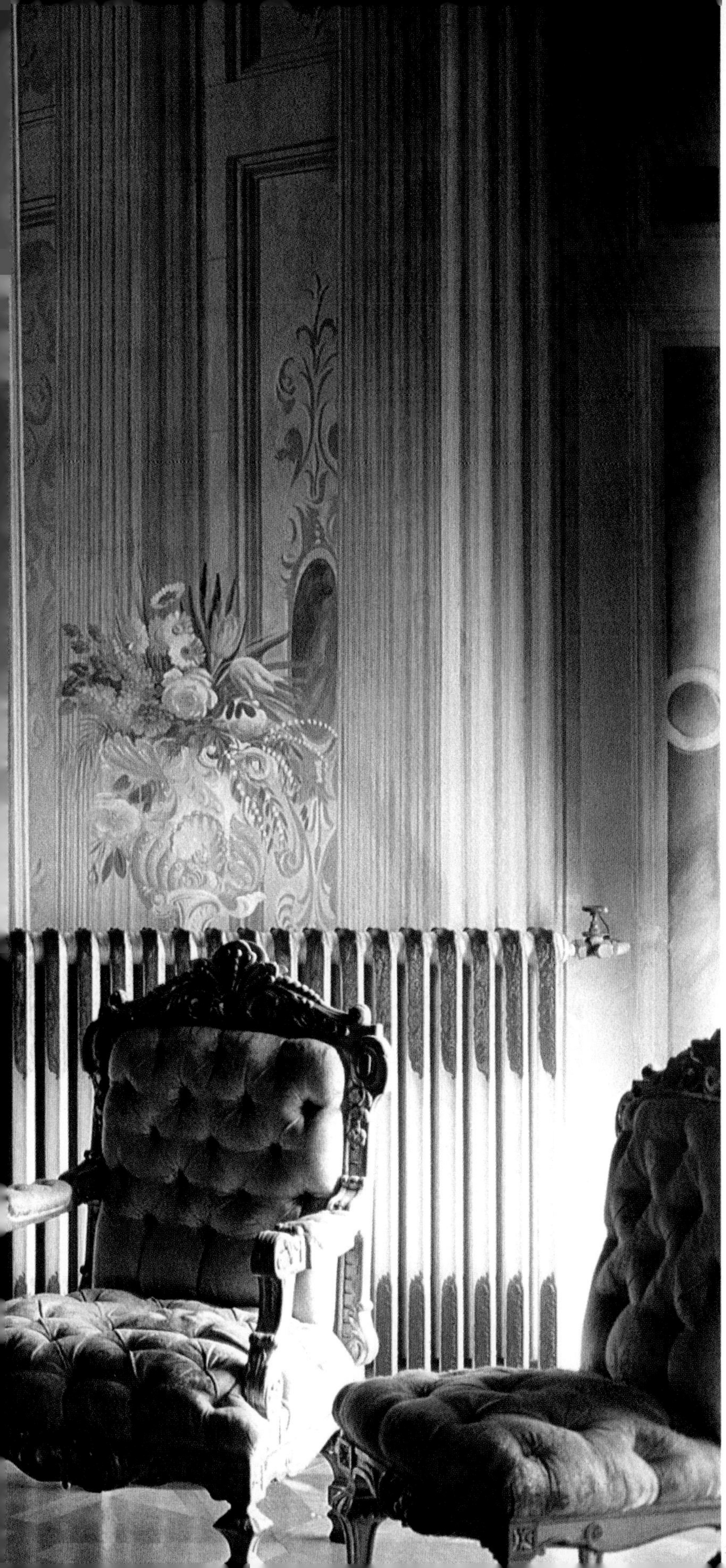

L'auteur du *Roman de la momie* ne retrouve pas à Dolmabahçe les splendeurs orientales dont il est si friand, mais des pièces décorées « dans un style Louis XIV orientalisé (...). C'est dans une des salles de ce palais que doit être posé le salon Louis XIV peint et construit à Paris par Séchan, l'illustre décorateur de l'Opéra ». Théophile Gautier constate que le sultan aurait pu user des ressources décoratives de l'Orient, mais « par suite de ce caprice qui nous porterait à bâtir des alhambras à Paris ...», il « voulait avoir un palais dans le goût moderne ». Un salon dans le style Louis XIV des appartements impériaux (à gauche) et la chambre des Ambassadeurs (ci-dessous).

Le site de Yıldız est choisi comme séjour par la mère de Selim III, au début du XIXe siècle et devient le centre de l'administration avec l'avènement d'Abdülhamit II en 1876. Celui-ci fait construire un palais en bois. Despavillons sont disposés dans le parc magnifique, ainsi qu'un lac artificiel, des bassins, des ponts, une grande serre, une mosquée, un bâtiment de réception, etc. De dimensions relativement modestes et, si l'on fait exception de l'énorme salle de cérémonie et de l'escalier monumental (pages précédentes), le chalet de Yıldız donne une image paradoxale du pouvoir ottoman à son déclin. La décoration des salons exaspère la tension entre le style mauresque et le style rococo français (ci-dessus, ci-contre et à droite).

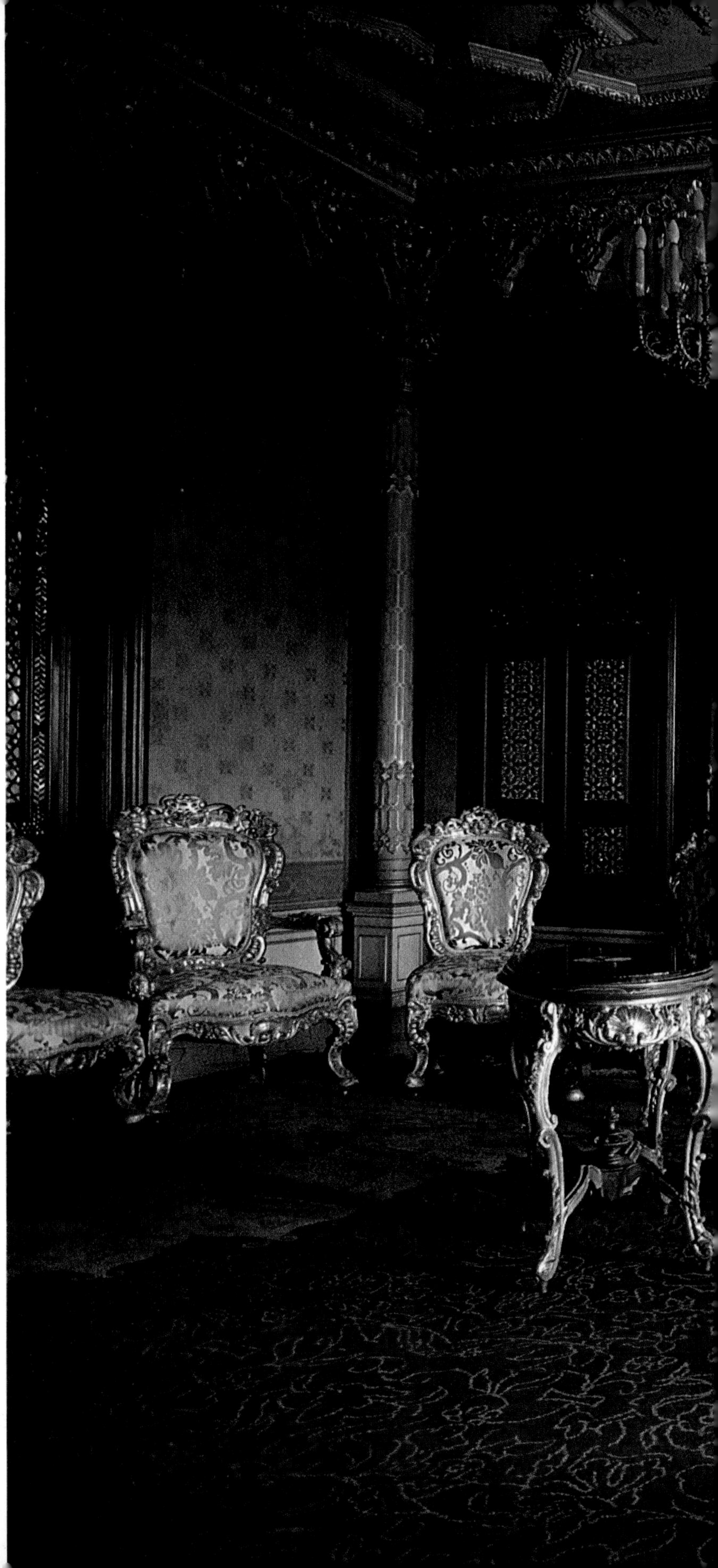

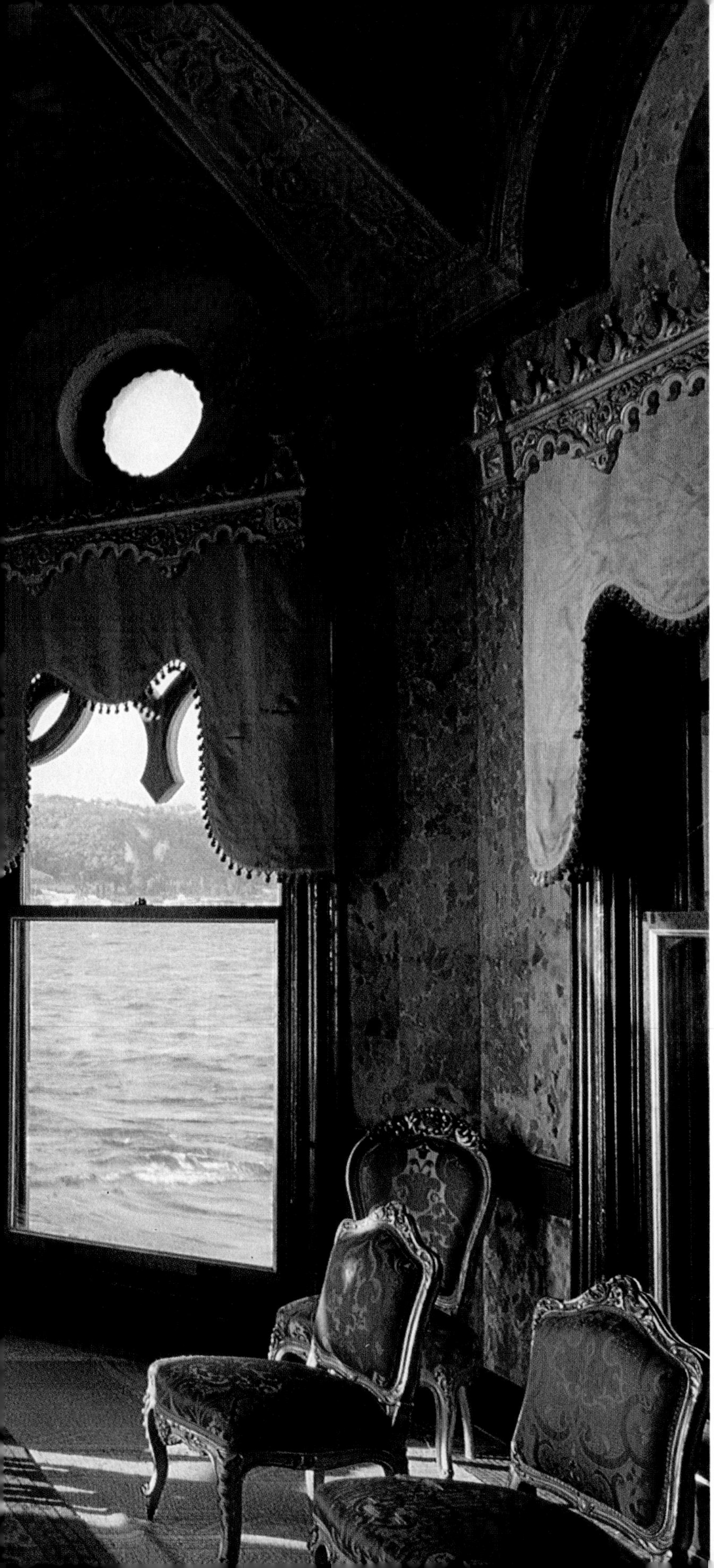

L'esthétique ottomane du XIXe siècle est résumée dans les constructions qui bordent les rives du Bosphore. Claude Farrère, la ravive grâce à une écriture rapide : « Les vingt kilomètres qui sont à partir de Constantinople ont leurs rives complétement couvertes de *yalı*, c'est-à-dire ces palais d'été, exquis.» Farrère parle des palais : « Imaginez de petits Versailles ou de petits Trianons... » Les appartements du sultan au premier étage du palais de Beylerbeyi où le mobilier typique du XVIIIe siècle européen s'accompagne de tables mauresques (à gauche, ci-dessus et ci-dessous). Les oculi de cette pièce, ses *bow-windows* à l'anglaise, ses rideaux turcs, ses tapis orientaux engendrent une atmosphère étrange.

Résidence d'été d'Abdülaziz, le palais de Beylerbeyi est achevé en 1865. C'est vingt-cinq ans plus tard que Pierre Loti a l'occasion d'accoster à ses quais « de marbre d'un blanc immaculé, devant des palais déserts aux grilles blanches et dorées. Au-dedans de ces palais inhabités (...) : des forêts de colonnes de toutes couleurs, des fouillis de torchères et de girandoles, des plafonds très compliqués en style oriental, des brocarts lamés et des soies de Brousse. » L'escalier à double révolution qui mène au *mavi salonu* (salle bleue) de Beylerbeyi est le comble du baroque imaginaire des sultans de l'ère des réformes. Les colonnes en faux marbre bleu cerclé d'or, les candélabres gigantesques en cristal de Bohême, l'énorme lustre ciselé avec un luxe de décors bleu et or, les chapitaux mauresques sont l'expression d'un art en quête de son identité, déchiré entre l'Orient de la tradition et l'Occident du progrès (à droite et ci-dessus).

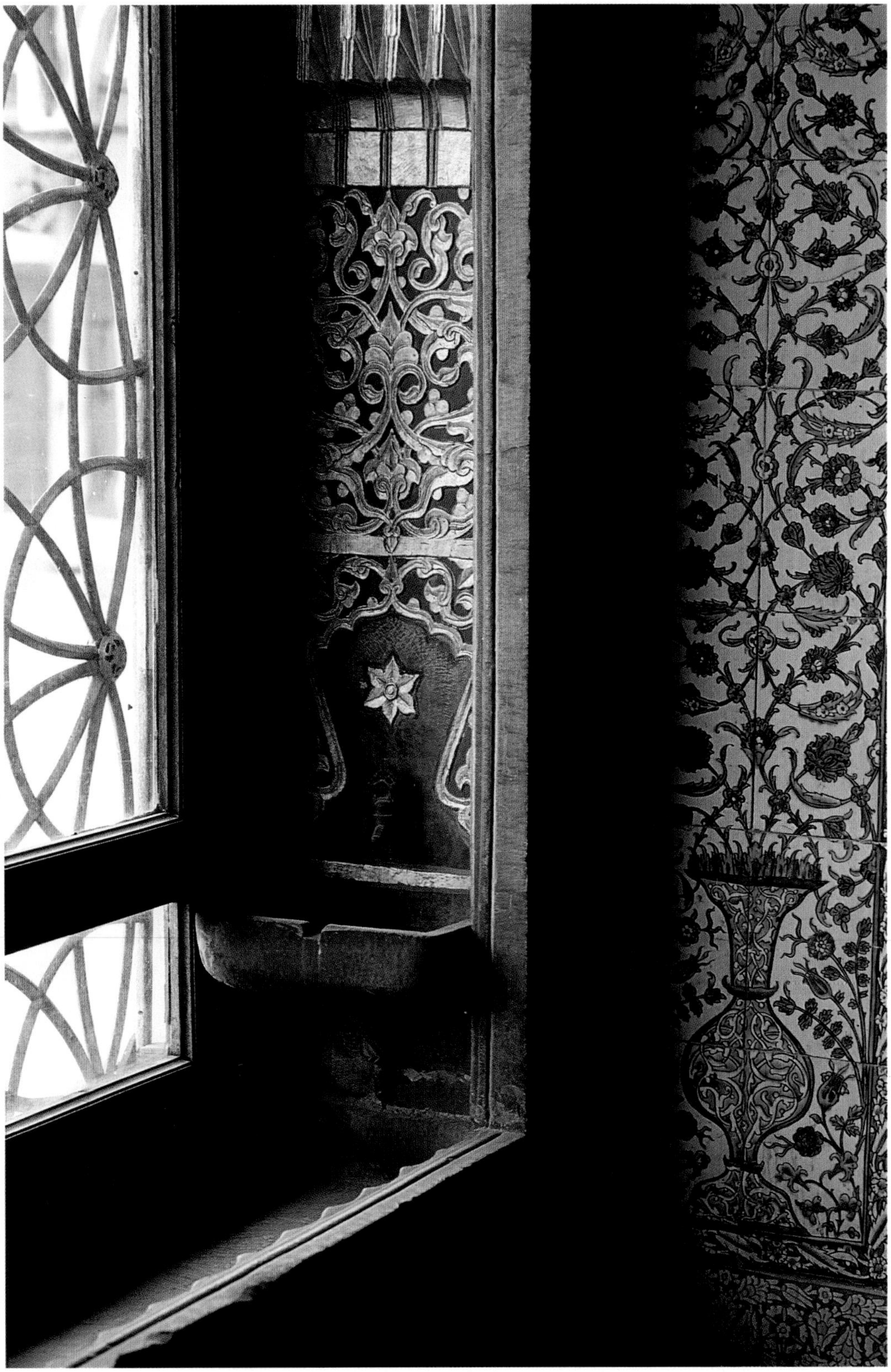

Lorsque Edmondo De Amicis visite le vieux sérail, il tente de reconstituer pour son lecteur la géographie pour le moins complexe de cette cité inextricable : il évoque les édifices « dispersés çà et là » au cœur des jardins et des bosquets : « C'étaient les bains de Selim II, tout marbre, or et peintures ; c'étaient des kiosques octogonaux ou ronds, surmontés de coupoles et de toits de toutes formes,

qui recouvraient les salles plus petites, revêtues de nacre et décorées d'incriptions arabes, où pendaient à toutes les fenêtres des cages dorées pleines de rossignols et de perroquets. (...) Dans certains de ces kiosques, les padischahs allaient se faire lire les *Mille et Une Nuits* par les vieux derviches... »

Les toits, clochetons, coupoles, tours et tourelles (pages précédentes) offrent le spectacle d'une anarchie fantasque, alors qu'ils répondent à un ordre labyrinthique.

Les carreaux de faïence de Topkapı composent des tableaux où les motifs floraux conjuguent harmonies abstraites et souci de réalisme (à gauche et ci-dessus).

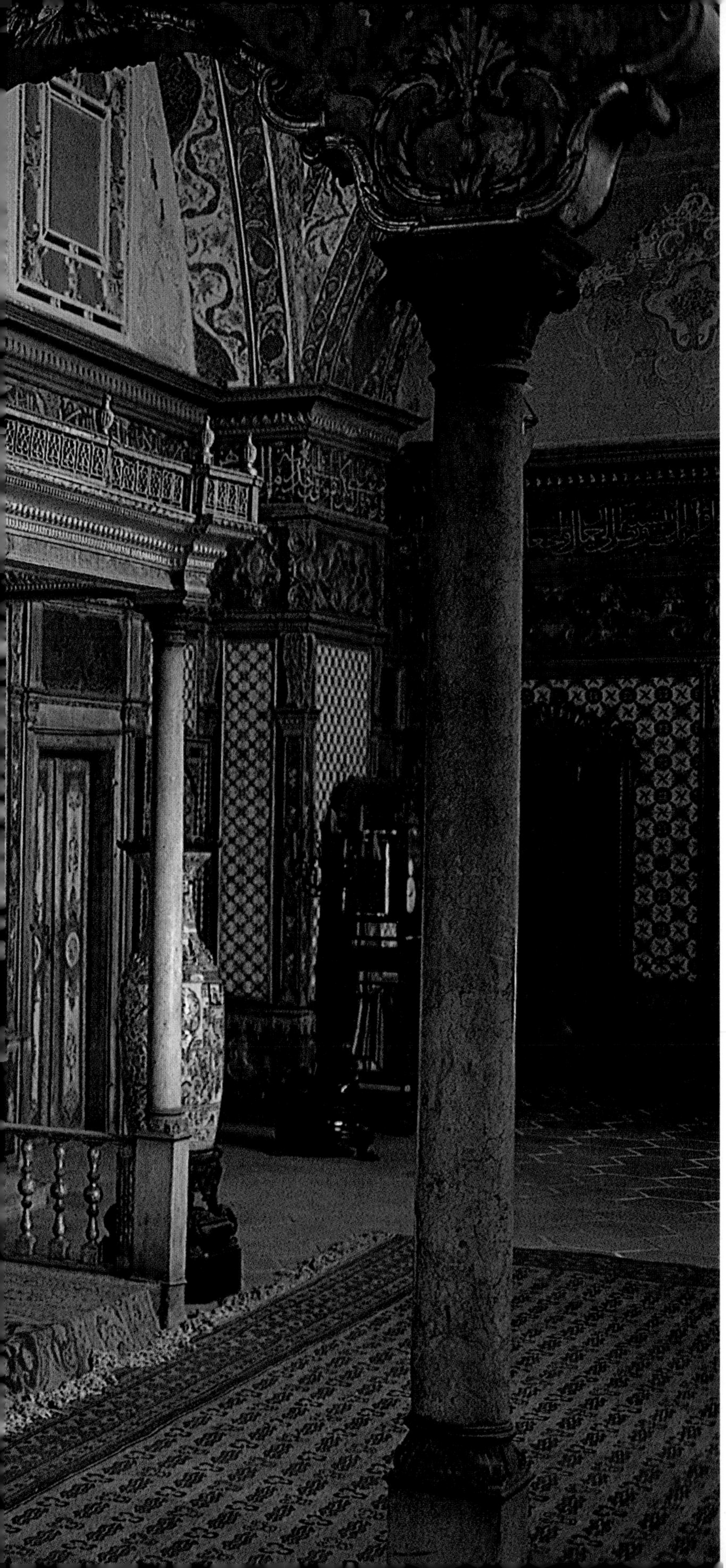

Au début du XVIIIe siècle, le harem est installé près des appartements du sultan à Topkapı. En 1720, sous le règne d'Ahmet III, Lady Montagu, femme de l'ambassadeur anglais auprès du sultan, eut la possibilité de pénétrer dans la « chose sacrée » et fut éblouie par les splendeurs et le raffinement de ce labyrinthe énigmatique. Le salon du sultan dans le harem (à gauche) n'a plus le dépouillement des anciens appartements du vieux sérail : le faste, l'ostentation, la grandiloquence dominent dans un mélange de styles. Les panneaux peints de la salle des Fruits sont la manifestation du raffinement hédoniste qui est de règle dans le microcosme du harem (ci-dessus).

# TRADITIONS

par Teresa Battesti

Géométrie des kilims et chatoiement des tapis, fleurs peintes sur les murs et brodées sur la soie, cuivre aux mille reflets dans la lumière du Bosphore, art sacré de la calligraphie : les traditions d'Istanbul ne cessent de s'épanouir, comme si l'eau pure des cent hammans les faisait renaître, chaque jour, dans l'infini bien-être de leur beauté.

Au palais de Beylerbeyi, admirablement restauré, ce trône en bois peint et doré illustre la profusion baroque qui s'empara des palais sultaniens au XIXe siècle, et dont le palais de Dolmabahçe demeure le plus somptueux exemple (pages précédentes).
Au Zincirli Han, aux abords du Grand Bazar, le magasin du grand expert en tapis Şişko Osman recèle des trésors. Les plus anciens kilims y sont protégés de la lumière et de la poussière par des serviettes brodées d'or et d'argent. Chacun d'eux se distingue par un motif particulier, propre à la tribu d'Anatolie ou de Thrace qui l'a tissé en s'inspirant de symboles plurimillénaires (ci-contre). Soleils des mosquées, ces plafonniers des XVIIIe et XIXe siècles en noyer, en chêne, en acajou, se découvrent chez l'antiquaire Yaman Mursaloğlu. L'architecture ottomane fit grand usage du bois d'ornement, appliqué sur les plafonds, les colonnettes, les vantaux de portes ou les balustrades (à droite).

A Istanbul, les traditions de l'artisanat d'art révèlent une culture diverse et changeante, même si des constantes demeurent au fil du temps. Ici, le génie créateur des hommes a su intégrer les témoignages du passé aux exigences toujours renouvelées du présent. Et depuis l'âge du fer, l'art turc n'a cessé de s'enrichir d'influences diverses, dont celle de la Haute-Asie, celle de l'Europe, celle de l'islam surtout. Religion globalisante, l'islam s'exprime et se déploie dans chaque objet d'une culture dont les acteurs sont pénétrés de leur foi. Que ce soit les tapis, la faïence, l'orfèvrerie, le travail des métaux, la calligraphie ou la broderie, tous les arts traditionnels turcs – dont la plupart se trouvent réunis dans certains hammams, élements essentiels de l'art de vivre istanbuliote – s'inspirent depuis des siècles des formes principalement abstraites et symboliques de l'art islamique. Figures géométriques, motifs floraux, calligraphie, représentations animales et humaines sont les quatre décors de base de cet art. Pourtant, si ce langage décoratif soumet chaque élément à la loi d'unité de l'ensemble, il n'est pas dépourvu, bien au contraire, d'une grande liberté d'expression.

Les tapis. « Là où est ton tapis, là est ta maison » dit le proverbe, pour souligner l'omniprésence du tapis chez les Turcs, du berceau au tombeau. A l'origine, les tapis étaient l'un des éléments essentiels de l'habitat des nomades anatoliens : très simples, ornés de motifs abstraits et géométriques, ils couvraient le sol et doublaient les toiles des tentes. Peu à peu, pour embellir l'intérieur des demeures ottomanes, des palais et des mosquées, pour devenir tapis de prière et tapis de cour, ils se sont enrichis de couleurs plus éclatantes, de motifs plus variés.

« Tous ont leur langage décoratif. Chacun d'eux est une strophe tissée et dessinée. Les uns ont la luxuriance d'une prairie, les autres l'aridité des sables du désert. Tour à tour, sous nos yeux, ils étalent leur langage ou leur énigme. Il y en a d'éloquents, il y en a de mystérieux. Tapis de conquérants, tapis de sages, tapis de sombre rêverie, tapis d'exaltation, tapis d'extase, nous les feuilletons du regard un à un. Tantôt ils évoquent l'aile d'un papillon, tantôt la mosaïque d'un vitrail. Il y en a qui sont comme endormis, il y en a d'étrangement vivants, qui se refusent, nous font signe. » Cette variété – si bien décrite par Hen-

La réserve des kilims du magasin Adnan, au Grand Bazar (ci-dessus). Selon la tradition, les kilims sont rangés d'après leur taille et leur provenance. Au rez-de-chaussée, kilims et tapis noués se déroulent pour exposer leur splendeur. Chacun de leurs détails écrit une page de l'histoire de cet art incomparable dont l'origine se perd dans la nuit des temps (ci-contre). Pour exposer la variété de ses tapis, le marchand Şişko Osman a voulu un décor qui évoque à la fois la simplicité des tentes nomades et les fastes d'un palais ottoman. Les kilims couvrent les murs, les tapis noués sont au sol : les deux univers sont enfin rassemblés (à droite).

ri de Régnier dans *Escales en Méditerranée* (1931) – est la première qualité des tapis turcs. Les *halıs*, qui sont des tapis de laine, de soie ou de coton, à points noués, sont épais et moelleux. Leurs motifs sont d'une grande diversité

puisqu'ils peuvent aussi bien représenter, avec beaucoup de finesse et parfois même de réalisme, les mille et une fleurs d'un jardin, un arbre parsemé d'oiseaux, une steppe où sont chassés des animaux sauvages. Arabesques chatoyantes, géométries savantes, motifs miniatures entrelacés font de chacun d'eux un tableau complexe où le regard peut s'attarder sans fin. Les kilims, eux, en laine ou en laine et coton mélangés et beaucoup plus rarement en soie, sont tissés. Ils sont plats et un peu rugueux au toucher. Leurs motifs sont en général beaucoup plus simples, géométriques, chacun d'eux caractéristique de la région d'Anatolie ou de Thrace où ils ont été tissés.

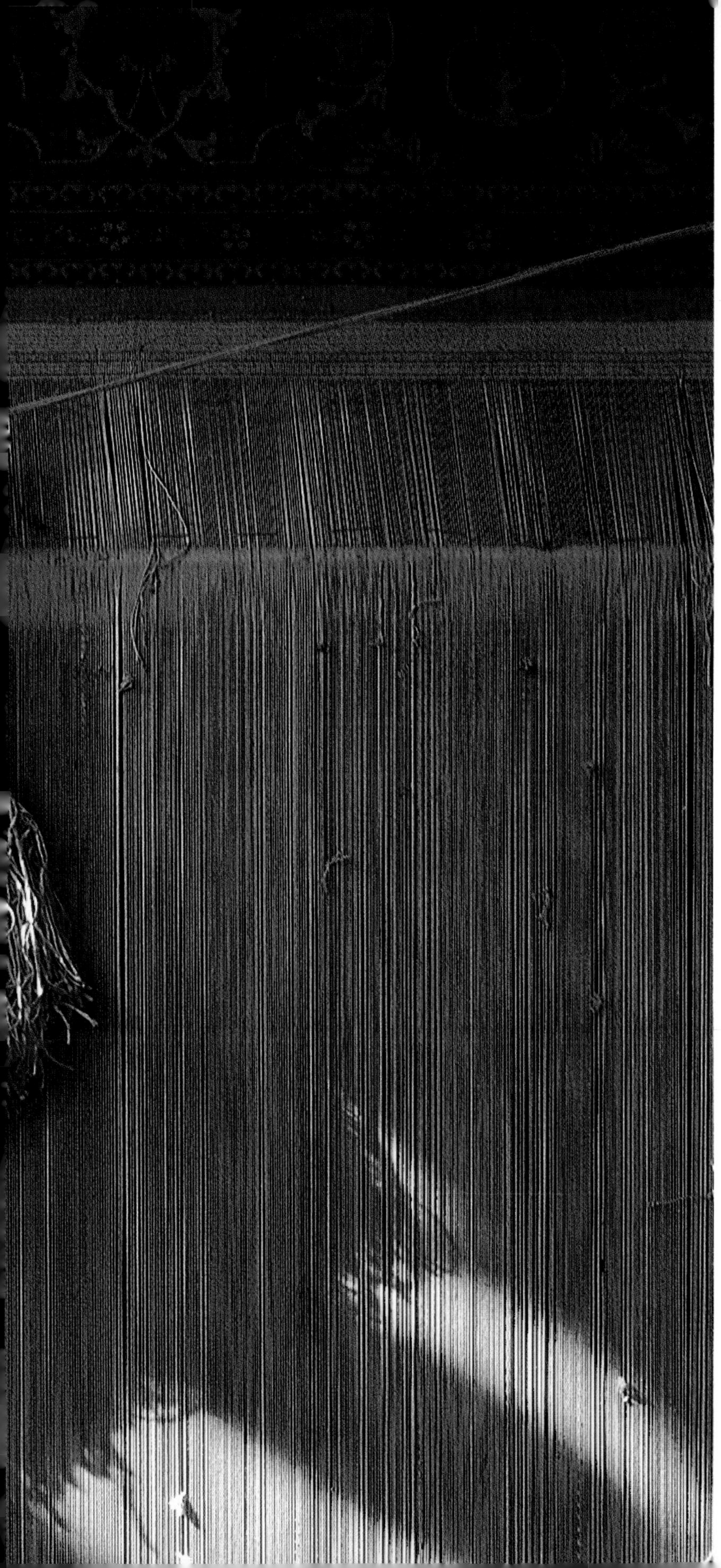

Dès le XVIe siècle, les Seldjoukides disposaient d'un système bien organisé de corporations d'artisans de la soie. A la même époque, le nombre de caravansérails édifiés sur la Route de la soie témoignaient de l'intensité de ce commerce et des échanges entre l'Est et l'Ouest. Ici, au Halılı Han – « le Han des Tapis » situé à la périphérie d'Istanbul –, le soleil fait étinceler les subtiles nuances de ces écheveaux de soie anatolienne, qui servent à la confection d'un tapis noué. Il sera vendu au Grand Bazar (à gauche). Certaines techniques ont évolué, mais la parfaite maîtrise de l'art demeure inchangée. Echeveaux à portée de main, l'ouvrière confectionne un tapis noué en soie. Le métier permet de produire des pièces mesurant jusqu'à deux fois la longueur séparant les deux traverses. Ici, le velours est de soie, mais la chaîne et la trame peuvent être en coton. Quant au nœud, il attache de nos jours généralement quatre fils de chaîne (en haut et ci-dessous).

Le magasin de tapis de Şişko Osman s'ouvre sur cette cour du Zincirli Han, datant du XVIIe siècle (ci-dessus et ci-contre). L'un des magasins les plus secrets d'Istanbul, ouvert sur rendez-vous, est installé dans une dépendance de la mosquée de Rüstem Paşa, construite par Sinan vers 1550 (à droite). Plafond de bois ouvragé, calligraphies, ogives, faïence émaillée d'Iznik font un décor somptueux aux tapis et aux soieries. Au premier plan, à droite, l'étoffe jaune ancienne de Bokhara est ornée d'une broderie au point de chaînette *suzani*.

On les trouve aussi bien sur le sol que sur les murs, ou cousus en coussins ou en sacs. On les aime pour leur simplicité même, leurs savants mariages de tons, la pureté de leurs lignes qui s'accorde à tous les espaces.

Istanbul est la ville des tapis. On peut les voir au bazar, dans les maisons, les palais, les mosquées, et, bien sûr, les musées qui exposent les plus beaux trésors. Au musée des Kilims, installé dans le pavillon impérial de la mosquée Bleue, les plus belles pièces de toutes les régions d'Anatolie et de Thrace donnent un aperçu saisissant de cette tradition du tissage où rivalisèrent les Kurdes, les Turkmènes nomades et les Turcs seldjoukides. Une tradition toujours vivante, en perpétuelle évolution, s'adaptant aujourd'hui, souvent avec bonheur, aux exigences esthétiques d'une clientèle occidentale de plus en plus experte et amoureuse. Tout près du musée des

Kilims, le musée des Tapis a été aménagé dans d'anciens entrepôts jouxtant la mosquée Bleue. Là s'expose toute la splendeur, tout le raffinement des *halis*, venus de Kayseri, de Sivas, de Konya, de Bergame, d'Antalya. Quant au musée des Arts turcs et islamiques, qu'abrite le palais d'Ibrahim Paşa, il possède les kilims les plus anciens, datant du XIIIe siècle. Ils sont contemporains de Marco Polo, qui écrivit en 1283 que les plus beaux tapis du monde étaient tissés à Konya, alors capitale de la dynastie seldjoukide.

Les premiers tapis de prière, qui firent évoluer les simples tissages jusqu'au rang d'œuvre d'art, ont été tissés en Anatolie au XVe siècle. Purs espaces de piété, individuels ou collectifs, ils sont reconnaissables à leur figuration du *mihrab* – niche indiquant la direction de La Mecque à l'intérieur des mosquées –, dont la forme et le décor varient. Les tapis Gördes, par exemple, sont célèbres pour leur *mihrab* en ligne brisée, les Koula pour leur *mihrab* richement décoré, les Ladik pour leur *mihrab* à colonnettes.

Les plus beaux tapis furent bien sûr fabriqués pour les salons et les mosquées des palais, dans des manufactures fondées par les sultans. Les tapis de cour nés dans la manufacture du sultan à Uşak, en Anatolie occidentale, connurent une vogue sans précédent en Turquie et dans l'Europe entière à partir du XVIe siècle. Dès cette époque, on les retrouva dans les décors de la peinture occidentale, chez Holbein en particulier, et on les appela parfois les « tapis Holbein ». Ils étaient fabriqués selon la technique du « nœud de Gördes » enlaçant deux fils de chaîne. Mais, pour donner au tapis un aspect plus chatoyant et des motifs plus nets, on utilisa aussi à Uşak la technique du nœud persan, sur un seul fil de chaîne.

Tous les fastes de l'Empire ottoman se lisent dans la magnificence des tapis d'Uşak, qui firent entrer le médaillon dans l'art turc et

L'art de la céramique s'épanouit à Istanbul depuis des siècles, étalant ses fastes dans les palais, les mosquées et aujourd'hui dans les appartements d'amateurs de belles faïences. Dans la fabrique de céramiques Gorbon, les pièces seront cuites à l'intérieur de ces moules réfractaires, à petit feu pour éviter les coulages (à gauche).
Une maîtrise technique absolue, une grande finesse de composition, des tonalités à la fois éclatantes et profondes ont fait la célébrité de la manufacture d'Iznik. Ces carreaux à motifs de cyprès et de fleurs, du XVIe siècle, témoignent de cette perfection. Le fameux « rouge d'Iznik », rouge tomate que l'on voit sur cette céramique de la même époque, fut mis au point après de longs tâtonnements, en combinant de l'oxyde de fer au quartz (ci-contre).
Dans l'atelier de peinture de la fabrique de céramiques Gorbon, on reproduit aujourd'hui les motifs d'autrefois avec beaucoup de minutie (ci-dessous).

Devant la mosquée Nuruosmaniye, l'un des *han* situés près du Grand Bazar forme à lui seul un quartier dans la ville, avec ses habitations aménagées tant bien que mal, ses boutiques et ses ateliers d'artisans (à droite). Tous ces *han*, très animés, recèlent des coins charmants où le passé surgit intact, comme une porte de caravansérail s'ouvrant sur le rêve (ci-dessus). Dans le quartier de Galatasaray, où travaillent de nombreux ébénistes, ce fauteuil subit avec héroïsme l'épreuve des serre-joints... (ci-contre)

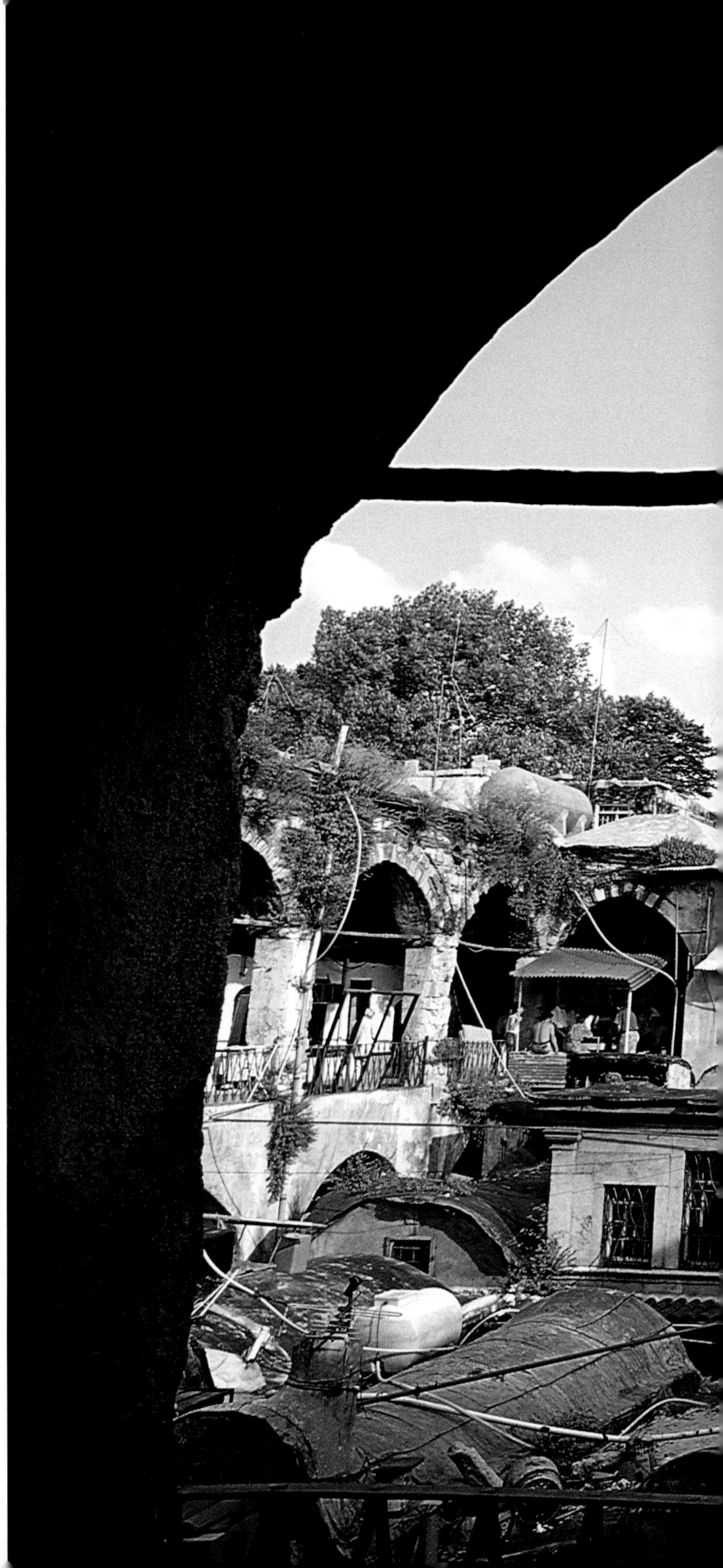

Du plus précieux au plus quotidien... Près de la mosquée Süleymaniye, tout un quartier, Dökmeciler, se consacre à la fonderie. Les fondeurs – *dökmeci* – de bronze, de cuivre et de laiton sont les héritiers d'une tradition vieille de trois mille cinq cents ans, qui connut son apogée sous la dynastie seldjoukide. A Dökmeciler, on coule aussi bien les pièces les plus raffinées que les objets les plus usuels : éléments décoratifs, tasses, cendriers, braseros, couvre-narguilés, robinets, poignées de porte... (ci-dessus et ci-dessous). Dans un atelier de fonderie, la préparation des moules. Autrefois, les objets étaient coulés dans un moule de pierre. Aujourd'hui, leur forme est inscrite dans un amalgame de sable, placé entre deux châssis de fer ou d'aluminium (à droite).

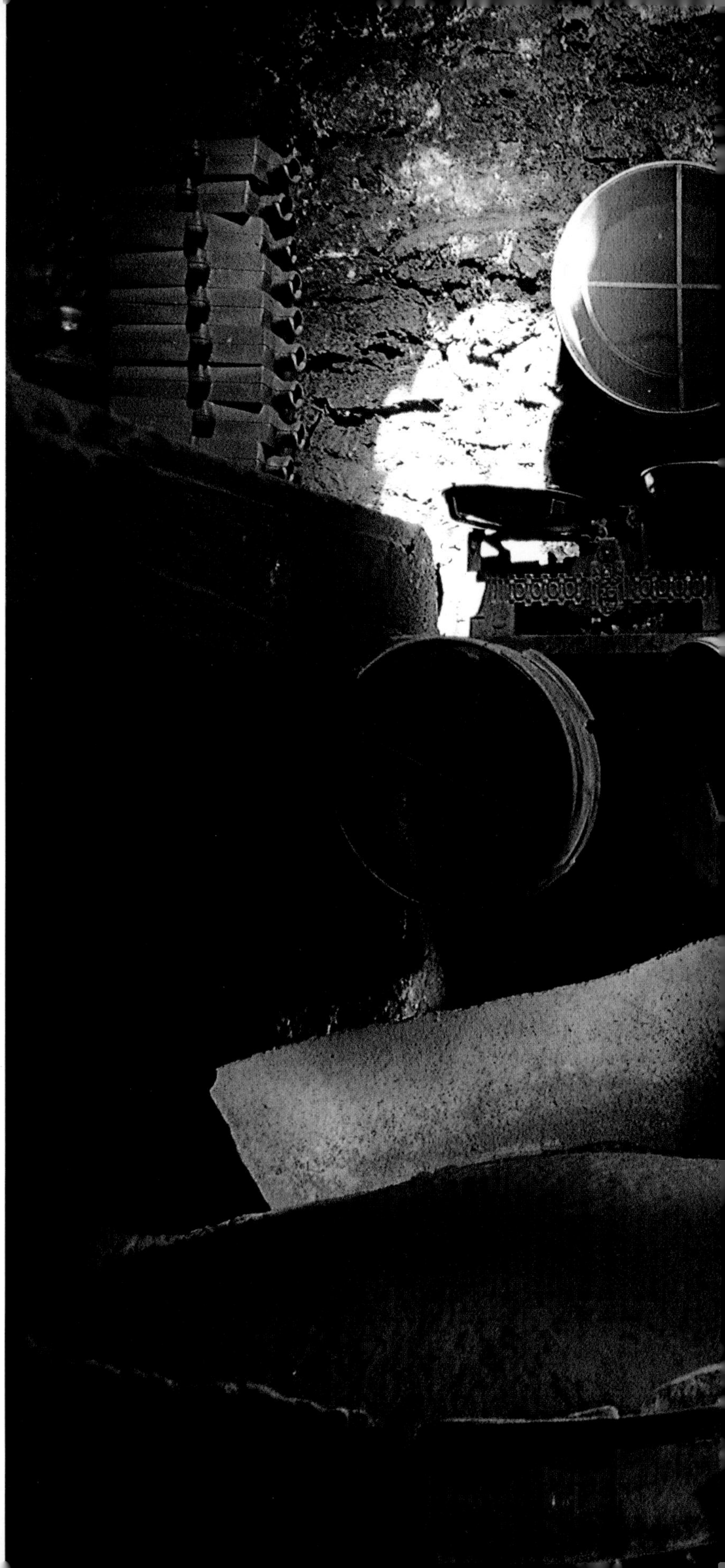

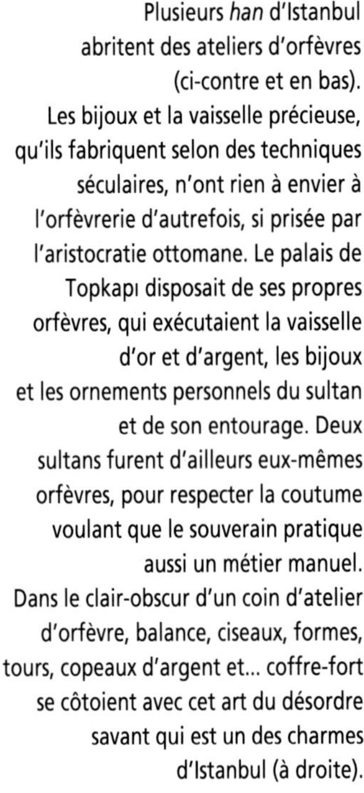

Plusieurs *han* d'Istanbul abritent des ateliers d'orfèvres (ci-contre et en bas). Les bijoux et la vaisselle précieuse, qu'ils fabriquent selon des techniques séculaires, n'ont rien à envier à l'orfèvrerie d'autrefois, si prisée par l'aristocratie ottomane. Le palais de Topkapı disposait de ses propres orfèvres, qui exécutaient la vaisselle d'or et d'argent, les bijoux et les ornements personnels du sultan et de son entourage. Deux sultans furent d'ailleurs eux-mêmes orfèvres, pour respecter la coutume voulant que le souverain pratique aussi un métier manuel. Dans le clair-obscur d'un coin d'atelier d'orfèvre, balance, ciseaux, formes, tours, copeaux d'argent et... coffre-fort se côtoient avec cet art du désordre savant qui est un des charmes d'Istanbul (à droite).

où figurent souvent les quatre fleurs emblématiques du sérail, puis du pays tout entier : l'œillet, la jacinthe, la tulipe et la rose. Leurs jeux de contrastes colorés donnant une impression d'espace à trois dimensions, ces vastes tapis sur lesquels les courtisans se prosternaient durant les audiences sultaniennes semblent eux-mêmes un riche salon de palais.

En 1843, le sultan Abdülmecit fonda la manufacture d'Hereke, à soixante-dix kilomètres à l'est d'Istanbul, sur le golfe d'Izmit. Une manufacture toujours en activité aujourd'hui et qui commença, avant les tapis, par produire des soieries pour les dames du sérail. La ville a donné son nom à de remarquables tapis de soie et de laine, à nœuds de Gördes. Sur leurs fonds généralement clairs se détachent les motifs les plus divers suscités par les modes, allant du persan classique à l'Art nouveau. Le sultan Abdülhamit en fit disposer un très grand nombre dans son palais de Yıldız, dont celui du grand hall qui saisit d'admiration le visiteur pour sa beauté et ses gigantesques dimensions.

**Les céramiques.** On retrouve le décor chatoyant des tapis, transmué en carreaux de céramique, sur les murs et les colonnes des palais et des mosquées. De véritables tapisseries de faïence s'étalèrent sur les édifices les plus beaux, lorsque les arts turcs de la céramique connurent leur âge d'or, entre le XVIe et le XVIIIe siècle. C'est au XVIe siècle que la production de la manufacture d'Iznik fut à son apogée. Jusqu'à sa fermeture au début du XVIIIe siècle, elle imposa à toute la céramique turque ses décors floraux polychromes et vernis, d'une extraordinaire finesse d'exécution, scintillants dès la moindre lueur pour enluminer l'ombre des intérieurs. L'arc-en-ciel de leurs sept couleurs se métamorphosait en jardin printanier : le bleu turquoise, le bleu foncé, le noir, le violet, le blanc, le vert pistache et le jaune, ces deux dernières couleurs bientôt

La calligraphie est un art sacré, et la ferveur qu'il inspire en Turquie n'a pas d'égale au monde. Dans le calme de l'ancienne *medrese* – école de droit coranique – dépendant de la mosquée Süleymaniye (ci-contre), on restaure les vieux corans avec le soin qu'exigent les plus précieux trésors. L'atelier s'ouvre sur le jardin par une fenêtre à superbe arcature en forme de *mihrab*.
Dans son beau *yalı* du Bosphore, Ayşegül Nadir offre à ses amis l'enchantement de sa collection de calligraphies anciennes (ci-dessous), accompagnées d'objets participant du même univers où se mêlent l'art et la foi : manuscrits enluminés, calligraphie chantant le nom d'Allah, calligrame en forme de bonnet de derviche, chapelets de jaspe et de cornaline et plumes taillées.
Datant du XIVe siècle, ce coran a appartenu au sultan Beyazit. Il est en cours de restauration dans l'atelier spécialisé de la Süleymaniye (à droite).

remplacées par le vert feuille et le fameux rouge tomate, dont l'introduction au milieu du XVIe siècle marque l'apogée de la céramique ottomane. Le grand architecte de Soliman, Sinan, sut tirer profit de cette symphonie de couleurs quand il enveloppa vers 1560 les formes architecturales de la mosquée Rüstem Paşa d'un chatoiement diapré. La manufacture de Kütahya, qui prit le relais d'Iznik, fabrique toujours des pièces inspirées de cet âge d'or.

La vaisselle d'Iznik s'orne de décors tout aussi raffinés. Lotus et nuages ondulés se mêlent aux compositions florales sur des plats dont le bord peut aussi présenter des motifs sinisants de vagues et de rochers. Les pichets sont ornés de rinceaux fleuris, les hanaps se couvrent de feuilles dentelées, les bouteilles à col renflé reçoivent des médaillons. A Topkapı, le musée de la Céramique installé dans le Çinili Köşk, – le kiosque des Faïences, achevé en 1472 comme l'indique une magnifique calligraphie persane – abrite quelques-unes de ces pièces, si somptueusement exécutées qu'on en oublie qu'elles sont faites de la plus humble des matières : la terre.

La céramique de Çanakkale, sur la rive asiatique du détroit des Dardanelles, apparut à la fin du XVIIIe siècle. Dans un beau *yalı* restauré du Bosphore, à Büyükdere, le musée Sadberk Hanım expose une très belle collection de vaisselle de Çanakkale, avec ses plats aux charmants motifs géométriques ou floraux de facture un peu naïve, ses cruches pansues zoomorphes aux anses spiralées. Le musée présente également des porcelaines de la manufacture de Yıldız, fondée par Abdülhamit II, qui fournissait le palais en imitations de Sèvres et

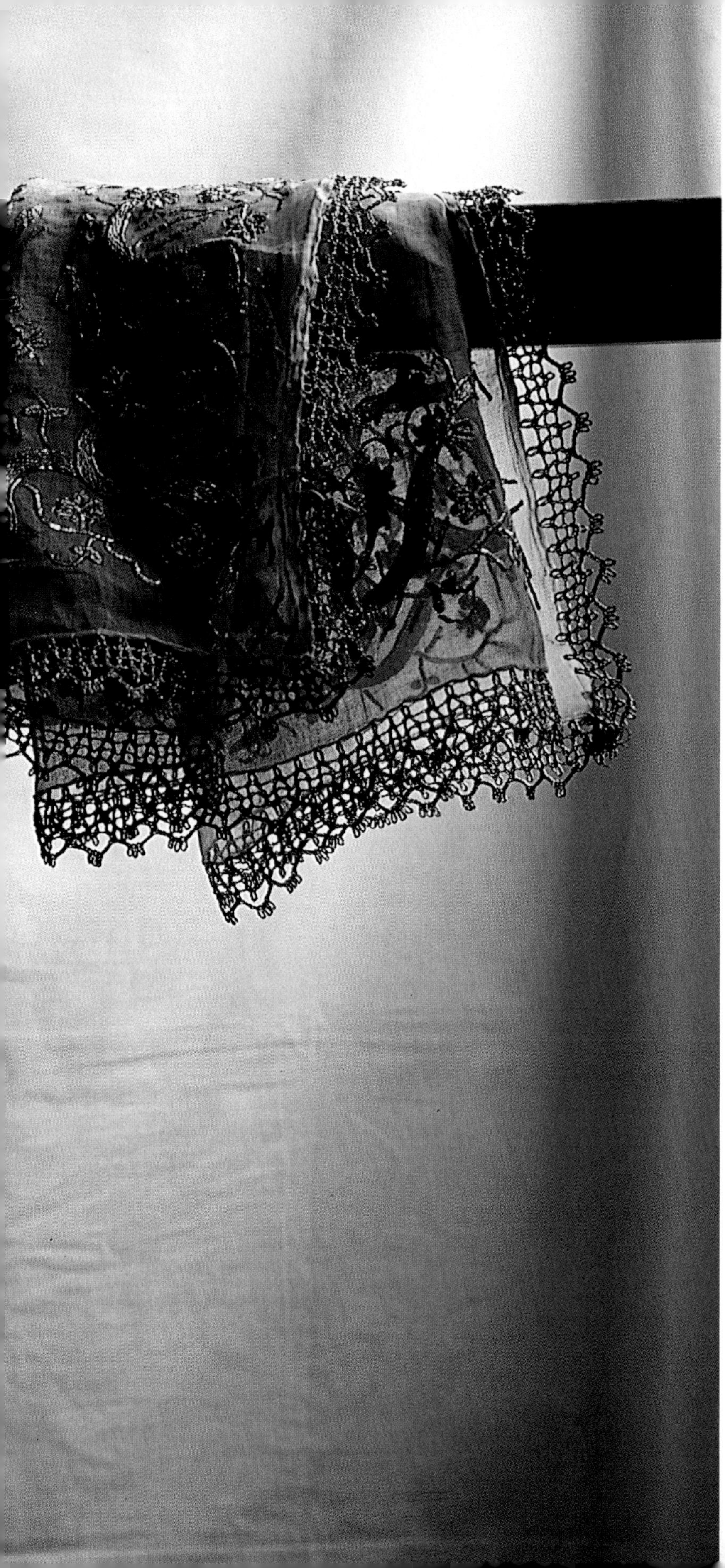

Cette étole en mousseline de coton, brodée de rinceaux, de guirlandes et de bouquets en fil d'or, date du début du XIXe siècle. Elle est ornée d'une bordure en *oya*, dentelle à l'aiguille aux fils d'or. On peut contempler la grâce infinie de cette pièce à l'école de broderie de l'institut Olgunlasma (à gauche).
A l'école de broderie, cette pièce de velours brodée au carton de fil d'or laminé est tenue dans une patte en bois qui la met au niveau désiré (ci-contre).
Les métiers incrustés de nacre et de marqueteries précieuses qu'utilisaient les dames du sérail ont disparu mais les méthodes ont peu changé. Fils d'argent, d'or et de soie sont brodés sur l'étoffe tendue, d'après un motif dessiné (ci-dessous).

Raffinement des broderies et des dentelles dans un camaïeu de blanc et d'argent, légèreté et sensualité de la soie : les plaisirs se conjuguent dans ce détail d'un costume d'apparat du XIXe siècle (ci-contre). Dans la société traditionnelle, la jeune femme ne pouvait prendre la parole devant sa belle-mère et devait mesurer les propos qu'elle adressait à son mari. Les broderies étaient son langage, qui exprimait par les fleurs ses différents états d'âme. Dans un magasin du Grand Bazar, tout un univers féminin se résume dans ces serviettes de bain et ces écharpes de gaze brodées au fil d'or, disposées dans une boîte en velours décorée d'argent du XIXe siècle, qui faisait partie du trousseau traditionnel de la mariée (ci-dessous).

de Saxe, et poursuit toujours, après sa réouverture en 1962, son activité.

A Istanbul, la tradition de la céramique n'est pas perdue. Elle s'épanouit, au contraire, renouvelée par l'inventivité de céramistes de talent, tels Fürreya Koral et Alev Siesbiye dont les œuvres s'exposent dans les grands musées du monde.

**Le métal.** Les collectionneurs d'Istanbul ont une prédilection, partagée par de nombreux connaisseurs à travers le monde, pour la métallurgie seldjoukide, née sur les bords de l'Amou-Daria entre la Perse et la Chine, avant de s'épanouir sur les décombres de Byzance. Elle emprunta aux deux premières civilisations les techniques de la gravure, du repoussage, de la dorure et du niellage, à la troisième celle de l'émail cloisonné. De cette synthèse naquit une vaisselle précieuse, où de très savants alliages de cuivre, de bronze et de laiton imitaient à merveille l'or et l'argent, métaux prohibés par le Coran pour les usages domestiques. Des pièces en métal coulé virent aussi le jour : braseros, mortiers, encensoirs, miroirs, chande-

Broderies d'or sur le velours mauve de la robe de mariée (qu'on appelle *bindallı*, littéralement « mille branches ») ; couvre-lit de velours grenat semé de fleurs et d'épis en bouquet ; roses d'or couchées sur le bord d'une serviette ; galons,

cordonnets et fils d'argent soutachés ornant la veste d'un gardien d'ambassade ; œillets fleuris sur un panneau de soie : ces cinq exemples des mille et une splendeurs des étoffes ottomanes suffisent à montrer le raffinement d'une civilisation. Toutes ont été confectionnées au XIXe siècle, excepté la dernière qui date du XVIe siècle (ci-contre et ci-dessus).

Une coupelle de cuivre étamé et ciselé contient du henné (ci-dessous). Cette poudre, obtenue en pulvérisant les feuilles et l'écorce séchées d'un arbuste, est utilisée par les femmes pour se teindre les cheveux, les mains et les pieds. La « nuit du henné » est une tradition toujours vivace : durant la nuit précédant son mariage, les mains et les pieds de la fiancée sont teints par quelques femmes de la famille de son futur époux. Palais de marbre et d'eau, conçus à la fois pour la purification et le bien-être, les hammams sont l'un des éléments essentiels de l'art de vivre à Istanbul. Celui de Cağaloğlu (ci-contre) a été bâti au XVIII$^{e}$ siècle. A la double fonction du hammam, répond ici le mélange de simplicité et de raffinement de son étuve : décors des fontaines, robinets de cuivre ciselés côtoient la sobriété des colonnes et de la « pierre à nombril », – dalle de marbre chauffée sur laquelle les baigneurs s'allongent pour transpirer et se faire masser.

liers, tambours ou porte-bannières. Leurs formes s'inspiraient du registre architectural ou animalier, tels ces heurtoirs exposés au musée des Arts turcs et islamiques.

D'autres techniques apparurent, dont celles des incrustations polychromes qui donnèrent leur essor à des compositions figuratives de plus en plus variées : images de souverains, scènes de chasse, créatures mythologiques... Réservant le vermeil aux objets les plus précieux, les orfèvres utilisèrent largement un alliage de cuivre et de zinc rappelant l'or par sa couleur. Des boucliers et des casques des janissaires aux brûle-parfums des harems, le *tombak*, cuivre doré au mercure, s'imposa dans la vie quotidienne des palais de l'aristocratie ottomane.

Aujourd'hui le cuivre paraît à chaque instant dans les rues d'Istanbul. *Alem* – ornements du sommet des mosquées –, plateaux virevoltant conçus pour que le café ne s'échappe des tasses, services à café, cadenas et serrures, boîtes ouvragées des cireurs de chaussures. La plupart d'entre eux sont confectionnés dans les minuscules échoppes des orfèvres, près du Grand Bazar où ils sont vendus.

**La calligraphie.** « Le Coran est descendu du ciel à La Mecque et à Médine, mais il a été écrit à Istanbul », dit un incontestable proverbe. La calligraphie, ou « belle écriture », considérée dans tout le monde islamique comme l'art suprême, chargé de préserver et de transmettre le message de Dieu et les paroles du Prophète, a connu en Turquie son essor le plus éblouissant.

La calligraphie n'a cessé d'évoluer au cours des siècles en Turquie. Elle perfectionna plusieurs styles d'écriture, cherchant toujours plus de fluidité, passant ainsi d'une éciture dite coufique très rectiligne à un coufique fleuri, tressé, puis à une écriture cursive où parfois les lettres s'enchevêtrent et s'organisent pour dessiner les motifs les plus variés. Elle transforma aussi ses styles sous l'impulsion de créateurs parfois célèbres, tels le poète Yakut qui inventa les styles tevkii et rika et surtout Şeik Hamdullah, qui vécut au XV$^{e}$ siècle et que l'on présente souvent comme le véritable initiateur de la calligraphie ottomane. Mais bon nombre de ces grands calligraphes sont aujourd'hui méconnus, qui créèrent un ou plusieurs des cinquante-quatre styles recensés.

Cet art de la calligraphie, essentiellement religieux, s'illustre bien sûr dans les corans enluminés, mais aussi sur les murs des maisons et des mosquées, sur la vaisselle précieuse et donc sur les supports les plus variés tels que le papier, le bois, la faïence ou le verre. Mais il n'est pas que religieux. L'une des originalités de la calligraphie ottomane fut l'art du *tuğra*, monogramme du sultan que tous les actes officiels émis par le Divan devaient porter, tel un

La chaleur et l'eau ne sont pas les seuls éléments indispensables au hammam. Chacun d'eux doit dispenser une atmosphère de calme et de repos nécessaire à la relaxation du baigneur. Dans le hammam de Küçük Mustafa Paşa, douce lumière, couleurs tendres, absolue placidité du gardien des lieux

créent une oasis de sérénité au cœur de la ville, tout près de la Corne d'Or. Dans la cabine de déshabillage, deux baigneurs peuvent se détendre, boire du thé ou du café, fumer cigarettes ou pipe à eau, tandis qu'à l'entrée, devant de grandes serviettes en damas de Bursa, le gardien somnole... (ci-dessus et ci-contre).

sceau garantissant leur authenticité. Leurs auteurs, les *nisancı*, étaient des personnages importants à la cour, à la fois artistes accomplis, juristes et théologiens. La composition des *tuğra* devint de plus en plus sophistiquée au cours des siècles : l'encre noire fut abandonnée au profit de l'or, du rouge ou du bleu, tandis qu'apparurent des ornements de rameaux, de nuages, de coquillages et de fleurs.

A Istanbul, il est peu d'intérieurs dépourvus de calligraphies, anciennes ou contemporaines, qu'on place toujours sur les murs à hauteur du visage en signe de respect. Cet art suprême s'enseigne toujours, qui exige, outre la connaissance des différents styles, un talent de dessinateur et beaucoup d'humilité. De grands artistes se révèlent ainsi, qui répondent à une demande croissante due au développement des collections publiques et privées.

LES BRODERIES. Les broderies turques, avec leur mille nuances de coloris vigoureux relevés de motifs en fils d'or et d'argent, présentent un spectacle fascinant. Et le comble du beau fut atteint en cette matière dans l'ameublement des palais et la garde-robe des sultans et des familiers de la cour, bien conservés aujourd'hui dans les musées d'Istanbul.

Une fois affranchies des motifs géométriques, dès le XVIe siècle, les broderies ottomanes firent éclore des fleurs à l'envi. Cette passion pour les fleurs atteignit son apogée durant l'ère de la Tulipe, au début du XVIIIe siècle. On broda des tulipes, certes, mais aussi des œillets, des jacinthes, des églantines, des fleurs de cerisier et de grenadier... Fleurs entières ou en fragments furent ainsi semées sur les ceintures, les foulards, les bordures des essuie-mains, tandis que les costumes et les chemises s'ornaient de bandes verticales et de semis rehaussés d'or. Les broderies multicolores du linge de maison étaient surtout travaillées à point compté. Les motifs au point de chaînette et les broderies d'or sur fond de toile, de drap ou de velours étaient exécutés d'après tracé. Tout comme dans les miniatures, des arbres toujours verts, des jardins luxuriants, des prairies piquetées de soucis ou de narcisses composaient des paysages de paradis propres à attendrir les âmes les plus endurcies.

Pour fournir la Cour, les corporations de brodeurs, qui s'affairaient dans les ateliers sultaniens selon les édits du sérail, surent concilier ce foisonnement végétal au point compté à l'ajourage, aux larmes d'argent et aux cane-

L'entrée est la seule partie du hammam commune aux hommes et aux femmes. Le gardien y distribue les serviettes aux clients. Le hammam de Küçük Mustafa Paşa, fondé au début du XVIe siècle par le Grand Vizir du sultan Beyazit II, est l'un des plus anciens et des plus vastes d'Istanbul. Mais, malgré son imposante architecture, son décor est simple et, dans l'entrée un peu désuète, son ravissant petit bassin de marbre offre la seule note de raffinement (ci-contre).

Ce petit escalier mène vers l'un des plus grands hammams d'Istanbul, celui de Küçük Mustafa Paşa. Les vapeurs s'infiltrent-elles dans ses murs bleus ? Peu importe. L'essentiel est que, venant de la rue, on descende vers le hammam, vers un univers un peu secret, différent, bien séparé de l'agitation de la ville (ci-dessus). L'architecture et l'aménagement du hammam d'Ortaköy – faubourg d'Istanbul sur la rive européenne du Bosphore – diffèrent des autres bains bâtis par Sinan au XVIe siècle. Son étuve, au lieu d'être l'habituelle grande salle cruciforme à dôme, comporte quatre sections identiques coiffés d'une coupole. Elles rappellent en fait la structure des hammams plus anciens et plus petits. Dans la salle centrale de ce bain double, le grand lustre et la galerie de bois ont été rajoutés à une époque récente (à droite). A Istanbul, rares sont les hammams anciens qui conservent intégralement leur décor d'origine.

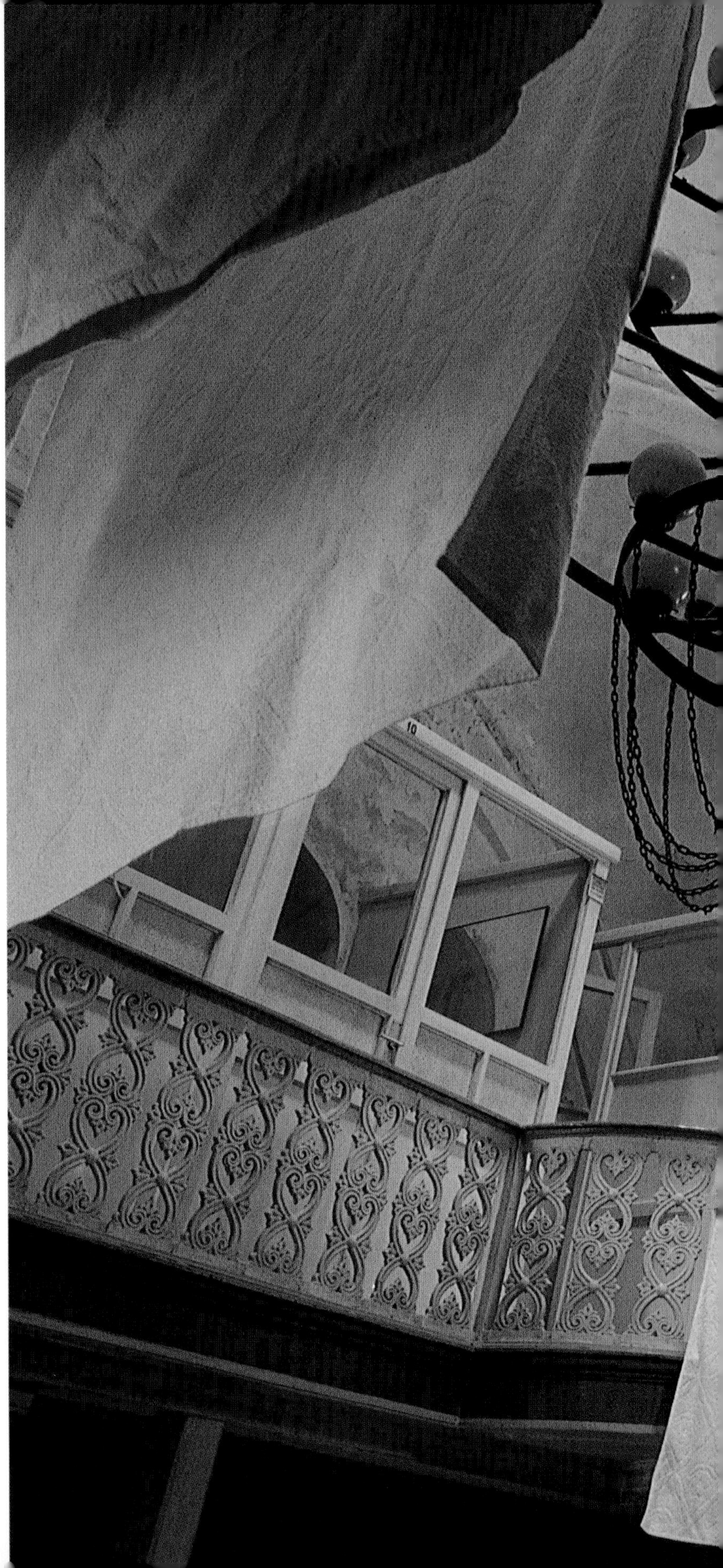

A travers des petites lucarnes vitrées, des lances de lumière pénètrent dans l'imposante étuve du hammam de Küçük Mustafa Paşa, traversent l'espace et illuminent les dalles de marbre. Dans chaque hammam, les jeux d'ombre et de lumière participent à la magie du lieu (ci-dessus et à droite).

tilles d'or. Ils brodaient aussi bien des cafetans que des tentes de campagne, des baldaquins de jardin, des uniformes et des étendards. Et les fils de soie provenaient souvent des harems, où l'on élevait amoureusement des vers à soie, source des plus beaux atours. Mais les riches broderies n'étaient pas l'apanage des palais. Dans chaque famille, les femmes brodaient la soie et les jeunes filles préparaient leur trousseau dès leur plus jeune âge : voiles, robes et chemises, couvre-lits et cache-miroir étaient brodés de motifs de fleurs.

Vers la fin du XIXe siècle, cette profusion de fleurs se compliqua d'influences baroque et rococo pour confiner au maniérisme. Les décors classiques sont revenus à la mode aujourd'hui, et ce sont eux qui inspirent les brodeurs. Dans le quartier de Taksim, l'école de broderie de l'Institut Olgunlasma enseigne la tradition classique, volontiers modernisée et stylisée : robes du soir, nappes, sacs et pochettes toujours somptueusement brodés au fil d'or et d'argent témoignent déjà du talent des grands brodeurs de demain.

**Les hammams.** Dans la lumière tamisée d'un jour filtré par des lucarnes, luisante sur les marbres et brouillée dans les vapeurs, abandonner son corps nu à la chaleur, aux mains d'un masseur et aux bienfaits de l'eau,

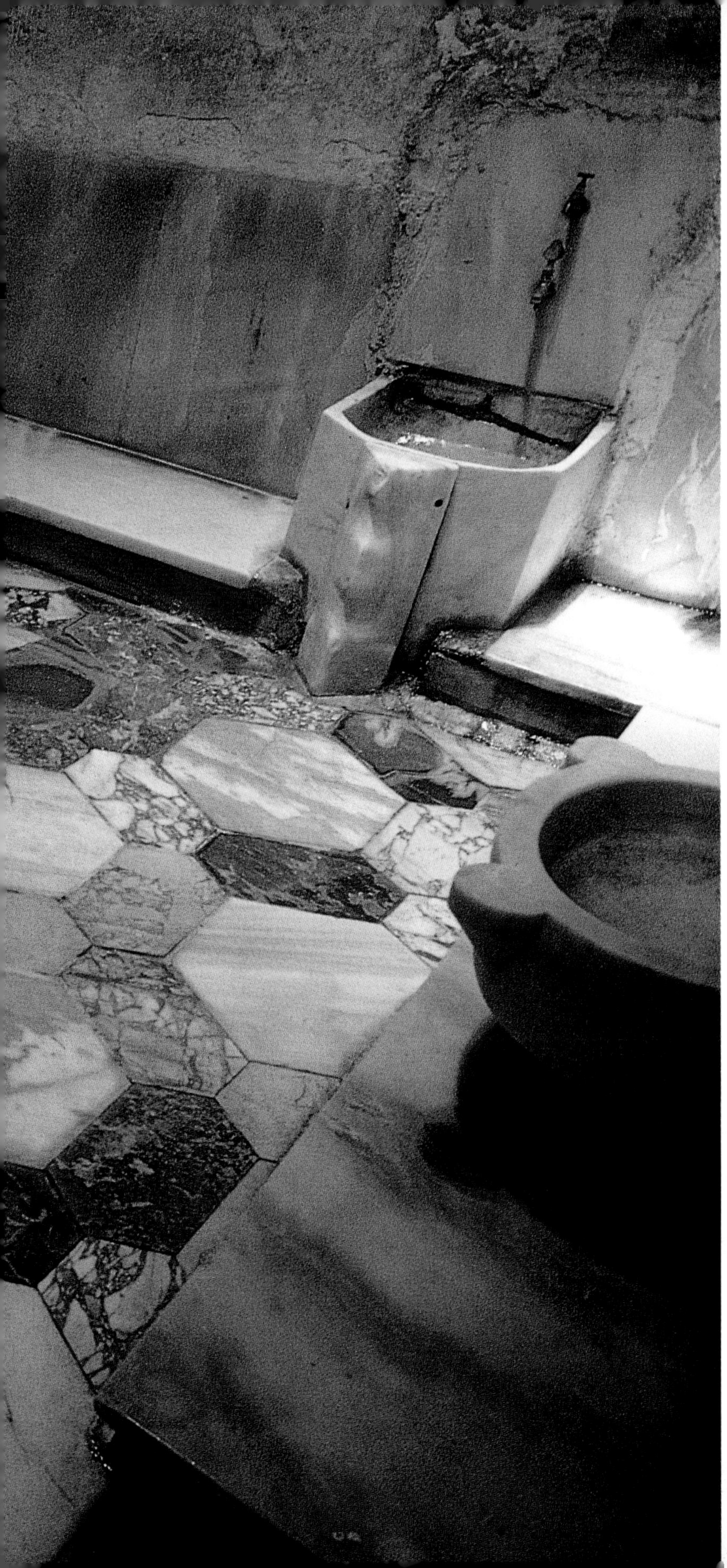

Le hammam de Küçük Mustafa Paşa, à la fois monumental et plein de charme, recèle des trésors un peu cachés, dont la délicate beauté s'offre avec d'autant plus d'intensité à celui qui les découvre. Tels ce superbe dallage en marbre polychrome de l'une des salles de bains et cette gracieuse fontaine à ablutions dont la niche s'orne d'une coupole en forme de coquillage (à gauche et ci-dessus).

se purifier, se détendre : telle est la volupté qu'offrent à Istanbul, depuis la plus lointaine antiquité, les hammams.

Les hammams sont les héritiers des bains romains, dont ils présentent d'évidentes affinités architecturales. S'il ne reste aucune trace visible des thermes byzantins, la tradition ottomane des bains, encore bien vivante aujourd'hui, s'expose partout aux yeux des visiteurs.

Le hammam du *yalı* de Ayşegül Nadir regroupe tout ce qu'un bain ottoman peut compter de plus raffiné. Robinetterie en or, fine aiguière à ablutions entourée selon l'usage d'une serviette, ici brodée d'or, vasque polygonale en marbre, grande serviette dont on se drape le corps, ornée de branches et de fleurs. Les *nalın*, socques de bois incrustés de nacre, étaient portés dans les hammams, d'une part pour protéger la peau tendre de la plante du pied du contact brûlant du marbre, d'autre part pour éviter de glisser sur les surfaces humides et savonneuses (ci-dessus). Depuis plus de deux cent cinquante ans, dans le Cağaloğlu Hamamı, des baigneurs respectent le même rituel de purification : ils ouvrent l'un de ces robinets de cuivre doré au mercure, remplissent d'eau chaude ou d'eau froide la coupelle en cuivre étamé, puis la versent sur leur corps (à droite).

Au XVIII$^{e}$ siècle, on recensait à Istanbul cent cinquante hammams publics, auxquels s'ajoutaient ceux des palais et les bains privés. Une profusion encouragée par la piété des Istanbuliotes, puisqu'il est aussi méritoire, pour un croyant, de faire don d'un hammam à la collectivité que de lui offrir une mosquée. Dans les ensembles monumentaux constitués en fondations pieuses, le hammam figure d'ailleurs parmi les annexes de la mosquée, comme à la Süleymaniye. Plus d'une centaine de hammams ottomans sont encore fréquentés de nos jours, entre autres par les Istanbuliotes ne possédant pas de salle de bains et qui doivent néanmoins se présenter à la prière du vendredi lavés de la tête aux pieds. Naguère occasions de se distraire d'une vie recluse, les bains sont toujours fréquentés par les femmes pieuses et par celles soucieuses de se purifier ou de se guérir : censé soulager de bien des maux, on appelle parfois le hammam le « médecin muet ».

Mais pour leurs nombreux fidèles, les hammams sont avant tout un plaisir subtil, où le corps d'abord agressé est conduit progressivement jusqu'au plus agréable des bien-être. Après s'être déshabillé au vestiaire, ou *camekân*, et ceint d'une grande serviette, le baigneur se rend dans l'étuve, le *hararet*, où son corps est soumis à la chaleur intense de la vapeur. Puis un garçon de bain s'en empare, le savonne, le frotte au gant de crin, le masse, l'étire, le tord. Moulu, le baigneur se rend à une fontaine d'eau froide, où il se lave encore et se rince, avant d'aller s'étendre enfin dans le *soğukluk*, salle dont la température modérée l'apaise. C'est là que peu à peu un nouveau bien-être se diffuse en lui, détend son corps et son esprit au point qu'il se sent renaître. C'est là qu'il peut déguster de délicieux mets sucrés ou salés, se faire servir une boisson fraîche ou du café, fumer un narguilé.

Il y a trop d'ambiguïtés dans ce parcours – celle de la nudité partagée, celle du contact des corps, celle d'un délice qui se fait attendre avant de s'offrir sans restriction – pour ne pas penser qu'une séance au hammam est un plaisir sensuel, voire charnel. En réalité, à Istanbul comme ailleurs, le baigneur trouve dans le hammam ce qu'il vient y chercher : une pieuse purification ou un simple soin du corps, une détente de tout son être ou un plaisir plus ambigu. Et l'essentiel demeure qu'au sortir du hammam il se sente heureux et propre pour l'éternité.

Au hammam de de Kılıç Ali Paşa, dans le quartier de Tophane, le cuivre des coupelles a été remplacé par du plastique, mais leur forme et leur usage n'ont pas changé. Comme partout, les serviettes portées en pagne autour des reins sont

obligatoires, et remplacées six fois au cours du bain, lequel dure en moyenne une heure (ci-dessus). Combien de serviettes, de savons, de coupelles et de tabourets a côtoyé cette vasque de marbre (ci-contre) ? Les siècles passent dans les hammams, tout s'use y compris la pierre, et seule l'eau y paraît éternelle.

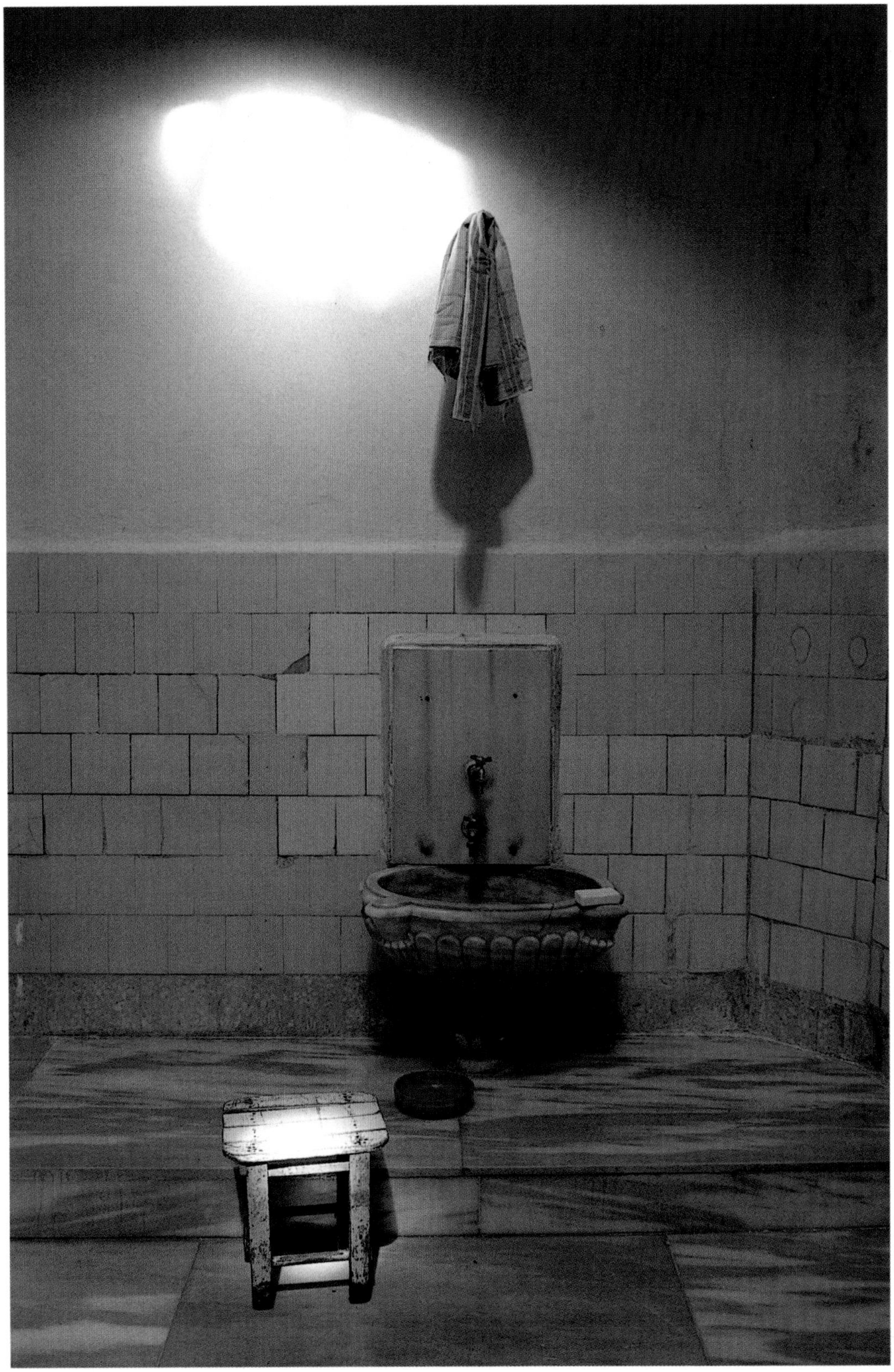

Depuis son origine, la tradition des hammams ottomans s'est développée à l'unisson d'un bon nombre d'arts et de techniques qui lui étaient nécessaires. Ainsi vit le jour une architecture spécifique, avec un plan généralement cruciforme, des voûtes et des coupoles percées d'étroites ouvertures. Ainsi se perfectionnèrent les techniques de chauffage, assuré, comme dans les thermes romains, par la circulation d'un air chaud sous le dallage. Ainsi apparurent des broderies particulières, celles des serviettes de bain. L'habitude de montrer le trousseau de la mariée, celle d'exposer avant le bain de la fiancée les serviettes qu'elle utilisera, l'exigence des règles religieuses concernant les ablutions furent autant de raisons de broder avec raffinement les serviettes de bain. On y broda souvent des motifs de rose, symbolisant la famille, ainsi que des formules propitiatoires destinées à protéger des djinns tapis dans les coins sombres des hammams. Même les serviettes destinées aux hommes étaient parfois brodées, mais de motifs d'inspiration plus virile : on vit des outils agricoles sur fond de champ, des bateaux à vapeur sur des vagues à la chinoise, des armes à feu dissimulées dans des paysages...

Des très beaux anciens hammams qui demeurent, beaucoup ont été restaurés et aménagés pour d'autres usages prestigieux. Parmi les huit bains d'Istanbul attribués avec certitude à l'architecte Sinan, figure celui que lui commanda en 1556 Soliman le Magnifique pour son épouse Haseki Hürrem, qu'on appelle aussi Roxelane. Situé à mi-chemin entre Sainte-Sophie et la mosquée Bleue, là même où s'élevaient les plus célèbres thermes byzantins, ce splendide bain abrite aujourd'hui une exposition vente permanente de kilims et de tapis. Dans le quartier du Marché égyptien, l'immense Tahtakale Hamamı, l'un des premiers bains ottomans d'Istanbul puisqu'il date de 1541 – longtemps désaffecté avant de servir de hangar à tabac puis d'abriter une fabrique de saucisses –, a été restauré durant cinq ans et aménagé en très beau bazar couvert. Mais d'autres hammams anciens ont été réhabilités pour retrouver leur vocation première, tel le très ancien Küçük Mustafa Hamamı situé tout près d'Aya Kapı, la porte Sainte, l'une des deux portes encore visibles des murailles de la Corne d'Or. La savante imbrication de ses dômes le date des premières années du XVIe siècle avec certitude. Rarement on vit plus grand en concevant un hammam, et les baigneurs aiment ses salles de déshabillage et de repos, parmi les plus spacieuses d'Istambul, ainsi que ses *halvet*, cabines aménagées dans de très belles galeries de bois où ils se drapent d'une grande serviette de coton bicolore. Dans le quartier d'Eminönü s'élève encore l'un des plus célèbres hammams d'Istanbul, celui de Çağaloğlu, bain double –

Une architecture très pure et dépouillée fait toute la beauté du Kılıç Ali Paşa Hamamı, construit par Sinan en 1580 (à gauche et ci-dessous). La palte-forme est hexagonale, tout comme l'étuve elle-même entourée de six arches.

Ce plan est similaire à celui de deux hammams de Bursa, datant du XIIIe siècle. Sur la pierre chauffée par une canalisation souterraine, sudation, relaxation et massage par le garçon de bain – le *tellak* – sont trois des étapes essentielles d'une séance au hammam.

Au Cağaloğlu Hamamı, toute la grâce de cette fontaine délicatement sculptée est soulignée par une porte de marbre et son splendide linteau (à droite). Certains anciens hammams d'Istanbul, et en premier lieu ceux des palais sultaniens, offrent des décors extrêmement raffinés. L'orfèvrerie de la robinetterie et la sculpture du marbre atteignent ici le plus haut degré du savoir-faire. En témoigne, dans le bain double bâti par Sinan à Topkapı, ces deux robinets baroques en *tombak* finement ciselé, astucieusement reliés par un mélangeur. Ils procuraient de l'eau tiède au sultan (ci-dessous).

une partie est réservée aux hommes, l'autre aux femmes – offert à la ville en 1741 par le sultan Mehmet Ier. Jusqu'à la fin de l'Empire ottoman, les revenus de ce bain furent affectés au budget de la bibliothèque fondée par Mehmet à Sainte-Sophie. Le chef-d'œuvre de ce hammam est son magnifique *hararet*, autrement dit son étuve. Cruciforme, elle est couronnée d'un dôme supporté par des colonnes, sous lequel trône une splendide plate-forme de marbre, la « pierre à nombril » où Franz Liszt et l'empereur Guillaume s'allongèrent pour s'offrir aux mains du masseur. Parmi les anciens hammams toujours en activité, citons encore, juste en face de la fontaine de Tophane, le Kılıç Ali Paşa Hamamı, construit par Sinan en 1580 selon un plan très original, pour un Calabrais converti à l'islam et devenu amiral de la flotte de Selim II. Et enfin l'un des plus beaux spécimens de l'époque classique, le Çemberlitaş Hamamı, situé dans le quartier du même nom près du Grand Bazar, fondé en 1583 par l'épouse de Selim le Sot, Nur Banu. Il se caractérise par son étuve carrée à colonnes, couronnée par un dôme. Chaque cellule à fontaine, où l'on procède aux ablutions, est coiffée d'une coupole. Rappelant à tous la fonction religieuse du hammam – celle de la purification du corps avant la prière – la plupart de ses portes ont été sculptées en forme de *mihrab*. Bain double à l'origine, la partie des femmes a été sacrifiée pour élargir la rue. Hommes et femmes y alternent donc selon les jours. Dans certains hammams où il n'existe pas d'espace distinct pour chacun des sexes, un tissu spécifique est placé à l'entrée pour indiquer qui peut entrer. Beaucoup d'autres anciens hammams ne présentent pas la splendeur architecturale et les raffinements de ceux précédemment évoqués, mais n'en sont pas moins souvent très populaires. Ainsi le hammam de Galatasaray, proche du célèbre lycée qui a longtemps formé l'élite francophone turque.

Espaces de purification certes, mais aussi de plaisirs voluptueux, il n'y avait pas de raison que dans les palais royaux les hammams ne soient pas aussi richement décorés que les harems. Les corps nus du sultan et des dignitaires, d'un côté, ceux de leurs épouses et de leurs enfants, de l'autre, fondaient dans des vapeurs où miroitaient des ors, des faïences multicolores et des soies brodées. Fastes et nudité s'alliaient dans un décor de rêve, celui de ces « bains turcs », si luxueux et si sensuels, qui alimentèrent la veine exotique et érotique de tant d'artistes européens, Ingres en premier

Dans le bain double de Topkapı, un corridor reliait le monde masculin au monde féminin, et les deux parties, presque identiques, étaient chauffées par la même source de chaleur. Des parois de marbre divisaient l'espace et la lumière. Elles étaient creusées de fenêtres grillagées de cuivre, au travers desquelles on ne pouvait se pencher, mais qui laissaient voir l'ombre du plus illustre des baigneurs sur la plus belle des fontaines.
Au début du XVIIIe siècle, Lady Montagu, épouse de l'ambassadeur d'Angleterre à la cour de Turquie, fut émerveillée par l'un de ces hammams de palais – celui d'un grand vizir : « Ce qui m'a le plus séduite, ce sont les appartements prévus pour les bains. Il y en a deux exactement semblables, qui se correspondent ; les bains, les fontaines et le pavement sont de marbre blanc, les toits dorés et les murs couverts de faïence ; il y a à côté deux salles ; une partie surélevée constitue le sofa ; aux quatre coins, des chutes d'eau tombent du toit d'une vasque de marbre blanc à une autre vasque, en cascade jusqu'en bas, dans un grand bassin, d'où partent des jets d'eau de la hauteur de la pièce. Les murs sont en treillis et, à l'extérieur, des vignes vierges et des chèvrefeuilles forment une sorte de tapisserie verte qui laisse dans une délicieuse obscurité ce séjour enchanteur. » (Lettre à l'abbé Conti, 19 mai 1718.)

Du palais de Çırağan, construit en 1874, il ne reste plus que le hammam, ornement de ce palais-hôtel sur le Bosphore. Dans un camaïeu de marbres gris, une profusion d'ajourages, d'arcatures, de colonnes se mêle en une composition qu'on pourrait dire « néo-ottomane » (ci-dessous et à droite).

lieu. Le palais de Topkapı a compté jusqu'à trente bains. Le bain double du sultan et de la sultane mère, construit par Sinan, laisse encore imaginer tout le luxe que pouvaient atteindre ces pièces de marbre et d'eau, un luxe où le raffinement n'excluait pas une exigence de pureté. Les marbres de la pièce de déshabillage étaient revêtus d'étoffes richement brodées et serties de perles. Les bancs et les sofas étaient couverts de coussins également brodés, et l'on y servait au sultan le café dans un service de vermeil serti de pierres précieuses. Mais dans l'étuve, le plus bel espace du bain, seuls l'éclat blanc des murs et les reflets dorés de la robinetterie de cuivre se couvraient de buée, tandis que, d'une fontaine placée derrière un grillage en *tombak,* une eau bouillante se déversait en cascade dans une baignoire de marbre.

Au XIXe siècle, tous les nouveaux palais sultaniens du Bosphore furent pourvus de hammams fastueux. Le goût des sultans pour le luxe européen versa dans une frénésie de baroque et de rococo qui n'épargna pas les bains. Miroirs, murs d'albâtre veiné, colonnes et corniches de stuc, dôme de verre coloré donnant une lumière un peu irréelle font du bain de Abdülmecit, dans le palais de Dolmabahçe, un décor d'opérette surchargé où les corps nus n'avaient pas besoin de vapeur pour se dissimuler. On construisit également ce genre de bains dans les palais de Beylerbeyi, de Yıldız et de Çırağan. De ce dernier, bâti en 1874 pour Abdülaziz et ravagé par plusieurs incendies, il ne reste de l'édifice original que le bain, aujourd'hui magnifiquement restauré et intégré à l'hôtel le plus luxueux d'Istanbul, le Çırağan Palace, bâti sur le site. Le hammam de Çırağan est donc le seul de la ville à offrir aux visiteurs une idée précise de délices déjà légendaires, ceux que les derniers sultans goûtèrent au bain. On ne sait si les présidents Mitterrand et Bush, qui furent reçus dans cet hôtel, voulurent savourer cette volupté-là, ce bien-être infini où le corps et l'esprit s'apaisent. S'ils n'ont pas connu cela, qu'ils reviennent donc à Istanbul...

Avec le palais de Dolmabahçe, édifié au milieu du XIXe siècle par les architectes arméniens Karabet et Nikogos Balyan, le baroque ottoman atteint des sommets de sophistication. Son hammam est en onyx d'Egypte sculpté sur ses moindres parcelles d'ornements composites, le jour y entre largement par un plafond vitré armé d'un lourd grillage, ses vasques sont surmontées d'un amoncellement de fleurs et de guirlandes ciselées (ci-contre et ci-dessus). Mais rien de tout cela n'empêchait le sultan Abdülmecit de goûter aux plaisirs à la fois simples et raffinés des hammams traditionnels d'antan : « Quelle volupté ce doit être – écrivit Théophile Gautier après l'avoir visité – d'abandonner sur ces dalles, transparentes comme des agates, ses membres assouplis aux savantes manipulations des *tellâk*, au milieu d'un nuage de vapeur parfumée, sous une pluie d'eau de rose et de benjoin ! »

# Rendez-vous

par Tim Hindle

Si depuis des siècles c'est le long des rives du Bosphore que se nichent les lieux de rendez-vous les plus enchanteurs, au cœur de la ville agitée et bruyante, tavernes, cafés et jardins permettent de découvrir les délices de la cuisine traditionnelle ottomane tout en goûtant les saveurs d'un exercice proprement istanbuliote : l'art de prendre son temps.

Jardins et cours des *yalı* et des palais sont souvent ornés de mosaïques de petits galets (pages précédentes) qui tracent des chemins fleuris sous les pas des visiteurs. Au balcon de l'hôtel Çırağan, élégance et raffinement sont au rendez-vous à l'heure du petit déjeuner. De ce balcon, le regard se pose sur le Bosphore et sur le marbre du palais de Çırağan (ci-dessous). Ce bâtiment rococo du XIXe siècle a été intégré à l'hôtel, et admirablement restauré, après être resté plusieurs années en ruine. Il fut difficile de trouver des artisans à la hauteur. La perfection du service de tout grand hôtel dissimule des heures et des heures d'un travail insoupçonné, effectué par un personnel extrêmement qualifié. Au Çırağan, les tables sont dressées avec le plus grand soin dans les différents restaurants de l'hôtel (à droite).

Depuis les temps les plus anciens, le Bosphore a été la principale voie de communication entre l'Europe et l'Asie. Les voyageurs en provenance de l'un ou l'autre de ces continents s'engouffraient dans cet étroit couloir, tout comme les cigognes lors de leur migration annuelle qui noircissent le ciel d'Istanbul à chacun de leurs passages entre l'Afrique (ou le Moyen-Orient) et l'Europe.

Les constants brassages de populations ont marqué de leur sceau la structure sociale d'Istanbul et ses lieux de rendez-vous. Depuis que les limites de la nouvelle capitale ont été fixées par Constantin en l'an 326 av. J.-C., la foule a toujours joué un rôle déterminant dans la configuration de la ville. A l'hippodrome, le vaste amphithéâtre qui accueillait courses de chars et autres manifestations populaires comportait 100 000 places assises. Il existe aujourd'hui peu d'installations de cette envergure dans le monde.

Les Istanbuliotes, qui passent toute leur vie au milieu du bruit et de l'agitation, consacrent naturellement beaucoup de temps et d'énergie à l'aménagement de havres de paix qui, impénétrables au voyageur pressé, contribuent à resserrer les mailles immuables du tissu urbain.

Istanbul n'est donc pas une ville facile à découvrir. Contrairement à de nombreuses autres, elle ne possède aucun grand boulevard où le voyageur puisse, avant de partir à la « découverte » du reste de la ville, s'imprégner de l'atmosphère ambiante en regardant les habitants flâner ou aller d'un pas pressé. Il n'existe aucun lieu qui s'impose avant tout autre, ni aucun point de repère évident tel que la Via Veneto, les Champs-Elysées ou Piccadilly Circus. Les Istanbuliotes aiment se retrouver à l'abri des regards indiscrets, au fond de ruelles étroites, dans des cours, ou dans des cafés à l'atmosphère agréable, plus repliés sur eux-mêmes que tournés vers le monde extérieur.

Après mûre réflexion, on s'aperçoit qu'Istanbul possède tout de même un point de repère, mais un point de repère naturel. C'est le Bosphore, ce détroit dans lequel s'engouffrent les eaux agitées de la mer Noire, avant de se jeter dans la mer de Marmara et de franchir le détroit des Dardanelles pour aller se mêler aux eaux calmes de la mer Egée.

Le Bosphore, qui coule du nord au sud, occupe une place particulière dans le cœur de tous les Istanbuliotes. Quant à moi, il me sert de boussole lorsque je monte et descends les innombrables rues pavées, étroites et escarpées, de la ville. Les brefs aperçus du Bosphore, et des deux gigantesques ponts suspendus qui l'enjambent, me permettent de m'orienter. Depuis des siècles, c'est le long de cette voie d'eau, ou sur le versant de quelque colline offrant une vue panoramique sur le détroit, que se nichent les lieux de rendez-vous les plus enchanteurs. Autrefois, il faisait bon aller

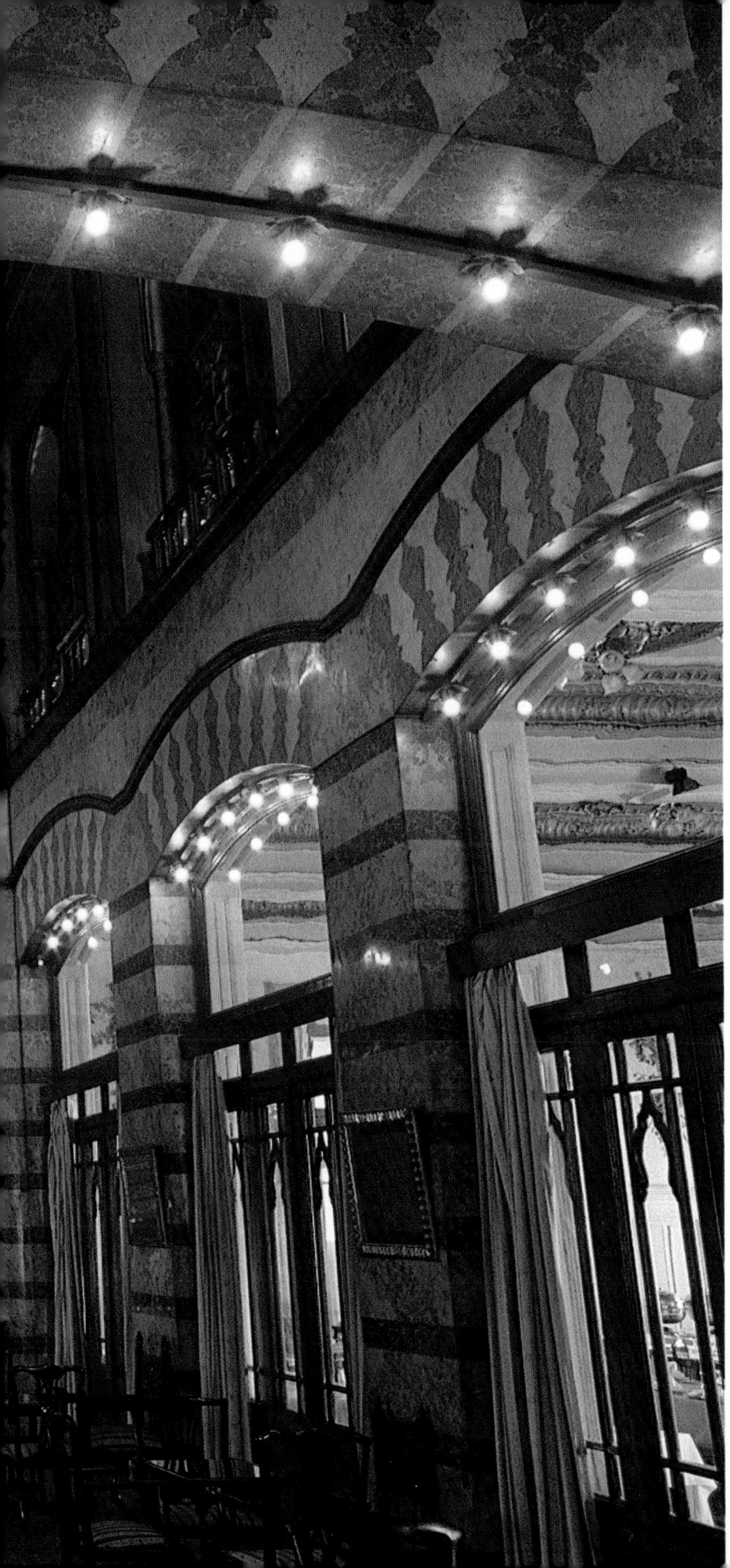

Après trois jours de voyage en train, les passagers de l'Orient-Express étaient amenés au Pera Palas, construit spécialement à leur intention par la Compagnie des wagons-lits en 1892. Cet hôtel avec son enfilade de salons, ses marbres et ses boiseries sombres, son ascenseur monumental, est un musée où il est toujours fascinant d'habiter (ci-contre). Le portier de l'hôtel a vu passer ici des personnalités du monde entier dont les noms se retrouvent inscrits en plaques de cuivre sur les portes des chambres : Hemingway, Trotski, Sarah Bernhardt, Greta Garbo, etc. (ci-dessus).

Çelik Gülersoy, directeur du Touring et Automobile Club de Turquie (ci-dessous). Personne ne s'est employé autant que lui à restaurer le patrimoine architectural d'Istanbul.

L'une de ses grandes réussites a été la restauration du palais d'été du vice-roi d'Egypte (le Hıdıv Kasrı), sur la rive asiatique du Bosphore. C'est essentiellement grâce à M. Gülersoy que ce bâtiment, orné de glycine (en bas à droite), est devenu un hôtel de grand charme et un des lieux préférés des Istanbuliotes pour prendre le thé (en haut à droite) ou donner des réceptions.

pique-niquer aux « Eaux-Douces d'Asie », un site blotti entre deux rivières de la rive asiatique, à Küçüksu. Les peintres des XVIIIe et XIXe siècles aimaient montrer à travers ces scènes champêtres la sensualité des Ottomans qui, étendus dans l'herbe, dégustaient des mets délicats et écoutaient de la musique, goûtant avec ravissement les charmes de la campagne. Une princesse de l'Empire ottoman a décrit une de ces scènes : « L'été, nous passions des soirées entières au clair de lune, sur le Bosphore. Voilées de *litsam* blancs et enveloppées de capes de soie, les jeunes filles prenaient place dans de grands caïques conduits par plusieurs rameurs. Accrochés à la poupe des caïques, des carrés de toile ou de satin, brodés de fils d'or ou d'argent et bordés de petits poissons argentés, flottaient au fil de l'eau. Devant ces caïques filait celui des chanteurs et des musiciens qui – au rythme des rames – envoyaient aux jeunes filles leurs notes de musique. Il était de coutume qu'une longue procession de caïques et autres bateaux nous accompagne en mer. Les lanternes accrochées aux embarcations dansaient sur l'eau, et leur lumière semblait faible et terne, sous ce clair de lune. »

Aujourd'hui, le Çırağan Palace, installé à côté d'un palais rococo du XIXe siècle, permet de

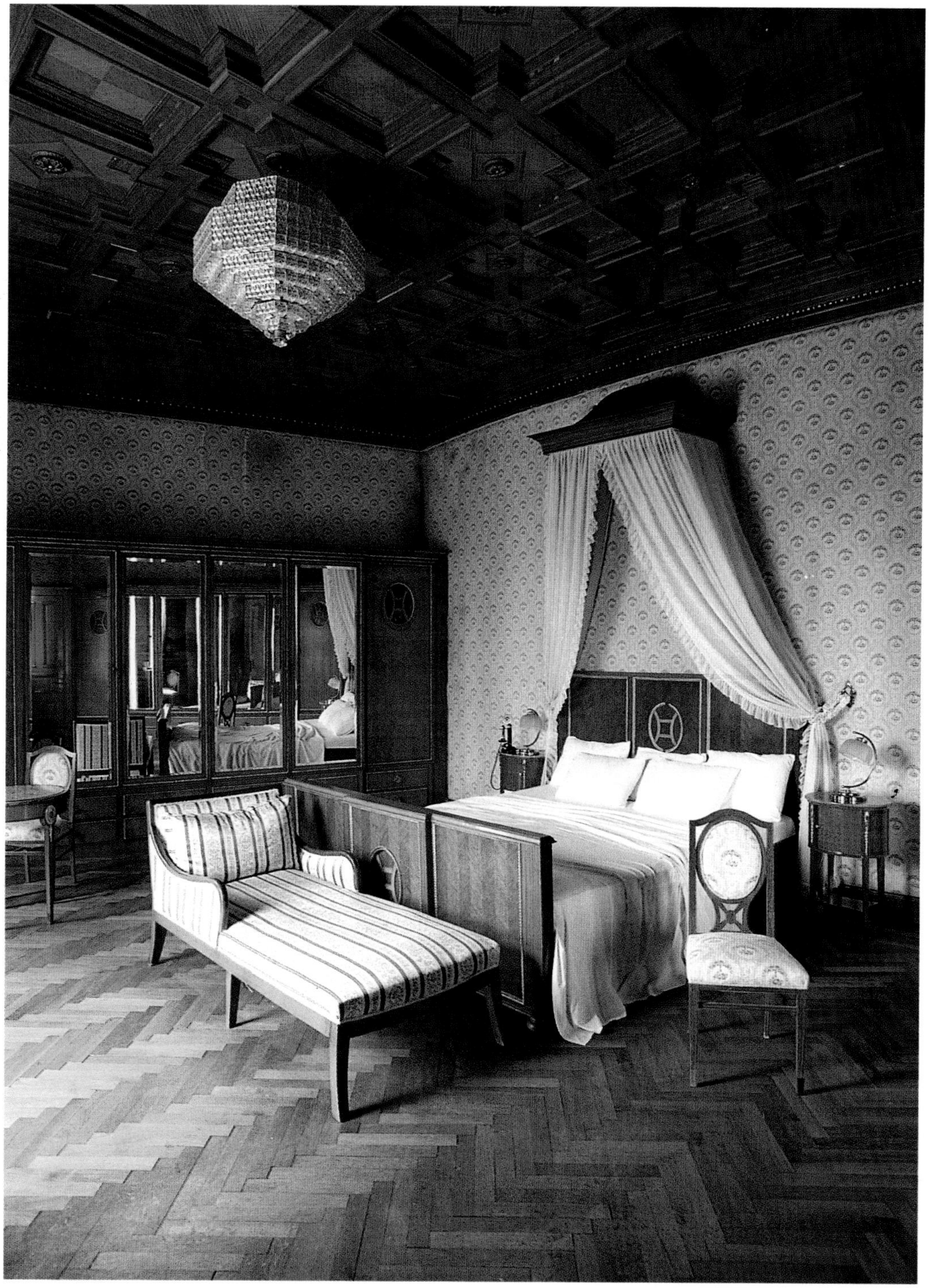

Les chambres (et salles de bains) du palais du vice-roi d'Egypte : tout le charme de la différence (ci-dessous et ci-contre). La chambre qui était celle di vice-roi est tapissée d'un tissu spécialement tissé à Bursa, reprenant les couleurs et les dessins d'une étoffe ancienne retrouvée sur les murs. Le lit a été créé dans le style des armoires trouvées sur place avant la restauration. La robinetterie ancienne est d'origine anglaise.

Entellektüel Cavit (ci-dessous), assis fièrement à la terrasse de sa taverne dans le Çiçek Pasajı, cet ancien marché aux fleurs devenu le lieu de rendez-vous des promeneurs désirant échapper à l'agitation de Beyoğlu (à droite). Trempés dans un peu de thé, ces délicieux *kurabiye*, sorte de gâteaux secs saupoudrés de sucre, sont encore meilleurs (ci-contre).

renouer avec le charme d'antan. Ses jardins et sa piscine, dont l'eau semble se mêler à celles du détroit, offrent au visiteur des moments inoubliables. Le Çırağan est l'un des hôtels modernes de la ville – comme le Sheraton, le Divan ou le Conrad – qui s'efforcent de perpétuer les traditions de la grande cuisine ottomane.

C'est à la cour de l'Empire ottoman, qui comptait un grand nombre de sybarites, qu'ont été imaginés les plats les plus célèbres de cette cuisine, qui passe pour être la meilleure au monde après la cuisine française et la cuisine chinoise. Plusieurs centaines de chefs cuisiniers travaillaient sans relâche dans l'espoir de flatter le palais d'un sultan blasé. A leurs yeux, le temps de préparation ne comptait pas. C'est ainsi qu'une simple entrée – un *çerkez tavuk* par exemple, un poulet à la circassienne, accompagné de noix pilées et d'une sauce au paprika – peut demander plusieurs heures de préparation.

Les mets ottomans sont riches : légumes farcis à la viande ou desserts à base de yaourt, de lait et de miel. Dans la composition des desserts entre même parfois du blanc de poulet émincé, comme dans le *tavuk göğsü* par exemple. Le yaourt, préparé par les nomades de la région bien avant l'avènement du Christ, est un des ingrédients les plus typiques de la cuisine turque. De nos jours, les fabricants nourrissent soigneusement leurs cultures comme s'il s'agissait de bêtes vivantes (ce qui, dans un sens, est le cas), et le yaourt peut très bien entrer dans la composition de tous les plats d'un repas ottoman, de la soupe au dessert, en passant par l'entrée, la sauce de salade et la viande, sans oublier la boisson nationale très rafraîchissante – à base de yaourt, d'eau et de sel –, l'*ayran*. Mais de l'Empire ottoman, les Turcs ont hérité d'ingrédients moins courants tels que le bulbe d'orchidée – qui, mêlé au lait et parfumé de cannelle, est à la base d'une boisson délicieuse, le *salep*, que l'on boit brûlant et qui est très réconfortant au cœur de l'hiver – ou l'eau de rose (*gül suyu*) utilisée pour parfumer des douzaines et des douzaines de mets.

Autrefois, il n'était possible de goûter les délices de la cuisine ottomane que chez l'habitant. Le voyageur qui ne parvenait pas à se faire inviter n'avait aucune chance de découvrir la véritable saveur de la cuisine ottomane. Mais ce n'est plus le cas depuis la montée, dans les années 80, d'une classe sociale aisée – issue du commerce et des professions libérales – qui exige une cuisine toujours plus fine. C'est

RESTAURANT
palmiye RESTAURANT

A Istanbul, prendre le thé et fumer le narguilé sont deux coutumes anciennes. Elles n'occupent peut-être plus une place aussi importante que par le passé dans la vie des Istanbuliotes, mais chacune nécessite tout un attirail, resté plus ou moins le même depuis des siècles (ci-contre, ci-dessous et à droite). « Rien n'est plus favorable aux poétiques rêveries que d'aspirer à petites gorgées sur les coussins d'un divan cette fumée odorante, rafraîchie par l'eau qu'elle traverse et qui vous arrive après avoir circulé dans les tuyaux de maroquin... » écrivait Théophile Gautier en 1852. « C'est le sybaritisme du fumage, de la fumerie ou de la fumade – le mot manque et j'essaye des trois vocables en attendant que le mot propre se fasse de lui-même – poussé à son plus haut degré de perfection. »

ainsi qu'Istanbul compte maintenant des restaurants dont les plats de poulet, d'aubergines ou de poisson n'ont rien à envier à ceux mijotés par les maîtresses de maison istanbuliotes.

Mais quelques délices turcs demeurent l'apanage de certaines maisons ou de certaines boutiques. C'est le cas de la confiture de roses, dont la consistance se rapproche de celle du miel pour lequel la Turquie est à juste titre connue. Si l'on veut déguster une limonade rafraîchissante dont la recette remonte à quatre ou cinq générations, ou savourer un véritable café turc qui se mange plus qu'il ne se boit, il faut aussi savoir judicieusement choisir son établissement. Il n'est pas facile non plus de boire un vrai thé turc. Personnellement, je le trouve trop amer, mais le thé est toujours servi avec élégance, même à bord d'un ferry remontant le Bosphore.

Le fromage blanc, qui doit normalement s'étaler aussi facilement que de la margarine, se déguste sur une tranche de pain agrémentée d'une rondelle de tomate, d'une pincée de basi-

lic, de sel, et de quelques gouttes d'huile d'olive – de préférence la plus fine de toute la Turquie, celle qui vient des environs d'Ayvalık. Ce petit déjeuner, avec lequel peu d'autres peuvent rivaliser dans le monde, vous émerveillera.

Remontons le Bosphore pour goûter cette grande cuisine ottomane d'autrefois. Certains restaurants de la rive asiatique envoient un bateau chercher leurs clients sur la rive européenne. Le Körfez, restaurant à la mode, embarque ses clients à la hauteur de Rumeli Hisar, la forteresse construite par les Ottomans lors du fameux siège de 1452. Il n'y a pas de terrasse plus agréable pour déguster au bord de l'eau un lüfer (sorte de bar cuit dans un pain de sel), un plat certes onéreux, mais que beaucoup de voyageurs découvrent en ces lieux. Il n'est pas indispensable d'aller au Körfez pour savourer de délicieux plats de poisson. Il suffit d'aller flâner à Kumkapı, un ancien quartier de pêcheurs situé derrière Sultanahmet, pour découvrir, dans des ruelles étroites et animées, une cinquantaine de petits restaurants de pois-

A Istanbul, il peut faire extrêmement chaud, c'est pourquoi les Istanbuliotes s'ingénient à créer des havres de paix d'une agréable fraîcheur, utilisant généreusement le marbre – comme dans les kiosques du parc de Yıldız (à gauche ) et ceux de la colline de Çamlıca sur la rive asiatique (en bas à gauche). Même les fontaines à *ayran*, boisson rafraîchissante au yaourt, sont en marbre, comme ici dans l'hôtel Yeşil Ev (ci-dessous). La chaleur ne détourne cependant pas les Istanbuliotes de mets comme le *lâhmacun*, l'équivalent local de la pizza italienne : piments, oignons et viande hachée sont disposés sur une pâte à pain sans levain. C'est dans la rue que vous trouverez du bon *lâhmacun* à acheter et à déguster (ci-dessus).

Les cours paisibles abondent dans cette cité, qui semble elle-même ne jamais s'apaiser. En voici deux parmi les plus ravissantes : ci-contre, le café situé dans les jardins du musée archéologique – un des sites à voir absolument – et, ci-dessous, le patio de l'hôtel Yeşil Ev orné d'une belle fontaine de porphyre rose. Comme partout ailleurs dans la ville, l'attention accordée aux détails est fascinante. Observez, par exemple, les magnifiques réverbères de l'hôtel Yeşil Ev, ancienne demeure ottomane parfaitement restaurée (à droite) dont les chambres décorées avec soin ouvrent leurs fenêtres sur le dôme et les minarets de la mosquée Bleue.

son. Ceux situés autour de la baie de Tarabya, un vieux village sur la rive européenne du Bosphore, sont aussi très fréquentés. Ce village, autrefois très élégant, n'attire certes plus la même clientèle, mais Facyo, par exemple, reste pour moi l'un des meilleurs de ces restaurants. Metin Fadíllíoğlu, célèbre restaurateur d'Istanbul accueille ses hôtes au Club 29 sur l'autre rive, au-delà des Eaux-Douces d'Asie. Ce club, comme beaucoup de rendez-vous à la mode à Istanbul, a deux adresses : une d'été et une d'hiver et il est tout à la fois un club, un bar, un restaurant, un café et une discothèque. Ainsi peut-on y passer la journée et se prélasser au bord de la piscine – en extase devant l'une des plus belles vues de tout l'Orient –, ou simplement y dîner, ou encore attendre minuit pour se joindre à la jeunesse turque qui vient remplir la discothèque.

Zeynep, l'épouse de Metin, est une cousine germaine de Rífat Özbek, le grand couturier de renommée internationale originaire d'Istanbul. Apparemment, la famille est styliste dans l'âme. Zeynep a en effet créé un lieu qui change de caractère selon ses fonctions – restaurant chic, discothèque bruyante, ou club exclusif. Mais l'impression dominante est tout de même celle d'un lieu paisible, protégé, sensible uniquement aux variations de la lumière sur le Bosphore.

L'hiver, Metin et Zeynep s'installent au cœur de la cité, où ils dirigent le Taxim, un restaurant et une discothèque qui attirent voitures rapides et robes d'Özbek. Le Taxim, né de l'imagination de Nigel Coates, créateur anglais de discothèques, est un petit bijou serti dans une usine en béton désaffectée.

Revenons au Bosphore. Sur les collines qui le surplombent, des lieux charmants où les

Les Istanbuliotes aiment les fleurs. Les roses ornent la maison dans une vasque de marbre (ci-dessous) et les objets d'art traditionnels – tels que la carafe et les verres de Beykoz qui contiennent ici de la « limonade du sérail » (ci-contre) – et même de simples objets de la vie courante – tels que le *cezve*, utilisé dans toutes les maisons turques pour la préparation du café (en bas à droite) – sont en outre ornés de motifs floraux. Mais les fleurs n'ont pas qu'une fonction ornementale. L'eau de rose entre dans la composition de nombreuses préparations culinaires, sorbets ou puddings, et les roses anciennes odorantes, la *Rosa centifolia* en particulier, font une confiture délicieuse (à droite).

Istanbuliotes aiment aller déjeuner ou prendre le thé offrent une vue panoramique sur les trente kilomètres parcourus par les eaux de ce détroit entre la mer Noire et la mer de Marmara. La plus haute a pour nom Çamlıca. Au sommet s'étendait autrefois un joli village aux maisons de bois, qui fut entièrement détruit dans un incendie au début de ce siècle (tout comme une grande partie d'Istanbul, lorsque le chauffage au gaz et l'éclairage électrique firent leur apparition dans les ravissants édifices en bois de la cité). Au sommet de Çamlıca trône désormais un pavillon de style ottoman, servant des plats turcs traditionnels. Si ceux-ci peuvent paraître parfois un peu lourds, la vue y est saisissante, et l'air frais et vivifiant.

Mais abandonnons le style ottoman et restons sur la rive asiatique pour découvrir, non loin de là, un palais Art nouveau édifié au tournant du siècle, le palais du Khédive. Lorsque les Ottomans dirigeaient le pays, ce palais appartenait au vice-roi turc d'Egypte. Le bâtiment, orné d'une magnifique glycine, a été

Si vous avez un faible pour les douceurs, vous apprécierez tout particulièrement Istanbul. Dans le marché de Galatasaray, une vieille confiserie prépare des loukoums à nul autre pareils. Ces petits cubes opalescents poudrés de sucre sont parfumés à l'eau de rose. Mais que peuvent bien contenir ces quatre pots anciens qui ornent la boutique de cette même confiserie et semblent se faire la conversation ? Ce sont des confitures maison, modestement dissimulées sous un linge. Bien sûr, une de ces jarres contient la célèbre confiture de roses.

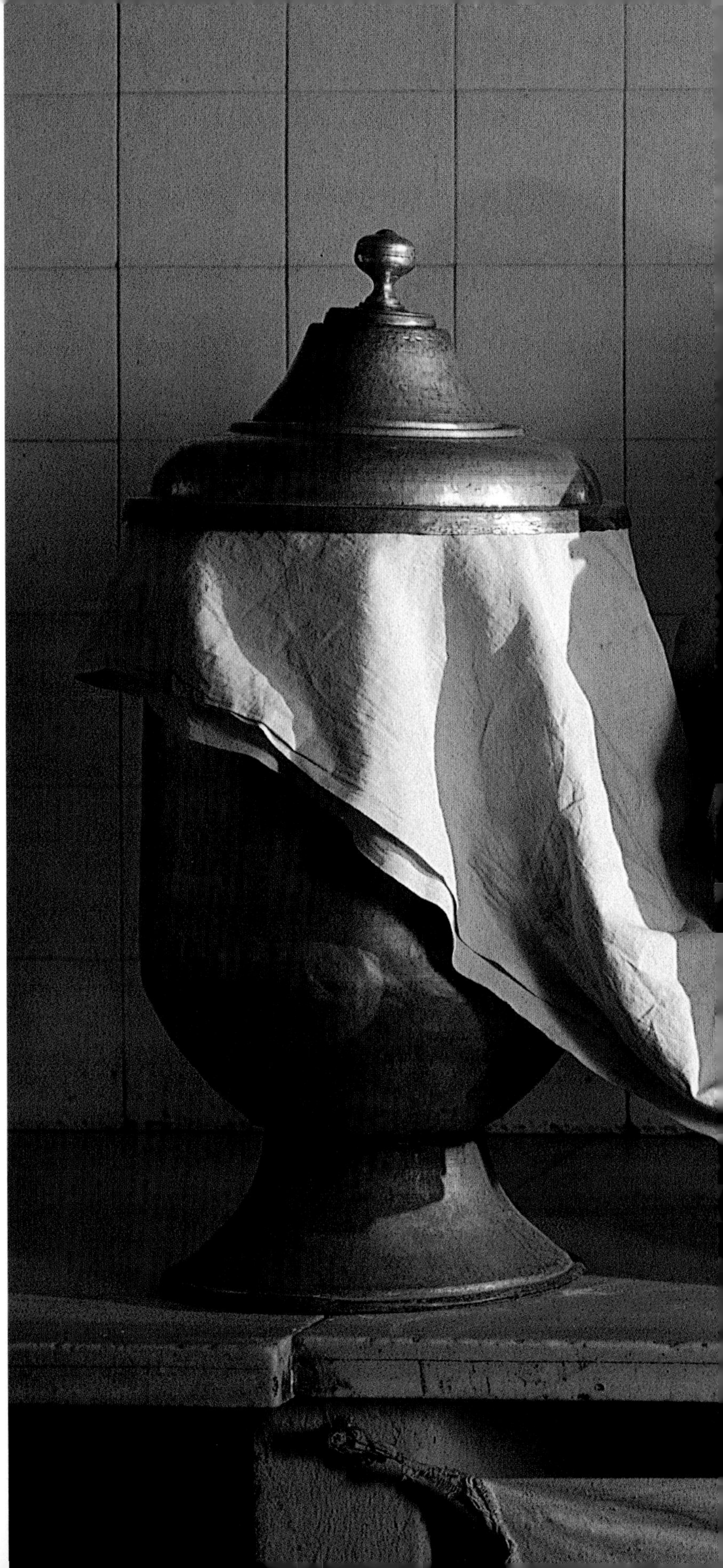

Le Pandeli est depuis longtemps un des restaurants préférés des Istanbuliotes avertis, et c'est surtout au déjeuner que, les conversations allant bon train, vous entendrez les petits potins locaux. Les murs aux faïences bleues (ci-contre et ci-dessous) ajoutent à la fraîcheur des petites salles installées dans les murailles du Marché égyptien auxquelles on accède par un escalier en pierre très étroit, presque secret. Les *börek* (à droite) du Pandeli sont connus du Tout-Istanbul. Ici, les petits triangles de pâte sont garnis d'une préparation à base de fromage de brebis et d'aromates. Lorsqu'on les frit, ils gonflent et prennent une teinte dorée qui les rend très appétissants.

transformé en un hôtel de grand charme. Son restaurant et son salon de thé sont si agréables qu'ils réussissent à attirer les Istanbuliotes sur cette colline assez éloignée de la ville.

Le palais du Khédive figure au nombre des édifices anciens qui ont été admirablement bien restaurés au cours des dernières années – le plus souvent par le Touring et Automobile Club de Turquie, un organisme auquel la ville ne saurait trop exprimer sa gratitude. La restauration la plus connue entreprise par ce club est celle de l'hôtel Yeşil Ev (la Maison Verte), un charmant petit havre de paix remarquablement situé près de la mosquée Bleue et de Aghia Sophia. Le Yeşil Ev est un petit hôtel d'un style plus proche d'une maison de campagne anglaise que d'un hôtel citadin. Derrière l'hôtel, dans le jardin où chantent les eaux d'une fontaine et où les feuilles des tilleuls fractionnent la lumière en de multiples taches, l'hôte trouve une atmosphère à mille lieues de la fièvre touristique qui sévit à deux pas de là.

Tout autour du Yeşil Ev, au cœur de la cité ottomane, l'art qu'ont les Turcs de créer des havres de paix au beau milieu d'une activité débordante trouve sa plus belle expression. Une visite au Musée archéologique, par exemple, sera d'autant plus agréable qu'elle se poursuivra dans la fraîcheur et le calme du petit café installé au milieu de sculptures anciennes. (A propos, les sarcophages de Lycie, avec leurs têtes de cheval en relief, sont à mon avis l'une des plus grandes œuvres d'art du monde.)

Lorsque je me trouve dans le quartier du vieux Stamboul à l'heure du déjeuner, je me dirige immanquablement vers le Pandeli. Cet établissement offre aux voyageurs le bonheur d'échapper au bruit et à la foule des débarcadères et des marchés environnants. C'est un endroit qui n'est pas facile à trouver, et beaucoup se demandent ce qui peut bien se cacher en haut de l'escalier qui conduit au premier étage. Cet escalier est raide, mais je ne saurais trop vous recommander de l'emprunter. En haut, une carte conséquente, offrant de nombreux plats turcs, attend les gourmets. Je suggérerais en entrée une salade d'aubergines et des *börek* chauds (délicieux fromages locaux et herbes aromatiques enveloppés d'une pâte aussi fine que du papier à cigarette). Mais il ne faudrait surtout pas se laisser absorber par ces délicieuses saveurs, et oublier de regarder autour de soi. Le Pandeli a une clientèle souvent locale, et toujours intéressante, car elle reflète l'extraordinaire brassage qui s'est produit à partir des différentes cultures et religions qui, à un

SAFARI

Voici une nouvelle facette d'Istanbul. Le Papillon (à gauche et ci-contre) et le Taxim (ci-dessous) figurent au nombre de ces lieux au décor d'une audacieuse modernité, où les jeunes Turcs aiment passer leurs soirées. Dans le cas du Taxim, l'utilisation de la lettre *x* au lieu des lettres turques permettant d'obtenir le même son (*ks*) illustre bien l'occidentalisation de ces établissements.

moment ou un autre, ont élu domicile à Istanbul.

Si le Yeşil Ev ou le Pandeli sont des lieux où il est plaisant de faire halte après avoir visité Topkapı et toutes les grandes mosquées de la vieille ville, d'autres lieux agréables attendent le visiteur de l'autre côté de la Corne d'Or, à Beyoğlu ou Nişantaşı. Avec Beyoğlu, on redécouvre ce qu'était Istanbul au XIXe siècle et au début du XXe. Le quartier a été restauré avec soin au cours des dernières années, et les vieux tramways rouge et blanc ont retrouvé leur place dans la principale artère, interdite à la circulation automobile. Beyoğlu est lié dans mon esprit à deux noms magiques : l'hôtel Pera Palas et le Çiçek Pasajı (le passage des Fleurs).

Le Pera Palas est inextricablement lié dans les mémoires à des histoires d'espionnage exotiques. Mata-Hari, Agatha Christie, Cicero y sont descendues, et il est facile de s'imaginer quelque espion au nom slave dissimulé derrière les colonnes de marbre. Aujourd'hui, l'hôtel manque un peu d'éclat, mais il mérite qu'on s'y intéresse en raison de son architecture fin-de-siècle et des délicieuses pâtisseries de son salon de thé renommé.

L'été, rien de plus agréable que de voir mourir le jour, confortablement installé sur les coussins du Club 29 (ci-contre), sur la rive asiatique du Bosphore. La douce lumière que diffusent les bougies aux flammes vacillantes vient progressivement remplacer la lumière aveuglante du soleil. Ces torchères accueillent les hôtes qui arrivent par la mer et bordent l'escalier qui monte du Bosphore (en bas à droite).

Le Çiçek Pasajı est une curieuse arcade comprenant de nombreuses tavernes (*meyhane*), dont les tables débordent sur le passage. Ces tavernes proposent toutes des plats similaires, mais celle d'Entellektüel Cavit est aimée des Istanbuliotes. Avec un peu de chance, on rencontre Mme Anahit, une vieille Arménienne jouant de bons vieux airs d'autrefois à l'accordéon. Ici, impossible de ne pas tomber sur quelqu'un qu'on a déjà aperçu dans Beyoğlu.

Nişantaşı est un quartier essentiellement résidentiel où un grand nombre de cafés et de bars modernes ont fait leur apparition. Un des restaurants les plus connus est sans aucun doute le Park Samdan, établissement phare du groupe Samdan fondé par Ahmet Çapa, le grand concurrent et ancien partenaire de Metin Fadíllíoğlu. Un certain nombre de restaurants de luxe ont été ouverts par d'anciens employés d'Ahmet ou de Metin. C'est le cas du Şans (nom qui se prononce comme « chance »), un restaurant qui est même depuis peu plus coté que le Park Samdan.

L'architecture du Club 29 est inspirée de la villa Hadriana à Rome ; les statues qui ornent la piscine sont des copies de celles qui se trouvent dans le Musée archéologique (ci-dessus). Les rideaux finement brodés de cette fenêtre, où perce à travers les volets la lumière du Bosphore, témoignent de ces styles et ces époques révolus, dont les Istanbuliotes sont de plus en plus fiers (page suivante).

Un certain nombre de cafés et de bars ont ouvert leurs portes pour le plaisir de la clientèle chic qui fait ses achats à Nişantaşı. Mon préféré est le Zihni, qui est généralement incroyablement bruyant, mais terriblement animé. Aux lieux de rendez-vous de Nişantaşı font pendant les bars et restaurants bordant l'artère principale d'Etiler. C'est dans cette rue que s'installe le Club 29 pour l'hiver. Ce quartier compte un nouveau venu, le Papillon, un restaurant qui, après avoir débuté comme pizzeria, est récemment devenu l'un des bars de la ville les plus fréquentés.

Mais la plupart de ces établissement modernes semblent s'efforcer d'être l'antithèse du lieu de rendez-vous istanbuliote typique. Créer un havre de paix est le dernier de leurs soucis, et l'uniformité de leur clientèle – toujours habillée au goût du jour – contraste fortement avec le riche brassage ethnique que connut pendant des siècles le centre du vieil Istanbul. Si les Istanbuliotes s'y pressent, ils n'oublient cependant pas ces lieux chargés d'histoire que sont le Pandeli ou le Pera Palas, ceux que je préfère, ceux qui donneront au visiteur la sensation délicieuse de pénétrer un peu l'âme de la cité.

*Traduit de l'anglais*
*par Lydie Echasseriaud*

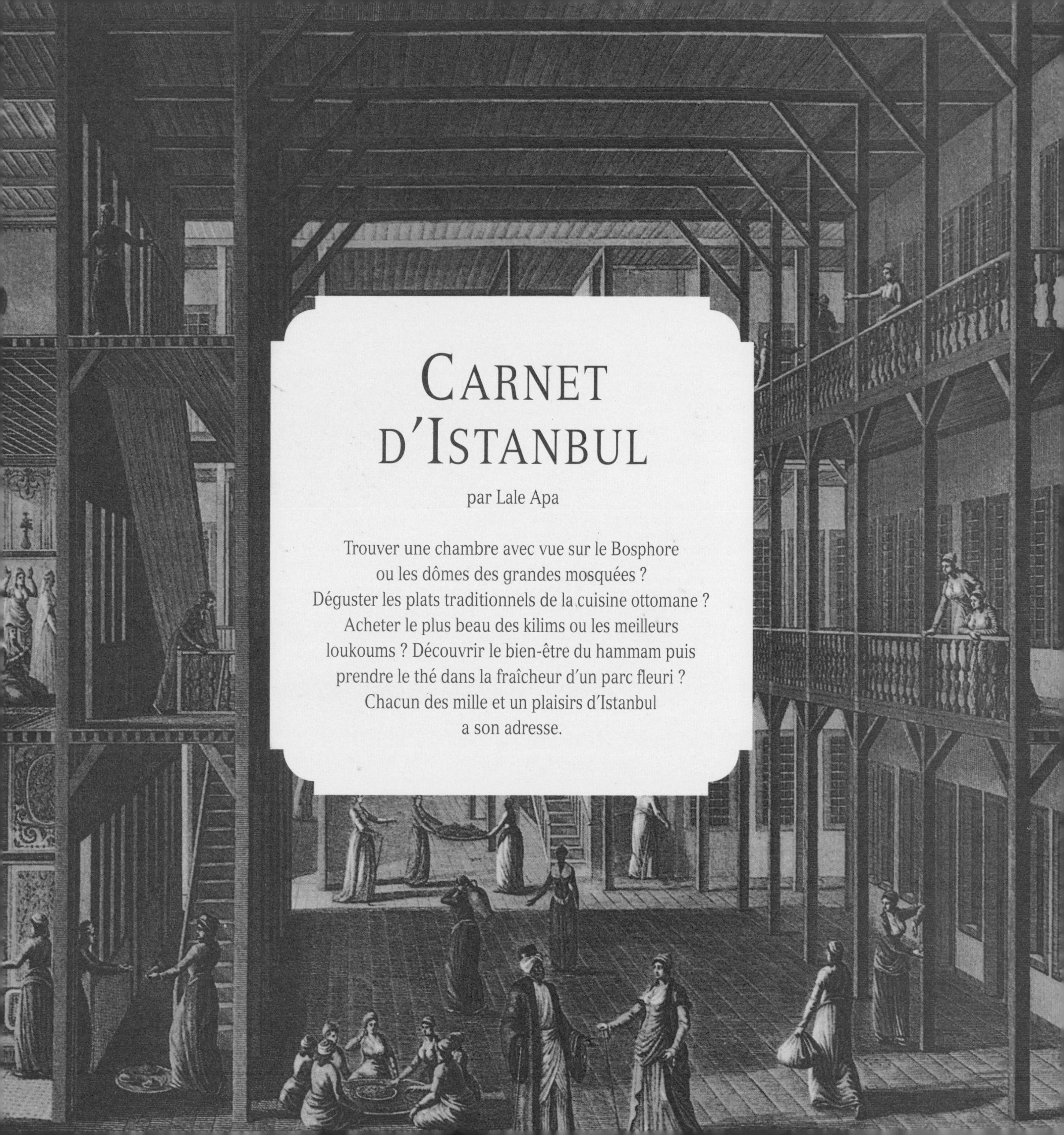

# Carnet d'Istanbul

par Lale Apa

Trouver une chambre avec vue sur le Bosphore
ou les dômes des grandes mosquées ?
Déguster les plats traditionnels de la cuisine ottomane ?
Acheter le plus beau des kilims ou les meilleurs
loukoums ? Découvrir le bien-être du hammam puis
prendre le thé dans la fraîcheur d'un parc fleuri ?
Chacun des mille et un plaisirs d'Istanbul
a son adresse.

*Ces adresses ont été recherchées et testées par Krysia Bereday Burnham, sous la direction de Lale Apa. Elles ont été traduites par Lydie Echasseriaud. Non seulement vous y retrouverez toutes les adresses des hôtels, restaurants, cafés, boutiques etc. cités ou photographiés dans les chapitres précédents (avec renvois aux pages des photos correspondantes), mais en plus, vous découvrirez les bonnes adresses de la ville, celles qui ont été confiées aux auteurs de ce livre par les Istanbuliotes eux-mêmes. Ce carnet est organisé par rubriques mais chaque adresse porte en capitales le nom du quartier de la ville, ou du village du Bosphore, où elle se trouve, afin de vous permettre de les repérer sur les cartes et de choisir vos haltes en fonction de vos promenades. Dans l'index, ces adresses sont regroupées par quartiers. Si vous téléphonez de France vous devez composer le 19-90 suivi de 212 pour la rive européenne ou de 216 pour la rive asiatique. Ce carnet est illustré de gravures (Bibliothèque nationale) de A. I. Melling, architecte de l'empereur Selim III et dessinateur de la sultane Hadidge, sa sœur. Elles ont été publiées en 1819 à Paris dans l'ouvrage intitulé* Voyage pittoresque de Constantinople et des rives du Bosphore. *Il est parfois possible d'en trouver chez les libraires d'ancien une édition fac-similé. Les légendes figurent p. 253 à la rubrique crédits.*

---

## LES PALAIS

**Aynalikavak**
Kasimpaşa, HASKÖY
Tél. : (212) 250 40 94
Un ravissant petit pavillon datant du XVIIIe siècle, situé dans un quartier plutôt « industriel » de la Corne d'Or sur la rive européenne. Vérifier que les restaurations en cours sont terminées.

**Beylerbeyi**
Çayırbaşı Durağı, BEYLERBEYI
Tél. : (216) 321 93 20
(voir p. 146, 147, 160 à 163, 170, 171)
Sur la rive asiatique, vous découvrirez dans ce palais d'été en marbre blanc – parfait contrepoint aux excès de Dolmabahçe – un harem, des pièces d'eau et des fenêtres que vous aurez peut-être l'impression d'avoir vues ailleurs, car l'impératrice Eugénie fit installer les mêmes aux Tuileries. Vous pouvez prendre un café dans les jardins.

**Dolmabahçe**
BEŞIKTAŞ
Tél. : (212) 258 55 44
(voir p. 10, 11, 149 à 155, 212, 213)
De tous les palais de la ville, celui-ci est le plus grandiose. Conçu pour les sultans ottomans, Dolmabahçe (« le Jardin comblé ») fut achevé en 1856. Bordé d'un quai en marbre de 600 mètres de long, cet édifice comprend des centaines de salons. Ses innombrables chandeliers en cristal de Bohême, ses gigantesques tapis de Hereke et ses meubles tant européens qu'ottomans ne manqueront pas de vous émerveiller.

**Göksu**
KÜÇÜKSU
Tél. : (216) 332 33 03
(voir p. 15, 148)
Elégante résidence d'été des sultans construite au XIXe siècle. Ne pas manquer de voir la très belle fontaine baroque.

**Ihlamur**
Ihlamurdere Caddesi, BEŞIKTAŞ
Tél. : (212) 261 29 91
(voir p. 14)
Cette folie du XIXe siècle doit son nom aux tilleuls qui l'entouraient et offraient généreusement leur ombre. Son parc, orné d'une belle pièce d'eau, est un havre de fraîcheur situé en pleine ville. C'est l'endroit rêvé où venir prendre le thé en fin d'après-midi.

**Maslak**
Büyükdere Caddesi, MASLAK
Tél. : (212) 276 10 22
Un autre charmant pavillon, élégamment décoré au XIXe siècle. Surtout intéressant pour son café très agréable dans la serre aux camélias ou dans les jardins.

**Şale Köşkü**
Parc de Yıldız, accès par la route de la côte entre BEŞIKTAŞ et ORTAKÖY.
Tél. : (212) 261 20 43
(voir p. 156 à 160)
Dans le parc de Yıldız, c'est au milieu de palais de styles très différents que vous apparaîtra ce chalet suisse du XIXe siècle. Vous serez à n'en pas douter séduit par ses portes en nacre, et par le mobilier d'Abdülhamid II – dont certaines pièces ont été sculptées par le sultan lui-même. Vous apprécierez en outre le calme de ses jardins (cf. la rubrique sur les cafés).

## LES MUSEES

**Akbank Kültür Sanat Eğitim Merkezi**
BEYOĞLU
Tél. : (212) 252 35 03,
Tél. : (212) 252 35 04
Cette association culturelle et artistique est installée dans une grande banque. Dans ses espaces, lieux de rendez-vous des esthètes istanbuliotes à l'affût des nouvelles tendances occidentales, elle organise tous les mois des expositions consacrées à l'œuvre d'artistes turcs ou étrangers.

**Feshane**
Defterdar Vapur Iskele Caddesi, Haliç Kıyısı,
EYÜP
Tél. : (212) 258 32 12
Sur la rive Istambuliote de la Corne d'Or, ce qui était autrefois une grande usine de fez vient d'être restauré et transformé par le talent de Gae Aulenti en un espace impressionnant, destiné à accueillir des expositions d'art moderne, des conférences culturelles et des collections privées. L'empire pharmaceutique Eczacıbaşı participe à la réalisation de ce projet.

**Galata Mevlevihane**
Galip Dede Sokak 13-15,
TÜNEL
Tél. : (212) 245 41 41
Ce *tekke* des derviches tourneurs est aussi un musée où sont exposés, entre autres, les instruments de musique, les costumes et les tapis de prière des derviches tourneurs. Des cérémonies avec danses et musiques rituelles ont lieu le dernier dimanche de chaque mois.

**Kiosque des Faïences (Çinili Köşk)**
SULTANAHMET
Tél. : (212) 520 77 40
Dans l'enceinte du Musée archéologique se situe ce charmant kiosque, l'un des rares monuments datant de la conquête d'Istanbul par les Ottomans comprenant une très belle collection de faïences seldjoukides, Iznik, etc. et une très belle fontaine aux paons.

**Musée archéologique**
SULTANAHMET
Tél. : (212) 520 77 40
En 1993, ce musée aux collections sensationnelles a été l'un des deux lauréats à recevoir le prix décerné par le Conseil de l'Europe au meilleur musée européen de l'année. Il présente un nombre considérable d'antiquités gréco-romaines et proche-orientales. La petite cour intérieure constitue un cadre tout à fait adapté au style néo-classique des bâtiments.

**Musée de la Calligraphie**
Beyazıt Meydanı
BEYAZIT
Tél. : (212) 527 58 51
(voir p. 188, 189)
Unique au monde, ce musée – qui occupe le site d'une ancienne faculté de théologie – possède une remarquable collection de livres anciens, de manuscrits et de documents originaux datant pour certains de la seconde moitié du XVIIIe siècle.

**Musée de la Marine (Deniz Müzesi)**
BEŞIKTAŞ
Tél. : (212) 261 00 40
Pour admirer les longs caïques effilés qu'utilisaient les sultans sur les eaux du Bosphore.

**Musée des Arts turcs et islamiques**
At Meydanı 46, SULTANAHMET
Tél. : (212) 528 51 58
Dans l'ancien palais d'Ibrahim Paşa, au cœur du vieux Stamboul, ce musée, qui possède de magnifiques tapis et céramiques remontant au XVe siècle, est un des trésors cachés d'Istanbul. La boutique propose, entre autres, des reproductions de gravures anciennes à des prix intéressants.

**Musée des Tapis et des Kilims**
A proximité de la mosquée Bleue, SULTANAHMET
Tél. : (212) 528 53 32
Selon un expert, « ce musée donne envie d'aller acheter un tapis », ce qui n'est pas loin de la vérité. Allez-vous résister à la tentation après avoir vu cette magnifique collection provenant de différents ateliers de tissage ?

**Musée du palais de Topkapı**
SULTANAHMET
Tél. : (212) 512 04 80
(voir p. 166 à 169)
Célèbre siège du gouvernement ottoman et résidence principale des sultans, Topkapı a été le théâtre de nombreuses intrigues. C'est dans son harem qu'ont vécu concubines, odalisques et eunuques, et c'est dans ses cours que des princes ont décidé du sort de l'Empire et reçu les ambassadeurs du monde entier. Ne manquez pas d'aller voir le diamant de 84 carats et les fabuleuses émeraudes conservés au Trésor, ni le kiosque de Bagdad, sans oublier les manuscrits, les costumes, les tissus et les faïences, cristaux et porcelaines. Une des plus grandes collections impériales d'Europe.

**Musée militaire (Askeri Müze)**
HARBIYE
Tél. : (212) 232 16 98
Outre les armes, de splendides costumes y sont exposés et surtout les tentes somptueusement brodées dont il est question dans le chapitre des traditions.

**Musée Sadberk Hanım**
Büyükdere Caddesi 27-29,
SARIYER
Tél. : (212) 242 38 13
(voir p. 16)
Ce musée, crée par la famille Koç, abrite une riche collection ethnographique : des objets préhistoriques en pierre ou en verre aux textiles et costumes de l'Antiquité. Une salle est consacrée à la cérémonie traditionnelle du henné, une autre au lit de circoncision. C'est un musée superbement installé au bord du Bosphore, dans un *yalı* restauré.

**Yapı Kredi Kültür Merkezi**
Istiklal Caddesi 285, BEYOĞLU
Tél. : (212) 245 20 41
Les banques turques organisent souvent des expositions d'une qualité surprenante.
L'Association culturelle du Yapı Kredi ne fait pas exception.
Installée au cœur de Beyoğlu, sur l'élégante Istiklal Caddesi, elle possède une collection d'objets artisanaux du XVIIe siècle, une collection de pièces d'argenterie turques, une collection de figurines provenant du théâtre d'ombres, et surtout la troisième collection au monde de pièces de monnaie romaines et byzantines du VIe siècle.

## LES HOTELS

**Avicenna**
Mimar Mehmet Ağa Caddesi,
Amiral Tafdil Sokak 31/33,
SULTANAHMET
Tél. : (212) 517 05 50
Vous aurez peut-être le coup de foudre pour cettte ancienne maison en bois ottomane d'un turquoise et d'un blanc éclatants. Les 36 chambres – dont certaines avec vue sur la mer – sont équipées d'un mobilier contemporain. Agréable terrasse pour le petit déjeuner.

**Ayasofya Pansionları**
Soğukçeşme Sokak,
SULTANAHMET
Tél. : (212) 513 36 60
Ce charmant hôtel se compose

d'une série de maisons en bois aux tons pastel, qui – juste derrière Haghia Sophia – bordent une jolie petite rue pavée. Les chambres ont été restaurées dans le style de l'époque.

**Çırağan Palace**
Çırağan
Tél. : (212) 258 33 77
(voir p. 6, 39, 210, 211, 216, 217)
Ce magnifique palais du XIXe siècle est récemment devenu un hôtel de grand luxe. C'est certainement l'endroit où il faut descendre si on veut ouvrir ses fenêtres directement sur le Bosphore, jouir des jardins au bord de l'eau et goûter la cuisine ottomane dans son restaurant traditionnel, le Tuğra.

**Halı**
Klodfarer Caddesi 20,
ÇEMBERLITAŞ
Tél. : (212) 516 21 70
Peut-être serez-vous surpris par le nombre de tapis qui jonchent les sols de cet hôtel, du hall aux 34 chambres, mais le nom de l'hôtel oblige, car *Halı* signifie « tapis ». Vous ne resterez certainement pas insensible à la beauté de la façade en marbre blanc, ni à la magnifique vue sur la mer qu'offre la terrasse.

**Hidiv Kasrı**
ÇUBUKLU
Tél. : (216) 331 26 51
(voir p. 220, 221)
Ancien palais du vice-roi d'Egypte, cette résidence du début du siècle a été transformée en hôtel après de longues années d'abandon. C'est l'un des havres de paix les plus agréables que compte la ville, toutefois assez loin du centre. Les chambres sont meublées dans le style de l'époque. Dès l'entrée, la fontaine entourée de colonnes de marbre, l'enfilade des salons font songer à un décor de film. L'hôtel reçoit du reste souvent des demandes d'autorisation de tournage.

**Ibrahim Paşa**
Terzihane Sokak 5, SULTANAHMET
Tél. : (212) 518 03 94
Cette maison ancienne, nichée dans un coin de l'hippodrome, joliment restaurée et transformée en un petit hôtel, offre une vue panoramique sur la mosquée Bleue et la mer de Marmara.

**Kariye**
Kariye Camii Sokağı, 18
EDIRNEKAPI
Tél. : (212) 534 84 14
Pour les passionnés d'histoire, la situation de cet hôtel, bien qu'un peu éloignée du centre, est idéale. Il se situe en effet près des murailles de la ville, mais aussi près de l'église Saint-Sauveur-in-Chora, l'église byzantine la plus remarquable d'Istanbul après Haghia Sophia. Ses chambres sont d'un prix raisonnable.

**Konuk Evi**
Soğukçeşme Sokağı,
SULTANHAMET
Tél. : (212) 513 36 60
Ce tout nouvel hôtel dont le nom signific « la maison des invités » se trouve dernière Haghia Sofia. Il est le dernier né des restaurations entreprises par Çelik Gülersoy.
Il comprend un joli jardin et un restaurant dans une serre.

**Pera Palas**
Meşrutiyet Caddesi,TEPEBAŞI
Tél. : (212) 251 45 60
(voir p. 218, 219)
Le Pera Palas, hôtel historique par excellence, est connu pour avoir été le somptueux point de chute des voyageurs de l'Orient Express, mais aussi le lieu de rendez-vous des espions et des princes pendant la guerre. Les chambres sont d'une élégante simplicité avec meubles et plomberie d'époque.
Son bar reste un lieu de rendez-vous très apprécié des Istanbuliotes.

**Splendid Palace**
23 Nisan Caddesi 71
Büyükada, ÎLES DES PRINCES
Tél. : (216) 382 69 50
De style ottoman, cet hôtel, qui a été l'hôtel le plus prestigieux des îles des Princes, a terriblement besoin d'être restauré. Il ne faudrait cependant pas le négliger, ne serait-ce que pour l'intérêt historique du bâtiment. Construit en 1908, l'hôtel comprend 70 chambres dont certaines avec une vue inoubliable sur la mer.

**Swissôtel**
MAÇKA
Tél. : (212) 259 01 01
Dans ce mégalithe appartenant à des Japonais, les chambres sont luxueuses. Décor moderne sans grand caractère mais un restaurant en terrasse avec une vue saisissante sur le Bosphore.

**Sumengen**
Mimar Mehmet Ağa Caddesi,
Amiral Tafdil Sokak 21,
SULTANAHMET
Tél. : (212) 517 68 69
Il y a quatre ans, cette maison ottomane a été restaurée, peinte d'un joli vert bordé de blanc, puis garnie d'un mobilier d'époque.

**Yeşil Ev**
Kabasakal Caddesi 5,
SULTANAHMET
Tél. : (212) 517 67 85
(voir p. 227, 228, 229)
Située dans la vieille ville en plein cœur de Sultanahmet, le Yeşil Ev est installé dans une charmante demeure ottomane, récemment restaurée.
Aux chambres aménagées à l'ancienne fait pendant un délicieux jardin, où vous serez certainement tenté de prendre le thé.

D'autres hôtels parmi les grands établissements sont également recommandés : le **Sheraton** pour son restaurant appelé Revan ; le **Hilton**, qui fut le premier hôtel à se détacher sur la ligne d'horizon d'Istanbul ; le **Ramada**, situé au cœur de la vieille ville ; le **Marmara Istanbul** qui, au cœur de Taksim, possède un beau piano-bar offrant une vue saisissante sur Istanbul ; le **Divan** aux chambres toujours élégantes et soignées et au très bon restaurant ; et le **Mövenpick** de Maslak, relativement neuf, mais bien situé par rapport au quartier des affaires.

## LES RESTAURANTS

**Les Ambassadeurs**
Cevdet Paşa Caddesi 113-115,
BEBEK
Tél. : (212) 263 30 02
Situé sur le Bosphore (dans l'hôtel Bebek), ce restaurant est fréquenté par une clientèle aisée, attirée par les plats de poisson, le caviar et les blinis de la maison. Vous pourrez aussi y déguster de très bons plats de viande turcs.

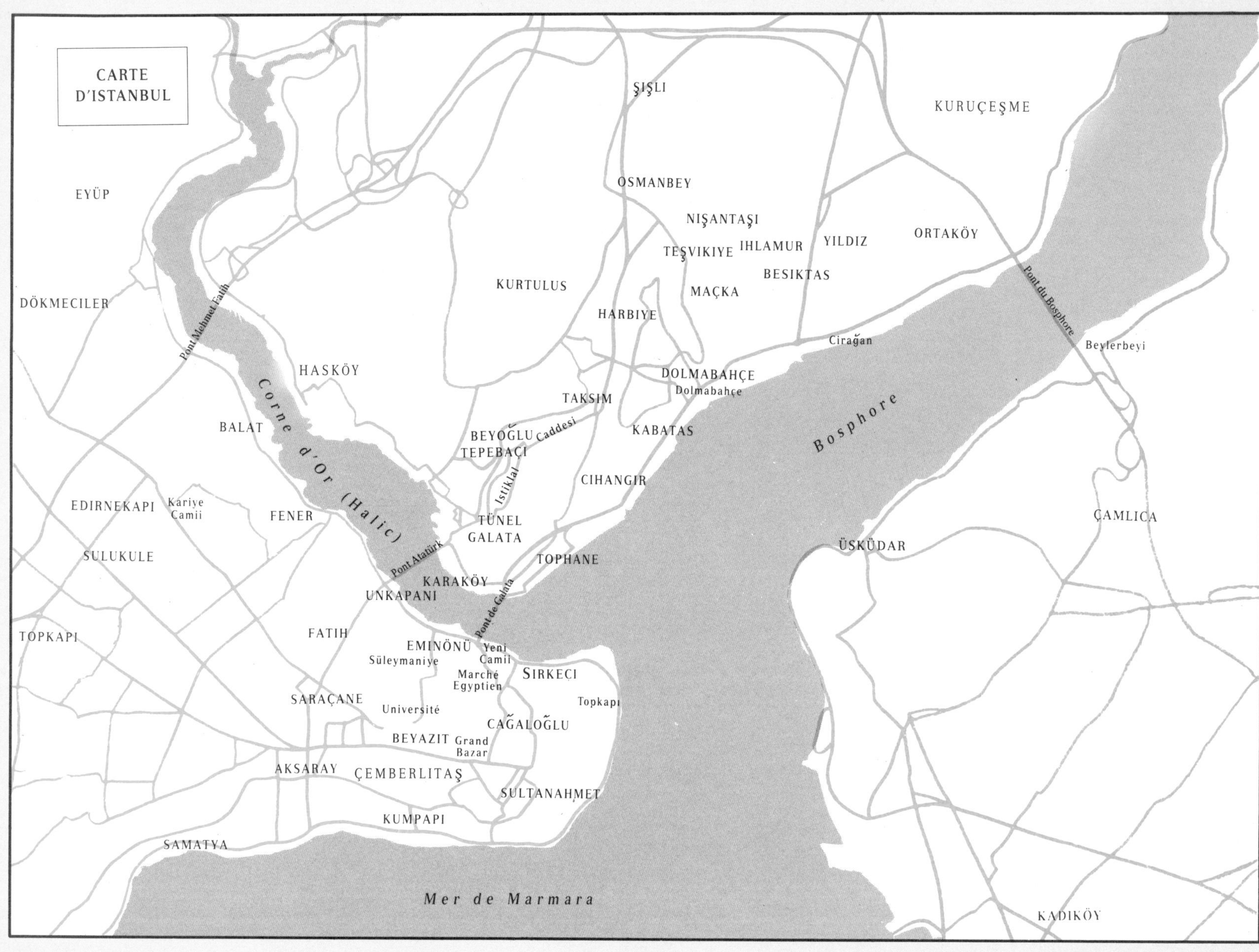


**Asitane**
Kariye Camii Sokak 18, EDIRNEKAPI
Tél. : (212) 534 84 14
Le menu de saison n'est que l'un des multiples attraits de ce restaurant historique, installé dans l'hôtel Kariye. Les mélodies turques traditionnelles que vous y entendrez ne manqueront pas de vous charmer, tandis que vous savourerez les spécialités de la maison : le *saksi kebabı*, un ragoût de poulet, accompagné d'une purée d'aubergines et l'*helatiye*, cubes de pudding aux amandes et aux pistaches, arrosés de sirop au parfum de rose.

**Beyti**
Orman Sokak 8, FLORYA
Tél. : (212) 663 29 90
C'est un bon choix pour un dernier dîner à Istanbul, non seulement parce qu'il propose d'excellentes viandes grillées, mais surtout parce qu'il est situé non loin de l'aéroport, au milieu des ravissants boulevards bordés d'arbres de Florya.

**Borsa**
Halaskargazi Caddesi, Şair Nigar Sokak 90/1, OSMANBEY
Tél. : (212) 232 42 00
Pour ceux qu'attirent les boutiques des quartiers élégants d'Osmanbey ou de Nişantaşı, tout proche, voici une bonne adresse pour déjeuner. La carte comprend des plats traditionnels qui ont, disent les clients turcs, le même goût qu'à la maison, ce qui est le plus beau compliment qu'un Turc puisse faire à un restaurateur.

**Çiçek Pasajı**
Istiklal Caddesi, Galatasaray, BEYOĞLU
(voir p. 222 et 223)
Dans le passage des Fleurs, autrefois le plus animé de toute la ville, vous découvrirez quelques restaurants et en particulier celui d'Entellektüel Cavit (Tél. : (212) 244 71 29). Ce sont de grands classiques à ne pas manquer. Vous y trouverez, par exemple, de délicieuses entrées turques, des *börek* ou des moules farcies.

**Club 29**
Nispetiye Caddesi 29, ETILER
Tél. : (212) 263 54 11 (l'hiver)
Paşabahçe Yolu 24, ÇUBUKLU
Tél. : (216) 322 38 88 (l'été)
(voir p. 238, 239)
Dans le décor de ce lieu luxueux, où vous pourrez déjeuner au bord de la piscine ou passer la soirée à danser, vous retrouverez toute la langueur de l'Orient, et vous aurez certainement plaisir à prendre place sur les nombreux divans qui vous attendent dans de ravissantes alcôves. Dans le restaurant, les prix sont élevés, mais vous y dégusterez – à en croire certains gourmets – le meilleur *köfte* de tout Istanbul. Si vous venez de l'autre rive, le restaurant vous enverra l'un de ses bateaux pour vous permettre de traverser.

**Darüzziyafe**
Şifahane Caddesi 6, Süleymaniye, Beyazit
Tél. : (212) 511 84 14
Installé au sein du complexe de la Süleymaniye – l'un des chefs-d'œuvre de Sinan – ce restaurant possède une cour intérieure qui permet d'échapper à l'agitation de la vieille ville. Là où était servi autrefois l'équivalent ottoman de notre soupe populaire, fleurit aujourd'hui encore une cuisine traditionnelle : soupe de Süleyman, *kebab* d'agneau, *börek*, desserts, sorbets, etc. Le cadre et l'atmosphère de ce lieu comptent plus que sa cuisine.

**Develi**
Balıkpazarı, Gümüşyüzük Sokak 7, Samatya
Tél. : (212) 585 11 89, 585 43 86
Istanbul offre un tel choix de restaurants qu'il est souvent difficile de savoir où aller pour manger à coup sûr un délicieux *köfte*. Au Develi, vous n'aurez pas de mauvaise surprise. Ce restaurant, qui a 80 ans d'existence, propose une cuisine anatolienne avec grand choix de *kebab*.

**Divan**
Hôtel Divan, Cumhuriyet Caddesi 2, Şişli
Tél. : (212) 231 41 00
D'autres restaurants plus en vogue seront peut-être amenés à disparaître, mais le Divan continuera sans aucun doute à servir aux gourmets ses spécialités turques et continentales.
C'est un lieu calme, un décor raffiné et élégant, où le service est impeccable.

**Ece**
Tramway Caddesi 104, Kuruçeşme
Tél. : (212) 265 96 00
Ce restaurant animé, qui a beaucoup de succès auprès des jeunes Turcs, est réparti sur trois étages. Selon votre appétit, vous opterez pour le menu ou composerez votre repas à la carte. Les plats de légumes, notamment de haricots, sont une des spécialités de la maison.

**Façyo**
Kireçburnu Caddesi 13, Tarabya
Tél. : (212) 262 00 24
Vous dégusterez dans ce restaurant les meilleurs poissons, mais c'est aussi un endroit agréable où passer la soirée après avoir exploré cet ancien village de pêcheurs maintenant célèbre pour sa vie nocturne et ses crèmes glacées.

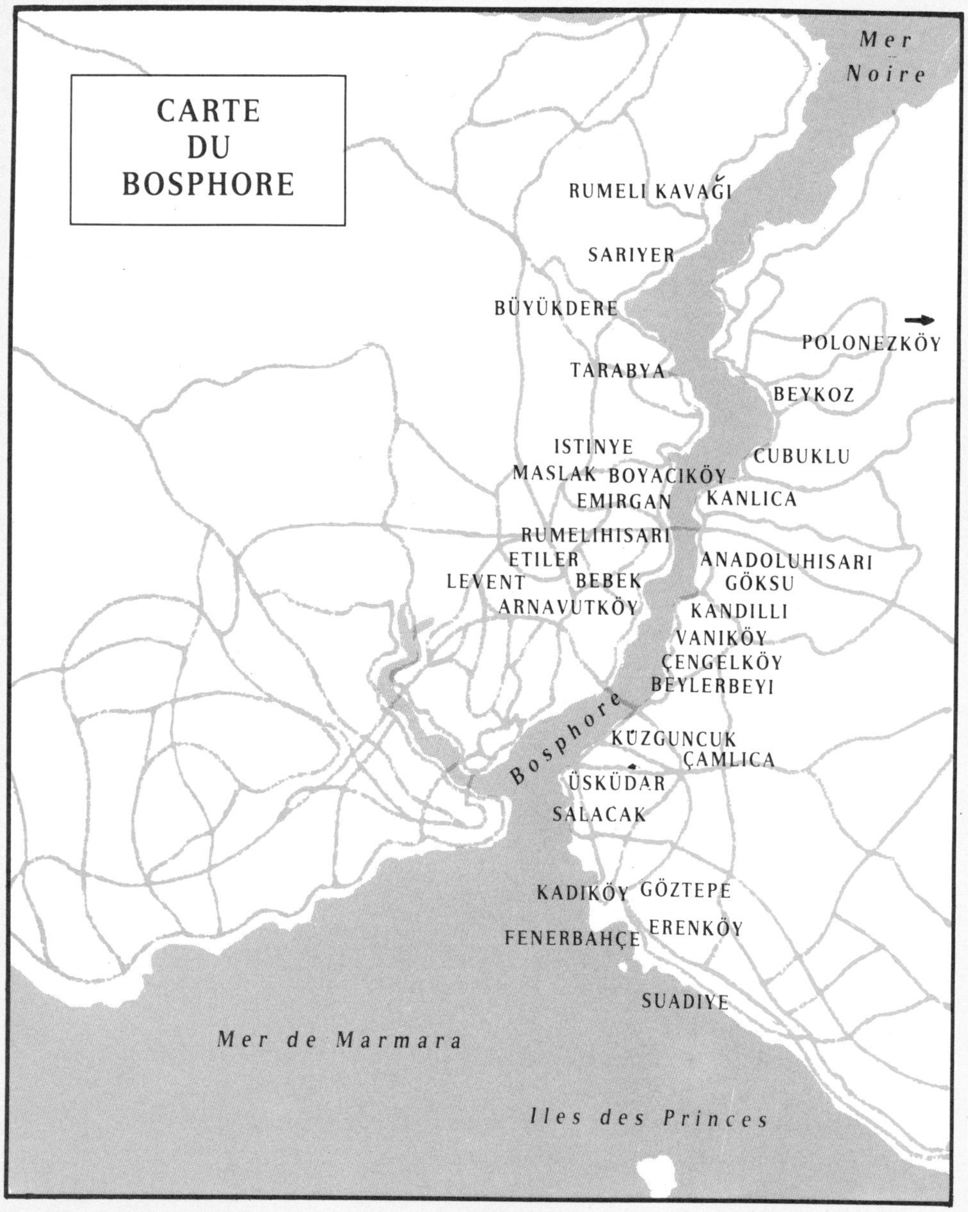

## CARTE DU BOSPHORE



**Hacı Baba**
Istiklal Caddesi 49, Beyoğlu
Tél. : (212) 244 18 86
Ici, méfiez-vous : le maître d'hôtel, fort consciencieux, vous montrera les douzaines d'entrées turques, *kebab*, ragoûts et desserts que propose la maison, et le choix sera si difficile que vous finirez vraisemblablement par commander trop pour un seul repas.

**Hasan Balıkçılar Lokantası**
Yat Limanı, Rıhtım Sokak 8, Yeşilköy
Tél. : (212) 573 83 00
Situé non loin de l'aéroport, ce restaurant, bruyant et cher, est connu pour son poisson extraordinaire, son confort rudimentaire et son dessert de coings à la crème.

**Hasır (Asir)**
Kalyoncukulluk Caddesi 94/1, Beyoğlu
Tél. : (212) 250 05 57
Taverne de luxe où vous dégusterez de bonnes entrées et des plats de viande élaborés. Ce sont des serveurs expérimentés qui vous apporteront les différentes spécialités de la maison, au nombre desquelles figure un *keskek kebab*, c'est-à-dire une purée d'agneau au beurre et à la cannelle. Vous apprécierez certainement la vue sur le Bosphore et les jardins.

**Hasır**
Beykoz Korusu, Beykoz
Tél. : (216) 322 29 01
Situé sur la rive asiatique du Bosphore, au milieu de jardins d'une grande beauté, ce restaurant vous servira des plats de viande et autres spécialités turques dont votre palais se souviendra. Le service est très attentif et vous devez y aller les nuits de Ramadan, pour les menus spéciaux. Vous pouvez y acheter de délicieuses confitures.

**Kadife Chalet**
Kadife Sokak, Bahariye, Kadıköy
Tél. : (216) 347 85 96
Ce restaurant de style ottoman a été aménagé dans une maison en bois d'une centaine d'années. Ici, vous aurez le choix entre des spécialités de différents pays.

**Kallavi**
Istiklal Caddesi, Kallavi Sokak 20, Beyoğlu
Tél. : (212) 251 10 10
Si vous vous rendez dans cette taverne un mercredi ou un samedi, vous dégusterez les savoureuses entrées et les délicieux *kebab* de la maison.

**Kamil**
Gümüşsuyu Yolu 9/1, Beykoz
Tél. : (216) 331 05 94
Restaurant un peu délabré, mais cela fait partie de son charme. Il offre une vue fabuleuse, et ses plats de poisson sont délicieux.

**Kanaat**
Selmanipak Caddesi 25, Üsküdar
Tél. : (216) 333 37 91
Voici un lieu pour les gourmets au budget limité : depuis soixante ans, personne n'a réussi à percer le secret de ce restaurant qui réussit à servir d'authentiques plats turcs à des prix plus que raisonnables.

**Kathisma**
Yeni Akbıyık Caddesi 26, Sultanahmet
Tél. : (212) 518 97 10
Vous serez peut-être séduit par l'atmosphère plaisante de ce restaurant réparti sur quatre étages, où vous attendent – à des prix raisonnables – de bons plats turcs et étrangers.

**Kazan**
Hôtel Mövenpick, Büyükdere Caddesi 49, Maslak
Tél. : (212) 285 09 00
Dans les restaurants turcs de l'hôtel Mövenpick vous découvrirez, dans un décor d'une élégance discrète, un buffet regorgeant de hors-d'œuvre .

**Konyalı**
SULTANAHMET
Tél. : (212) 513 96 97
C'est au comptoir en marbre que s'installent les Istanbuliotes pour déguster les délicieux *börek* de la maison. Mais ce restaurant du palais de Topkapı sert aussi d'excellents *köfte*, et la vue qu'il offre aurait ravi le sultan.

**Körfez**
Körfez Caddesi 78, KANLICA
Tél. : (216) 332 01 08
Ce restaurant de poisson, au calme sur la rive asiatique du Bosphore, a pour spécialités le bar cuit dans un pain de sel et de savoureuses entrées. Printemps et été, un bateau va chercher à Rumeli Hisar les clients de la rive européenne, auxquels la maison offre à bord un délicieux cocktail.

**Kumkapı**
Ici, sur la rive sud de la Corne d'Or, vous découvrirez une cinquantaine de restaurants. Là où les rues étroites deviennent piétonnières, une taverne se dresse en effet à chaque coin de rue, qui sont toutes specialisées dans les plats de poisson. Essayez **Cemal** ou **Evren**, ou choisissez-en une au hasard.

**Kücük Hüdadad Lokantası**
Sapçı Han, Kömür Bekir Sokak 2/4, EMINÖNÜ
Ce restaurant traditionnel, fréquenté par les commerçants du quartier, vous donnera une idée de ce que les Turcs mangent chez eux. Ne cherchez pas l'enseigne : ce restaurant, situé dans le Sapçı Han, en face de Yeni Cami, n'en a pas. Le restaurateur vous préparera de merveilleuses soupes, ainsi que de délicieux *dolmas* (légumes farcis), ragoûts et desserts.

**Inci**
Salacak, Sahil Yolu 1, ÜSKÜDAR
Tél. : (216) 310 69 98
Tandis que vous dégusterez ses délicieuses entrées turques ou ses merveilleux plats de poisson, vous serez certainement abasourdi par la vue qu'offre ce nouveau restaurant sur la vieille ville et le Bosphore depuis la rive asiatique.

**Leonardo**
Polonezköy 32, BEYKOZ
Tél. : (216) 432 30 82
Vous serez séduit par l'atmosphère de ce charmant restaurant situé au cœur d'un petit village à 40 km de la ville. Une bonne adresse pour un brunch le dimanche.

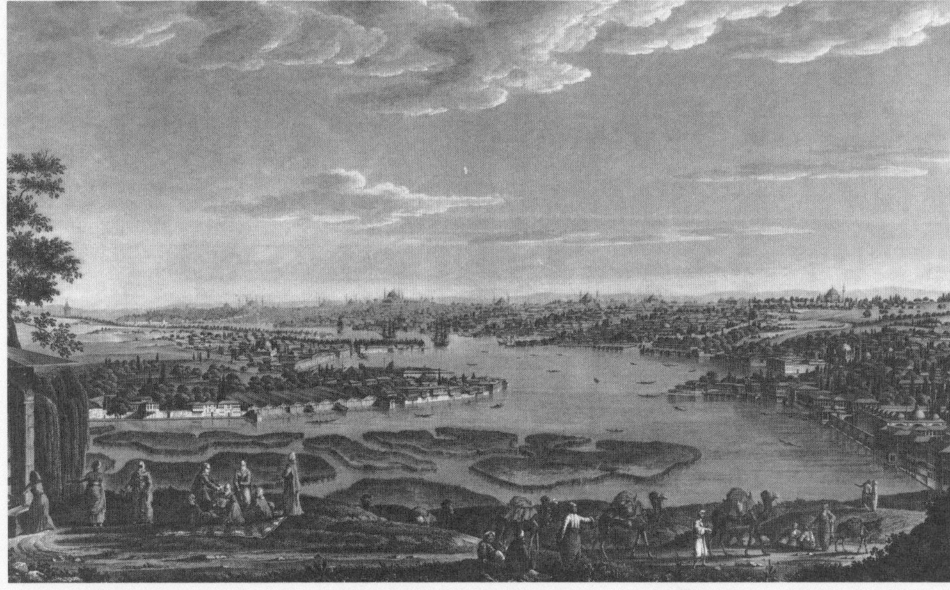

**Liman Lokantası**
Au-dessus de la salle d'attente du ferry, KARAKÖY
Tél. : (212) 244 10 33
Dans ce restaurant, vous apercevrez un grand nombre de cadres venus ici pour échapper, le temps d'un déjeuner, au brouhaha de Karaköy, le quartier des affaires et des boutiques. Vous y dégusterez des fruits de mer, et bénéficierez de la vue sur le quai et sur les ferrys qui sillonnent les eaux bleues du détroit.

**Mey**
Rumelihisarı Caddesi Bebekli Apt. 122, BEBEK
Tél. : (212) 265 25 99
La grande spécialité de ce restaurant, annexe du célèbre **Türkbükü** de Bodrum, est le poisson. C'est le restaurateur qui compose le menu dont le prix est modeste. Il y a peu de tables, et les plats sont cuisinés en fonction du nombre de clients prévus, il est donc indispensable de réserver.

**Ortaköy**
Sur le Bosphore, au nord de BEŞIKTAŞ
A Ortaköy – un quartier pittoresque, situé au bord de l'eau – la cuisine n'est peut-être pas à la hauteur de l'atmosphère ambiante. Les restaurants proposent des plats qui peuvent tout aussi bien être mexicains que turcs. Parmi les bons restaurants servant des mets aussi bien turcs qu'internationaux, citons **Bodrum**, **A la Turka**, **Gulet Çinaralti** et **Ziya**. Méfiez-vous de l'affluence le dimanche.

**Pandeli** Closed Sunday.
Mısır Çarşısı, EMINÖNÜ
Tél. : (212) 527 39 09
(voir p. 234)
Ce restaurant, qui sert des plats absolument délicieux, est installé à l'intérieur du Marché égyptien. Le *börek* à l'aubergine est une pure merveille, préférez-le aux entrées qu'on vous servira sans que vous les ayez commandées.

**Park Şamdan**
Mim Kemal Öke Caddesi 18/1, NIŞANTAŞI
Tél. : (212) 240 83 68

**Etiler Şamdan**
Nispetiye Caddesi 30, ETILER
Tél. : (212) 263 48 98
Ces deux restaurants, qui appartiennent à une grande famille turque, sont parmi les préférés du Tout-Istanbul. Le restaurant d'Etiler propose de la cuisine turco-française, et ouvre sa discothèque après le dîner. Le Park Şamdan est très bien placé pour un repas après la visite des boutiques du quartier.

**Refik**
Sofyalı Sokak 10-12, TÜNEL
Tél. : (212) 243 28 34
Le propriétaire de ce modeste restaurant turc, où l'accent est mis sur les spécialités de la mer Noire, adore discuter avec ses clients, quelle que soit la langue dans laquelle ils s'expriment. Sa clientèle turque a un faible pour son chou farci.

**Reşat Paşa Konağı**
Bağlarbaşı Caddesi 34/1, ERENKÖY
Tél. : (216) 361 34 11
Dans cette villa soigneusement restaurée, cuisine turque et nouvelle cuisine se mêlent harmonieusement. L'intimité des petits salons crée l'atmosphère idéale pour un brunch royal, le dimanche.

**Revan**
Hôtel Sheraton, TAKSIM
Tél. : (212) 231 21 21
Vous admirerez ici la vue panoramique qu'offre ce restaurant au 23e étage de l'hôtel. Vous pourrez commencer par un *puf börek*. Mais peut-être lui préférerez-vous une soupe, en particulier la soupe de noces *(düğün çorbası)*, à base de yaourt. Vous ne serez de toute façon pas déçu, car le Revan est l'un des meilleurs restaurants de la ville.

**« S » Restaurant**
Vezirköşkü Sokak 2, BEBEK
Tél. : (212) 263 83 26
Les connaisseurs vous diront qu'il s'agit du *nec plus ultra* – et ils sont loin d'avoir tort. Dans ce restaurant cher, où des délices turcs façon nouvelle cuisine vous attendent, le dîner se déguste en tenue de soirée, aux chandelles, sur fond de lambris.

**Şans**
Hacı Adil Sokak 1, LEVENT
Tél. : (212) 281 07 07
Des gravures représentant des planches de botanique et des tapisseries ornent les murs du Şans, nom qui signifie « chance » (un thème clé dans la tradition turque). Si la chance vous accompagne, vous obtiendrez une table près du perroquet, qui se fera un plaisir de vous faire la conversation tandis que vous dégusterez des spécialités turques ou européennes.

**Sarnıç**
Soğukçeşme Sokak, SULTANAHMET
Tél. : (212) 512 42 91
Situé tout près de l'hôtel Ayasofya, ce restaurant sert des plats qui n'ont rien de transcendant, mais le cadre – une citerne romaine souterraine – est inoubliable.

**Sultanahmet Köftecisi**
Divanyolu Caddesi 12A, SULTANAHMET
Tél. : (212) 513 14 38
Depuis près d'un siècle, on vient y déguster des boulettes de viandes (*köfte*).

**Susam**
Susam Sokak 6, CIHANGIR
Tél. : (212) 251 59 35
De ce haut lieu de Cihangir, vous aurez une vue unique sur le palais de Topkapı.
L'été est la saison idéale pour s'y rendre.
Réservation indispensable.

**Süreyya**
Istinye Caddesi 26, ISTINYE
Tél. : (212) 277 58 86
Ce restaurant, summum de la gastronomie occidentalo-orientale, doit à son fondateur, d'origine russe, l'originalité de sa carte, comprenant notamment du bortsch, du poulet de Kiev et du bœuf Stroganov.
Un véritable régal ! Réservation indispensable.

**Tuğra**
Çırağan, BEŞIKTAŞ
Tél. : (212) 258 33 77
Il vous sera impossible de ne pas remarquer la *tuğra* dorée (signature calligraphiée du sultan) qui fait la fierté du restaurateur. Ce dernier vous servira des plats à la hauteur, des spécialités

ottomanes d'une grande complexité mais aussi d'une grande finesse. Dans ce cadre élégant, celui de l'hôtel Çırağan, laissez-vous tenter par quelque entrée chaude, par un *börek* à l'aubergine et au fromage ou par un minuscule *kebab* à l'espadon par exemple.

**Urcan**
Orta Ceşme Caddesi 2/1, SARIYER
Tél. : (212) 242 03 67
Tout le monde a entendu parler d'Urcan et de ses grandes salles décorées de filets de pêcheurs, des poissons qui ont l'air de sortir de l'eau et qui vous sont présentés avec art à l'entrée. Il est toujours très populaire et vaut le petit voyage le long du Bosphore.

**Yakup 2**
Asmalı Mescit Sokak 35-37, TÜNEL
Tél. : (212) 249 29 25
Allez à la rencontre du monde artistique, journalistique et intellectuel turc, qui se retrouve dans cette authentique *meyhane*, bruyante et sans prétention.

**Yekta**
Valikonağı Caddesi 39/1, NIŞANTAŞI
Tél. : (212) 248 11 83
Le Yekta ne sert pas que des plats turcs, mais le propriétaire, Selim Isatan, est attentif à la saveur et à la couleur des mets.

**Ziya**
Mim Kemal Öke Caddesi 21/1 NISANTASI
Tél. : (212) 225 46 65
Dans ce restaurant, vous croiserez à n'importe quelle heure de la journée des hommes d'affaires Istanbuliotes ainsi que de nombreux étrangers venus déjeuner, dîner ou simplement se désaltérer. Aucune mauvaise surprise ne vous y attend et, avec un peu de chance, vous pourrez même prendre votre repas à la terrasse.

**Ziya**
Muallim Naci Caddesi 109/1 ORTAKÖY
Tél. : (212) 261 60 05
La vue qu'offre ce restaurant de luxe, installé à l'ombre du pont du Bosphore, vous séduira. L'été, le serveur ne manquera pas de vous offrir une table en terrasse.

## LES CAFES

**Café d'Anadolu Kavagi**
Dans les murs de la forteresse génoise de Yoros, des tables dressées sous une treille pour un thé ou un repas léger avec les légumes du jardin. Très belle vue sur le Bosphore, jusqu'à la mer Noire.

**Café Çamlıca**
Sefa Tepesi, ÇAMLICA
Tél. : (216) 329 81 91
(voir p. 226, 227)
N'hésitez pas à passer (par temps clair) un après-midi entier dans les jardins de ce café : du haut du promontoire, on a vue sur toute la ville. L'hiver, allez confortablement vous installer au coin du feu.

**Café de Péra**
Istiklal Caddesi, Hava Sokak 17/2, BEYOĞLU
Tél. : (212) 251 24 35
Ce haut lieu de Beyoğlu est un endroit où il fait bon prendre le café, mais aussi le déjeuner ou le dîner. Laissez-vous tenter par ses délicieuses crêpes servies avec une sauce maison.

**Café Çorlulu Ali Paşa**
BEYAZIT
(voir p. 58 et p. 225)
Le général auquel la mosquée et le café doivent leur nom fut le grand vizir d'Ahmet III. Ce café vous permettra de faire une pause agréable après avoir visité le complexe de la mosquée et vous pouvez vous essayer à fumer un narguilé.

**Café du Musée archéologique**
SULTANHAMET
Tél. : (212) 520 77 40
(voir p. 44, 228)
Ce café en plein air se situe dans l'enceinte du musée, à côté du Çinili Köşk. Des fragments de statues en marbre vous font remonter le temps jusqu'à l'Antiquité.

**Café du palais d'Ibrahim Paşa**
Meydanı 46, SULTANAHMET
Tél. : (212) 518 13 85
Lorsque le pacha décida de s'installer dans ce qui fut un palais, peut-être était-il attiré par les vues magnifiques qu'offre l'étage supérieur sur le Bosphore. Peut-être a-t-il lui aussi pris son café à l'endroit même où se situent actuellement les petites tables rondes du café du musée. Ce lieu vous permettra d'échapper à l'agitation de Sultanahmet, le grand quartier touristique d'Istanbul.

**Café Kariye**
Edirnekapı Son Durak, Kariye Camii Sokak, EDIRNEKAPI
Tél. : (212) 534 84 14
Les teintes blanches et lilas de ce café restauré (et de l'hôtel du même nom), situé sur la même place que la mosquée Kariye, ne manqueront pas d'attirer votre regard. C'est un lieu où il est agréable d'aller prendre un café après avoir admiré les remarquables mosaïques.

**Café Lebon**
Istiklal Caddesi 463, BEYOĞLU
Tél. : (212) 252 98 52
A la Belle Epoque, les Istanbuliotes aimaient venir prendre le thé ou le café en ce lieu. Récemment restauré et intégré à l'hôtel Richmond, le café Lebon a conservé tout son charme. On y sert de délicieux gâteaux, mais il est aussi possible d'y déjeuner ou d'y dîner.

**Gramofon**
Tünel Meydani 3, BEYOĞLU
Tél. : (212) 293 07 86
Dans ce salon de thé situé sur la place du Tünel, une ravissante petite place bordée de bâtiments du XIXe siècle, vous pourrez savourer votre thé ou votre café avec en fond sonore une douce musique et le cliquetis des vieux tramways rouges.

**Palazzo**
Maçka Caddesi 35, TEŞVIKIYE
Tél. : (212) 232 04 51
Ce café à la mode situé dans l'ancien palais de Maçka ne détonerait absolument pas à Florence ou à Bologne, avec sa clientèle jeune et son savoureux capuccino – une spécialité par ailleurs difficile à trouver en Turquie. Vous pouvez faire précéder votre café d'un bon sandwich et d'une salade, ou l'accompagner d'un gâteau fait maison.

**Parc d'Emirgan**
Tél. : (212) 227 66 82
Le café du « Kiosque jaune », idéal pour un petit déjeuner ou un brunch quel que soit le jour de la semaine, est installé dans un élégant bâtiment de bois, dans le ravissant parc historique d'Emirgan. Dans le même parc, le Beyaz Köşk (pavillon blanc), est un autre endroit de charme pour un repas léger.

**Parc de Yıldız**
BEŞIKTAS¸
Malta Köşkü
Tél. : (212) 260 04 54
Çadır Köşkü
Tél. : (212) 260 07 09
Pembe Köşkü
Dans ce parc impressionnant, trois sites de rêve s'offrent à vous pour le thé. Les Çadır (tente), Malta (du nom de l'État) et Pembe (rose) Köşk sont des pavillons qui ont été construits par les Ottomans au siècle dernier puis rénovés par le Touring et Automobile Club de Turquie sous l'impulsion de son directeur Çelik Gülersoy.

**Pierre Loti**
EYÜP
Tél. : (212) 581 26 96
Dans le quartier historique d'Eyüp, une visite à ce petit café fait partie des promenades incontournables. Pierre Loti y venait souvent, d'où son nom. On l'atteindra après avoir parcouru le très romantique cimetière, et, de ses tables, on jouira de la plus belle vue sur la Corne d'Or.

**Pub Divan Elmadağ**
Cumhuriyet Caddesi 2, ŞIŞLI
Tél. : (212) 231 41 00
Dans ce pub de l'hôtel Divan, vous croiserez la haute société turque venue déguster des *döner kebab* ou des mets plus légers à base par exemple de blanc de poulet. Les délicieuses pâtisseries et sucreries, à emporter ou à déguster sur place, vous séduiront.

**Romantika**
dans le parc de FENERBAHÇE
Tél. : (216) 347 29 80
Ce salon de thé est installé dans un belvédère de style victorien, qui n'a– contrairement à ce qu'on pourrait croire – que vingt ans d'âge. Sur la péninsule de Fenerbahçe, au cœur de son charmant petit parc, vous pourrez manger des pâtisseries, accompagnées d'une boisson

chaude (le vrai *sahlep* en hiver), dans un décor où plantes exotiques et volières créent une ambiance des plus agréables.

**Şark Kahvesi**
Tél. : (212) 512 11 44
(voir p. 64)
Ce café de l'Orient est une institution à l'intérieur du Grand Bazar.

**Vakko**
Istiklal Caddesi 123-125, BEYOĞLU
Tél. : (212) 251 40 92
Aucune visite de la ville moderne ne saurait être complète sans un séjour d'au moins une heure au café du Vakko, le grand magasin de mode turc. Là, devant une tasse de thé et un gâteau au chocolat, vous vous rendrez compte que Vakko est plus qu'un magasin. C'est en effet un café très fréquenté et une galerie d'art.

## LES BARS

**Bar de Bebek**
Cevdet Paşa Caddesi 15, BEBEK
Tél. : (212) 263 30 00
Dans ce bar, très à la mode, vous pourrez contempler l'autre rive tout en dégustant le cocktail maison composé de gin, de vodka, de cognac, de jus de citron, de jus d'orange et de liqueur de rose.

**Bar de l'Orient-Express**
Hôtel Péra Palas, TEPEBAŞI
Tél. : (212) 251 45 60
Dans ce bar, on vous racontera que Garbo venait accompagnée de toute une cour d'admirateurs, qu'Hemingway ne pouvait résister au plaisir d'un rakı, et que Graham Greene écrivait installé à une des petites tables aux jolies lampes. En ce lieu qui a su conserver son charme et ne pas sacrifier au progrès, vous aurez donc rendez-vous avec le passé.

**Bars d'Ortaköy**
Sur le Bosphore, au nord de BEŞIKTAŞ
Voici un quartier où le soir il est agréable de passer d'un bar à l'autre. Les vues sur le Bosphore et la foule d'Ortaköy, aux tenues vestimentaires dernier cri, distraient tout autant que la musique des bars. Essayez le Christina, le Merhaba, le Prince et le Rubber. Ces bars sont moins bondés en semaine.

**Cabaret Cine**
Yeşilpınar Sokak 2, ARNAVUTKÖY
Tél. : (212) 257 74 38
Si vous avez envie de partir à la découverte d'Arnavutköy, ce joli village aux belles maisons de bois, commencez par prendre un cocktail à ce bar, plein de vie, où vous profiterez d'une vue extraordinaire et dégusterez de délicieux ragoûts.

**Memo**
Salhane Sokak 10/2, ORTAKÖY
Tél. : (212) 261 83 04
Situé près du pont du Bosphore, ce grand bar-restaurant attire une clientèle distinguée. Orchestre et discothèque le soir.

**Papillon**
Selcuklar Sokak 16, Beşinci Yil Çarşısı 21-3, ETILER
Tél. : (212) 257 39 46
(voir p. 236, 237)
Ce bar-discothèque à la clientèle très jeune a été créé par le décorateur Hakan Ezer.

**Süleyman Nazif**
Valikonağı Caddesi 39, NIŞANTAŞI
Tél. : (212) 225 22 43
Un appartement au décor ottoman sert de cadre à cet espace composé de trois pièces. Enfoncez-vous confortablement dans les fauteuils de l'un ou l'autre des bars. Vous apprécierez la qualité du service et les savoureuses petites choses qu'on vous proposera. Vous serez peut-être étonné et même agacé par les images qui défilent aux murs, sur des écrans de télévision.

**Taxim**
Nizamiye Caddesi 12-16, TAKSIM
Tél. : (212) 256 44 31
(voir p. 237)
Nigel Coates, enfant terrible de l'architecture britannique, a mis son talent et son originalité au service d'une discothèque située au cœur de la ville. Celle-ci ouverte le vendredi et le samedi, se double d'un restaurant ouvert toute la semaine.

**Zihni**
Brouz Sokak 1/B, MAÇKA
Tél. : (212) 246 90 43
Le décor du Zihni, composé d'éléments étrangement disparates, surprend beaucoup. Sa clientèle, constituée d'un assortiment de jeunes citadins issus des professions libérales, réserve moins de surprises. Ce café ferme relativement tôt.

## LES PATISSERIES CONFISERIE-GLACES

**Bebek Badem Ezmesi**
Cevdet Paşa Caddesi 238/1, BEBEK
Tél. : (212) 232 04 51
Cette petite boutique, fort élégante, vend ses merveilleux massepains aux amandes et aux pistaches depuis près de quatre-vingt-dix ans. C'est probablement la meilleure pâtisserie de la ville.

**Divan**
Hôtel Divan, ŞIŞLI
Tél. : (212) 231 41 00
Bağdat Caddesi, ERENKÖY
Tél. : (216) 355 16 40
Voici le véritable royaume de la confiserie. Ne manquez pas d'y faire une halte, si vous voulez goûter aux meilleurs loukoums, pâtisseries et glaces de tout Istanbul.

**Güllüoğlu**
Marché égyptien, EMINÖNÜ
Tél. : (212) 528 51 81
Une des meilleures *baklava* aux pistaches dans une boutique familliale.

**Eminönü**
Istiklal Caddesi 124/2, BEYOĞLU
Tél. : (212) 245 13 75
Avant d'aller au cinéma ou après un dîner dans l'ancien quartier de Péra, faites un saut à cette pâtisserie, fréquentée par des Turcs qui ne transigent pas lorsqu'il s'agit de la préparation de la *yas pasta*, de la *kuru pasta* ou des loukoums. Une annexe est située près de la gare de Sirkeci (Tél. : (212) 244 28 04).

**Hacıbozanoğulları**
Nispetiye Caddesi 42/6, ETILER
Tél. : (212) 263 38 72
Pour les Turcs qui vont au travail ou en reviennent, cette pâtisserie constitue un arrêt obligatoire. Ils y achètent aussi bien le gâteau qui leur tiendra lieu de petit déjeuner que la *baklava* pour la fête de la soirée. Vous aurez le choix entre 50 spécialités. La ville compte neuf pâtisseries Hacıbozanoğulları.

**Inci**
Istiklal Caddesi 124/1, BEYOĞLU
Tél. : (212) 243 24 12
Le sifflement des trams et l'allure nonchalante des piétons servent de toile de fond à cette pâtisserie qui, véritable point de repère sur l'Istiklal Caddesi, sert des profiteroles depuis 1944.

**Pâtisserie de Péra**
Hôtel Péra Palas,TEPEBAŞI
Tél. : (212) 251 45 60
Du café frais à profusion, de succulentes pâtisseries et un décor Art nouveau vous attendent dans ce délicieux salon de thé.

**Üç –Yıldız**
Duduodaları Sokak 15
BEYOĞLU
Tél. : (212) 244 81 70
(voir p. 232-233)
Au cœur du marché de Galatasaray, vous trouvez ici les meilleurs *helva* et les loukoums les plus frais confectionnés au-dessus de la boutique. Le propriétaire, qui parle très bien le français, vous racontera l'histoire des jarres de confiture spectaculaires qui ornent son magasin.

## ALIMENTATION

**Asrı Turşucu**
Agahamam Caddesi 29/A, CIHANGIR
Tél. : (212) 251 48 76
Cette boutique, qui existe depuis 70 ans, vend toutes sortes de céréales, de fruits et de légumes en saumure.

**Konyalı**
Emlak Kredi Çarşısı, SIRKECI
Tél. : (212) 268 26 54
Dans cette boutique, située en face de la gare de Sirkeci, qui se double d'une cafétéria, vous trouverez un choix de plats cuisinés, de pâtisseries et de laitages traditionnels.

**Kurukahveci Mehmet Efendi**
EMINÖNÜ
Tél. : (212) 511 42 62
(voir p. 68)
Voici une des institutions de la ville. Vous y trouverez au cœur du Marché égyptien du café turc ou du *sahlep* conditionnés dans de jolis sachets.

**Sütiş**
Taksim – Tél. : (212) 243 72 04
Teşvikiye Caddesi 137/A,
Nişantaşi – Tél. : (212) 248 35 07
Emirgan – Tél. : (212) 277 63 73
Les laitages sont ici délicatement sucrés et, conformément à la tradition, garnis de noix et de fruits secs.

**Şütte**
Duduodalar Sokak 21,
Galatasaray, Beyoğlu
Tél. : (212) 293 92 92
Nispetiye Caddesi, Çamlik Sokak 2,
Etiler – Tél. : (212) 263 66 56
Les propriétaires polonais de cette charcuterie, la meilleure de la ville ont été les premiers de la ville à vendre du porc. Les étudiants turcs ont un faible pour ses sandwichs, tandis que la haute société apprécie ses produits fins, de quoi remplir ses paniers de pique-nique.

**Tiryaki**
Şair Nigar Sokak 1, Nişantaşi
Tél. : (212) 240 55 71
Vous êtes ici chez un grand spécialiste de l'expresso en grains, du thé, des fruits secs et des noix.

**Vefa Bozacısı**
Atatürk Bulvarı 146/B, Aksaray
Tél. : (212) 527 66 08
La boisson, issue de la fermentation du millet (*boza*), est la spécialité de la maison depuis 1876.
Vous finirez par aimer cette boisson très particulière.

## LES HAMMAMS

**Cağaloğlu Hamamı**
Prof. Kazim Gürkan Caddesi 34,
Cağaloğlu
Tél. : (212) 522 24 24
(voir p. 18, 19, 195, 205, 208)
Les célèbres salles en marbre ont presque 300 ans. Parmi ceux qui vous ont précédés, citons le roi Edouard VIII, Franz Liszt, Florence Nightingale et Rudolf Noureev. Il existe des espaces réservés aux hommes et d'autres réservés aux femmes, mais aussi des espaces mixtes.

**Çemberlitaş Hamamı**
Vezirhan Caddesi 8,
Çemberlitaş
Tél. : (212) 522 79 74
Ce hammam en pierre blanche fut construit il y a 450 ans par Mimar Sinan. Il est situé non loin du Grand Bazar.

**Galatasaray Hamamı**
Turuncubasi Sokak, Beyoğlu
Tél. : (212) 249 43 42
Au cœur de Beyoğlu, un des hammams préférés des Istanbuliotes.

**Kılıç Ali Paşa Hamamı**
Kemeraltı Caddesi, Tophane
Tél. : (212) 244 70 37
(voir p. 206, 207)
Ce hammam porte le nom d'un amiral qui rencontra en Afrique du Nord et libéra de captivité l'écrivain espagnol Cervantès. Il eut droit en retour à un chapitre entier dans Don Quichotte. Les plans de ce hammam construit par Sinan s'inspirent de ceux d'Haghia Sofia.

**Küçük Mustafa Paşa Hamamı**
Küçük Mustafa Paşa Sokak,
Fener
(voir p. 196, 197, 198, 200, 201)
De tous les hammams encore ouverts, c'est l'un des mieux, l'un des plus anciens et l'un des plus grands. Il est situé dans un de ces anciens quartiers sur la Corne d'Or peu visités par les touristes.

**Ortaköy Hamamı**
Muallim Naci Caddesi 79,
Ortaköy
Tél. : (212) 259 35 84
(voir p. 199)
Ne vous laissez pas rebuter par l'aspect quelconque de ce hammam qui date de 1544. L'intérieur, qui a été restauré, serait digne du pacha qui l'a fait construire.

## LES MARCHES

**Balıkpazarı**
Galatasaray, Beyoğlu
Dans ce marché où vous trouverez un peu de tout, les éventaires des poissonniers sont fascinants, dans leur présentation et leur choix. D'une des allées, vous déboucherez directement dans le Çiçek Pasajı.

**Beşiktaş Pazarı**
Beşiktaş
Sur ce marché, l'un des plus grands marchés en plein air d'Istanbul, tout se vend ; des produits alimentaires aux outils de jardinage. Les prix sont raisonnables, mais n'hésitez pas à marchander si votre maîtrise de la langue turque vous le permet.

**Grand Bazar (Kapalı Çarşı )**
Beyazit
(voir p. 64-65)
Même avec une imagination débordante, vous ne parviendriez pas à vous faire une idée de ce marché. Sa taille et son dédale d'arcades vous laisseront déjà perplexe. A l'origine, on y vendait uniquement de l'or, mais aujourd'hui vous y trouverez une multitude de trésors.

**Marché égyptien (Mısır Çarşısı)**
Eminönü
(voir p. 69)
C'est une galerie d'étals éclatants de couleurs et de parfums, regorgeants d'épices, de rayons de miel, de pistaches, et de produits exotiques présentés dans une multitude de sacs, paniers et bocaux. Vous y acheterez le henné dressé en pyramides de poudre verte, le salep en poudre blanche, très couteux lorsqu'il est pur, et toutes les patisseries qui font la réputation de la ville.

**Ortaköy Pazarı**
Ortaköy
Marché artisanal qui se tient tous les dimanches dans les rues étroites entourant la jolie mosquée d'Ortaköy.

**Salı Pazarı**
Kadikoÿ
C'est ici que les Turcs achètent tout ce dont ils ont besoin, des produits alimentaires aux fleurs, en passant par les jouets ou la vaisselle en plastique. On dit ici que c'est le plus grand marché de toute la Turquie. Ce marché, toujours bondé mais absolument fascinant, a lieu tous les mardis dans les rues de Kadikoÿ, sur la rive asiatique.

## LES BIJOUTIERS

**Artisan**
Şakayık Sokak 54/1, Nişantaşi
Tél. : (212) 247 90 81
Vous découvrirez dans cette bijouterie des bijoux anciens et bijoux faits main surprenants.

**Cendereci**
Teşvikiye Caddesi 125, Teşvikiye
Tél. : (212) 247 98 33
Ce bijoutier crée des bijoux s'inspirant de modèles romains du v^e siècle av. J.-C. Herbert Cendereci vient d'une famille turque caucasienne, qui travaille dans la bijouterie depuis dix ans.

**Franguli**
Istliklal Caddesi, près de Galatasaray, Beyoğlu
Tél. : (212) 244 56 70
Les meilleurs bijoutiers de la ville sont traditionnellement d'origine arménienne. Celui-ci ne fait pas exception. Depuis 1950, il vend – sur l'Istiklal Caddesi, près du quartier de Galata – des bijoux turcs traditionnels en or et pierres précieuses. M. Vincent, le propriétaire, est considéré comme un expert.

**Gönul Paksoy**
Atiye Sokak 6/A, Teşvikiye
Tél. : (212) 261 90 81
Il existe deux boutiques du même nom (la plus récente se situe au n°1 de la rue). Toutes deux vendent des bijoux insolites (pièces uniques), des vêtements teints avec des teintures naturelles, mais aussi des petis tapis et kilims anciens. Diplômée de la faculté de chimie, la propriétaire a mis au point de nouvelles méthodes de teinture.

**Lapis**
Nuruosmaniye Caddesi 75-77,
Cağaloğlu
Tél. : (212) 511 05 50
Parmi les magasins de tapis, d'articles de cuir et de bijoux, Lapis fait partie des plus grands.

**Leon Camic**
Kapalı Çarşı
Tél. : (212) 522 30 56
Voici l'une des plus anciennes bijouteries de la ville située dans le Grand Bazar. Les prix, même s'ils sont justifiés, sont relativement élevés. Si vous n'avez pas l'intention d'acheter, allez au moins admirer cette étonnante collection.

**Neslihan Simavi – Feride Cansever**
Kapalı Çarşı
Tél. : (212) 519 23 29
Ce talentueux créateur effectue toutes sortes de pièces, notamment d'authentiques tasses et bols turcs en argent. Pour toute commande particulière, vous devrez vous rendre à l'atelier de Neslihan. Téléphonez pour prendre rendez-vous.

**Urart**
Abdi Ipekçi Caddesi 18/1, NIŞANTAŞI
Tél. : (212) 246 71 94
Cette boutique et galerie d'art (l'une des préférées des esthètes istanbuliotes) crée de jolis bijoux, qui s'inspirent ou sont même des copies de modèles hittites, gréco-romains ou ottomans.

**V-22**
Teşvikiye Caddesi, TEŞVIKIYE
Tél. : (212) 231 57 42
Ce bijoutier possède une collection impressionnante de bijoux turcs de qualité, y compris de bijoux en argent et de bijoux ornés de pierres semi-précieuses.

## LES LIVRES

**Bibliothèques de Çelik Gülersoy**
Soğukçeşme Sokak, SULTANAHMET
Tél. : (212) 512 57 30
Une impressionante collection de livres sur Istanbul.

**Bibliothèque de la femme**
FENER
Tél. : (212) 523 74 00
C'est plutôt le bâtiment historique, dans le vieux quartier de Fener sur la Corne d'Or, que son contenu qui attirera le visiteur.

**Eren**
Sofyalı Sokak 34, Tünel, BEYOĞLU
Tél. : (212) 251 28 58
Voici l'une des rares librairies où vous trouverez des livres d'art et des livres d'histoire (certains anciens) en anglais, français, allemand et turc. Cette librairie occupe une place importante dans le cœur des étrangers habitant Istanbul. Elle a une annexe dans le marché aux livres, Sahaflar Çarşısı à Beyazıt (Tél. : (212) 522 85 31).

**Haset Kitabevi**
Istiklal Caddesi 469, BEYOĞLU
Tél. : (212) 249 10 07
Cette librairie offre un bon choix de livres en anglais, français et allemand.

**Librairie de Péra**
Galip Dede Sokak 22, Tünel, BEYOĞLU
Tél. : (212) 245 49 98
Existant depuis plus de 80 ans, cette librairie spécialisée dans le livre ancien dispose d'un large éventail de livres en langues européennes, mais aussi en turc, grec, arménien et arabe. Elle possède aussi un fonds de livres sur l'histoire d'Istanbul.

**Levant**
Tünel Meydani 8, Tünel, BEYOĞLU
Tél. : (212) 293 63 33
Vous y découvrirez des gravures à l'eau-forte, des cartes postales, des plans et des livres anciens.

**Marché de livres anciens**
Les bouquinistes sont regroupés dans *Sahaflar Çarşısı*, près de Beyazıt dans la vieille ville (voir p. 67). Toutefois ce marché n'est plus aussi intéressant qu'il l'était. De bons marchands sont installés dans le passage Aslıhan, à Galatasaray, et dans le passage Akmar à Kadiköy, pas très loin du débarcadère du ferry.

## LES MAGASINS D'ANTIQUITES

**Antiquités Abdül**
Kalıpçı Sokak 119/2, TEŞVIKIYE
Tél. : (212) 231 74 79
Vous avez là une excellente adresse pour les tapis, l'argenterie, les meubles, la porcelaine, les calligraphies et les tableaux.

**Antiquités Chalabi**
Mim Kemal Öke Caddesi 17, NIŞANTAŞI
Tél. : (212) 225 01 85
Dans ce magasin, vous trouverez des meubles ottomans et européens, des céramiques et des tableaux.

**Art et Antiquités Sofa**
Nuruosmaniye Caddesi 42, CAĞALOĞLU
Tél. : (212) 527 41 42
Gravures, plans, calligraphies et livres anciens sont ici présentés sur des meubles anciens. Céramiques, miniatures, textiles, tapis anciens, argenterie et œuvres d'art (art turc contemporain et traditionnel) complètent cette fabuleuse collection.

**Kemal Değer**
Mevlanakapı Caddesi 4, TOPKAPI
Vous aurez peut-être du mal à trouver ce magasin, situé à l'intérieur des murailles de l'ancienne ville, mais ne vous laissez surtout pas décourager.

**Magasins Gayrettepe**
Mecidiyeköy Antikacılar Çarşısı Kuştepe Yolu, Mecidiyeköy
Tél. : (212) 275 35 90
Si vous êtes à la recherche d'un bon mobilier ancien ou de pièces de collection, allez sans hésiter dans un de ces magasins. Ils ont de la bonne marchandise, mais leurs prix atteindront bientôt ceux du marché européen.

**Marché aux puces de Horhor**
Kirk Tulunba Sokak 13/22 AKSARAY
Par ses dimensions et par les prix qu'il pratique, ce marché situé près de l'aqueduc de Valers est comparable aux magasins Gayrettepe. Il vous donnera, une idée de la variété des objets ottomans en vente à Istanbul.

**Marché aux puces de Kuledibi**
Des experts vous diront que ce marché du meuble d'occasion était autrefois plus stylé, et qu'il a perdu de son caractère. N'hésitez cependant pas à aller y faire un saut, ne serait-ce que pour avoir une idée des prix pratiqués. De la tour de Galata, passez derrière la place, puis prenez à droite dans la rue qui mène à Şişhane.

**Marché des antiquaires de Çukurcuma**
CIHANGIR
Les adresses ci-dessous sont parmi les plus intéressantes de ce marché d'antiquités, situé dans les petites rues qui entourent la mosquée de Firuzağa.
**Galerie Alfa**
Hacioğlu Sokak 1, Çukurcuma
Tél. : (212) 251 16 72
Dans cette boutique dirigée par Marianna Yerasimo, vous découvrirez des plans, des gravures, des tableaux et des livres en langues européennes.
**Çatma Antik**
Çukurcuma Camii Sokak 5
Tél. : (212) 252 44 90
La charmante propriétaire de ce magasin est très attachée à ses jarres de Tokat du XIXe siècle, jaune ou vert uni. Vous trouverez chez elle de belles serviettes anciennes de hammam brodées d'or.
**Leyla Seyhanlı**
Altıpatlar Sokak 10-30
Tél. : (212) 243 74 10
Dans ce magasin, vous serez sensible à la beauté des vêtements – notamment des costumes d'antan –, mais aussi des tissus ottomans et européens.
**Asli Günşıray**
Firuzağa Mahallesi, Çukurcuma Caddesi 74
Tél. : (212) 252 59 86
Le propriétaire de ce magasin d'antiquités est devenu célèbre, car il a lancé une nouvelle mode : il récupère les anciennes portes en bois sculpté des maisons anatoliennes, et en fait des plateaux de table ou des décorations murales.
**Yağmur Kayabek**
Altıpatlar Sokak 8
Tél. : (212) 244 88 89
Yağmur, fils d'un antiquaire de renom, propose de beaux exemples de calligraphie ottomane ainsi que d'autres pièces islamiques.
**Maison de l'Authentique**
Tél. : (212) 252 79 04
Vous trouverez dans ce magasin soigné, qui s'étend sur 300 m², des meubles, des accessoires et des tissus. L'un des propriétaires a pour nom Esra Onat : vous reconnaîtrez aisément la touche artistique de cette femme peintre dans le décor du café intégré au magasin.
**Yaman Mursaloğlu**
Faikpaşa Caddesi 41
Tél. : (212) 251 95 87
(voir p. 173)
Ce spécialiste de l'art ottoman partage son activité entre Londres et Istanbul.

**Mustafa Kayabek**
Tünel Geçici 12, Tünel, BEYOĞLU
Tél. : (212) 244 45 78
Le magasin de Mustafabey figure au nombre des plus anciens magasins d'antiquités turcs. Mustafa connaît la marchandise et l'évalue en toute honnêteté.

**Mustafa Orhan Kınacı**
Bankacılar Sok 1, près de Yeni Cami, EMINÖNÜ
Tél. : (212) 527 10 63
(voir p. 179)
Cette entreprise familiale, qui a près de cinquante ans d'âge, est très connue. Vous serez émerveillé devant ses objets anciens, ses bijoux, et surtout devant ses tapis et kilims anatoliens.

**Raffi Portakal**
Mim Kemal Öke Caddesi 19,
NIŞANTAŞI
Tél. : (212) 241 71 81
Voici un grand nom spécialisé dans les manuscrits, le bronze et le verre. A cette adresse, vous ne pourrez cependant pas faire vos achats comme dans n'importe quel magasin, car Raffibey est une maison de vente aux enchères, et ce que vous prenez pour un magasin est en fait une salle d'exposition.

**Selden Emre**
Teşvikiye Caddesi 99/1,
TEŞVIKIYE
Tél. : (212) 236 15 74
Voici un espace aussi élégant qu'un salon ottoman, avec ses tableaux aux cadres dorés, sa porcelaine ancienne et ses coussins en tapisserie.

## LES PAPIERS MARBRES

**Centre d'artisanat de Sultanahmet**
Près de l'hôtel Yeşil Ev,
SULTANAHMET
Tél. : (212) 517 67 85
Cette cour ancienne, pleine de charme et proche du célèbre hôtel Yeşil Ev, est bordée de plusieurs petits ateliers où vous trouverez des reproductions d'objets d'art et d'artisanat anciens : livres reliés, miniatures, poupées, bijoux, porcelaine, dentelle, tableaux à effets marbrés, etc.

**Füsun Arıkan**
KADIKÖY
Bahariye Caddesi, Ileri Sokak,
Ileri Apt 22/4
Tél. : (216) 338 28 34
Tél. : (216) 418 57 25
Mme Arıkan, qui a exposé à l'Institut français d'Istanbul, réalise de très beaux papiers marbrés que vous pourrez faire encadrer. Visite uniquement sur rendez-vous.

**Köksal Çiftçi**
Karikatürcüler Derneği,
Yerebatan Sarnıçı çıkışı,
SULTANAHMET
Tél. : (212) 513 60 61
Vous serez frappé par le talent de ce jeune peintre, qui a su moderniser la technique de la peinture à effets marbrés, ajoutant des oiseaux et des fleurs à des fonds par ailleurs abstraits.

**Mustafa Düzgünman**
Cet artiste, qui fut le grand maître de la technique traditionnelle, a passé son savoir-faire à une équipe d'artisans qui fabriquent aujourd'hui des articles en papier marbré pour les petites boutiques proches de l'hôtel Yeşil Ev à Şultanahmet.

## LES PIPES

C'est en Turquie que se trouvent les carrières de ce minéral que l'on appelle l'écume de mer. Vous trouverez donc ici un choix de pipes allant des plus classiques aux plus somptueuses. Dans le *bedesten* au cœur du Grand Bazar, deux boutiques ;
**Yerlieseport**
(Tél. : (212) 526 26 19) et
**Antique 83**
(Tél. : (212) 512 06 14).
D'autres boutiques intéressantes sont dans le marché Arasta Çarşi, dont celle de
**Bilâl Dönmez**
(Tél. : (212) 516 41 42)
à Sultanahmet.

## LES TAPIS

Dénicher le plus beau tapis au prix le plus juste est aussi difficile que d'acheter une œuvre d'art. Les adresses figurant ci-dessous sont celles d'un petit échantillonnage de marchands de tapis sur les milliers que compte la ville. Commencez par aller voir ceux qui sont installés autour du Grand Bazar pour vous rendre compte de ce qui se fait, mais si vous voulez avoir une vue d'ensemble du marché du tapis, ne laissez pas de côté des quartiers comme Nişantaşı ou Kadiköy : vous y découvrirez d'excellentes boutiques.

**Adnan & Hasan**
dans le Grand Bazar
Tél. : (212) 527 98 87
(voir p. 174)
Une bonne adresse pour des kilims d'Anatolie à des prix abordables. Bon choix d'autres tapis également.

**Arasta Bazar**
Derrière la mosquée Bleue,
SULTANAHMET
Les boutiques de cette place de marché, où vous aurez le choix entre kilims, tapis, bijoux et autres souvenirs, ont remplacé les écuries des sultans ottomans.

**Muhlis Günbattı**
Perdecilar Caddesi 48,
Kapalı Çarşı
Tél. : (212) 511 65 62
Installé dans le Grand Bazar depuis près de 40 ans, le propriétaire Muhlisbey a appris à reconnaître les plus beaux tapis et kilims turcs – qu'ils soient modernes ou anciens – ainsi que les plus beaux suzanis d'Ouzbékistan ou d'autres villes asiatiques. Il vend aussi des coussins et des sacs dont les motifs s'inspirent de ceux des kilims.

**Oztarakçı**
Mim Kemal Öke Caddesi 5,
NIŞANTAŞI
Tél. : (212) 240 37 88
La propriétaire, Güneş Öztarakçı, est un homme charmant qui a réuni une vaste collection de tapis modernes et anciens, dont un grand nombre a plus de cent ans d'âge. Quelques nouveaux décors – y compris ceux des tapis faits sur commande – s'inspirent de motifs traditionnels. Dans ce magasin, vous découvrirez aussi un certain nombre de tapis en soie de Hereke.

**Şengör Halı**
Cumhuriyet Caddesi 47/2,
TAKSIM
Tél. : (212) 250 73 03
Dans ce magasin chic, vous tomberez en admiration devant les tapis et kilims : ils ont généralement moins de cent ans d'âge et sont de fabrication turque, caucasienne ou iranienne. Ce magasin, en activité depuis 1919, a très bonne presse auprès des familles turques, qui y amènent leurs amis étrangers.

**Şişko Osman**
Halıcılar Caddesi 49, Grand Bazar,
BEYAZIT
Tél. : (212) 526 17 08
(voir p. 172, 175, 178)
Aucune mauvaise surprise ne vous attend dans cette boutique du Grand Bazar installée au fond d'une très jolie cour.

## LES FAIENCES

**Gorbon**
Ecza Sokak, Safterhan 6, LEVENT
Tél. : (212) 264 03 78
Halaskargazi Caddesi 345/1,
ŞIŞLI – Tél. : (212) 246 89 75
Bağdat Caddesi 306/A, ERENKÖY
Tél. : (216) 358 69 65
(voir p. 180 et 181)
Peu de voyageurs de passage en Turquie ont la chance de découvrir cette faïence contemporaine, connue des seuls initiés. Les superbes pièces sont faites d'une porcelaine épaisse et lisse. Elles sont vendues à des prix tout à fait raisonnables.

**Kütahya et Iznik**
On peut trouver les faïences de Kütahya (ville d'Anatolie) dans les magasins Sümerbank. Il existe cependant une autre adresse, moins connue mais qu'on ne saurait trop recommander. Il s'agit d'une boutique qui pratique des prix d'usine, et se situe dans les jardins de Yıldız, à Beşiktaş. Cette boutique accepte aussi de faire faire des pièces sur commande.
Les céramiques d'Iznik, connues pour la finesse de leurs motifs, sont plus difficiles à trouver dans les magasins bien que la boutique de Yıldız en ait en stock. Aussi n'hésitez pas à demander à n'importe quel antiquaire où il s'approvisionne. Pour tout renseignement, appelez la Yıldız Porselen Fabrikasi, près du Malta Köşk du parc Yıldız, Beşiktaş
Tél. : (212) 260 23 70.

## TOURISME

**Iliada Tourism Inc.**
Valikonağı Caddesi,
Ciftciler Apt 12/1,
NIŞANTAŞI
Tél. : (212) 225 00 20
Fax. : (212) 225 19 57
Que ce soit pour des voyages d'affaires ou des voyages privés Meyzi Baran sait combler les voyageurs étrangers en quête de séjours de grande qualité. Parlant parfaitement le français et l'anglais, elle dirige d'une main de fer son agence. Les familles royales et les grandes sociétés internationales sont les hôtes habituels de ces séjours, qui savent que l'impossible n'est pas... turc, pour Meyzi.

## ANTIQUITES

**Galerie Triff**
35, rue Jacob
75006 Paris
Tél. : 42 60 22 60
Il y a plus de vingt ans, la galerie Triff présentait pour la première fois en France les kilims d'Anatolie dont elle a fait depuis sa spécialité. Située aujourd'hui au fond d'une cour noyée de verdure, elle expose dans un décor évoquant le charme d'une demeure orientale avec un patio et une fontaine ; vaste espace où l'on peut également trouver une librairie spécialisée et un département consacré aux kilims et aux tapis contemporains.

**Eric Grunberg Fine Arts**
40 bis, avenue Bosquet
75007 Paris
Tél. : 45 51 01 01
Située près de la tour Eiffel, cette boutique propose les plus beaux objets d'art ottoman islamique. Choisies avec discernement par M. Grunberg, antiquaire de renom et fournisseur des musées et collectionneurs, les pièces sont d'une qualité exceptionnelle et d'une grande variété : faïences d'Iznik, argenterie, peintures, coffres précieux, calligraphies rares, somptueux textiles.

**Galerie Benli**
**Pandora**
17, rue Saint-Roch
75001 Paris
Tél. : 42 60 49 76
Dirigée avec beaucoup de goût par M. Benli, cette galerie présente les périodes seldjoukide et ottomane des arts turques et islamiques. Les textiles, broderies et métaux précieux côtoient une riche collection de verreries, céramiques et de petit mobilier (coffrets, porte-turban…) fabriqué dans les matières les plus nobles : nacre, bois précieux, écaille.

## CERAMIQUES

**Alev Ebüzziya Siesbye**
6, rue Thibaud
75014 Paris
Tél. : 45 41 13 16
Cette artiste née à Istanbul vit actuellement à Paris et expose dans le monde entier. Elle est l'un des maîtres du récipient simple. Ses vasques de lignes parfaites, de couleurs étonnantes et raffinées donnent l'impression de flotter dans l'espace. Ses créations d'une élégance innée sont une expression sans égal dans le monde de la céramique moderne.

## TOURISME

**Mevlana**
2, rue Lavoisier
75008 Paris
Tél. : 47 42 80 84
Une équipe franco-turque avec un important bureau à Istanbul propose une brochure intelligente, avec un très bon choix d'hôtels sur le Bosphore ou dans des maisons ottomanes restaurées au cœur de la vieille ville, et même des appartements à louer non loin du centre. Service spécialisé pour voyages d'affaires avec interprètes bilingues.

**Marmara**
81, rue Saint-Lazare
75009 Paris
Tél. : 42 80 10 90
Depuis 28 ans, Marmara est un tour operator spécialisé dans la Turquie dont le catalogue distribué par toutes les bonnes agences de voyages est le plus important dans ce domaine. Nombreux vols directs toute l'année depuis Paris et les principales villes de province. Outre des week-ends et escapades, des séjours classiques, un séjour « Istanbul Belle Epoque » et des séjours pour le festival d'Istanbul sont proposés.

**Turkish Airlines**
1, rue de l'Echelle
75001 Paris
Tél. : 42 60 56 75
Istanbul n'est qu'à trois heures de vol de Paris et cette compagnie propose des vols directs journaliers au départ de Paris. Trois vols par semaine au départ de Nice, Lyon et Strasbourg. Choisissez Turkish Airlines pour vous sentir déjà un peu en Turquie avant d'arriver, pour découvrir l'extrême amabilité turque. Ne pas s'étonner si les passagers applaudissent à l'atterrissage, c'est la coutume.

**Loisirs Bleus**
24, rue La Rochefoucauld
75009 Paris
Tél. : 48 74 42 30
Cette agence spécialisée sur la Turquie propose des séjours libres à Istanbul avec un choix d'hôtels très intéressant que vous ne trouverez pas sur d'autres catalogues, mais qui par contre vous seront recommandés dans notre carnet d'Istanbul, comme le Hali, situé dans la rue Klodfarer, du nom de l'écrivain qui, entre 1902 et 1950, séjourna plus de onze fois à Istanbul. Loisirs Bleus édite en outre un guide pratique de conversation français-turc bien utile.

**Pacha Tours**
18, rue Godot-de-Mauroy
75009 Paris
Tél. : 40 06 88 88
Cette agence, créée et toujours dirigée par des Turcs, a ses fidèles pour lesquels elle ne cesse d'innover dans ses propositions. Elle nous a été recommandée par la femme d'un ancien ambassadeur de Turquie à Paris qui avait confié, avec bonheur, à cette agence le soin de faire découvrir le véritable art de vivre à Istanbul à de nombreuses personnalités françaises. Le catalogue Pacha Tours est déjà un petit guide avec ses bonnes adresses, sa bibliothèque de voyage, son introduction aux arts décoratifs ottomans, à la gastronomie du pays. En outre, Pacha Tours offre aux clients des circuits, le guide Turquie (éditions Marco Polo), bref mais fort bien fait.

**Turquie Paradis**
**Orsay Tourisme**
2, rue Duphot
75001 Paris
Tél. : 40 15 00 16
La turquie est la destination phare de cet organisme qui a choisi de se spécialiser dans le voyage « haut de gamme » et propose un week-end à Istanbul en jet privé, avec bien sûr un séjour à l'hôtel-palais de Ciragan.

# CALENDRIER D'ISTANBUL

FÉVRIER-MARS-AVRIL
**Le Ramadan** - la date du Ramadan change tous les ans, étant déplacée de 12 jours chaque année sur notre calendrier. Un mois de jeûne pour les musulmans qui ne peuvent manger qu'entre le coucher et le lever du soleil. Pour les visiteurs c'est une occasion d'assister à ces repas dans la nuit, très traditionnels, dans certains retaurants, à Beykoz par exemple.
**La fête du Sucre** (Şeker Bayram), qui dure trois jours, symbolise la fin de la période de jeûne du Ramadan. Elle aura lieu début avril en 1994. C'est l'occasion d'offrir des sucreries ; le Grand Bazar est fermé ces jours-là.

MARS-AVRIL
**Festival international du film.**

AVRIL
**Fête de la Tulipe** à Emirgan. C'est le moment où le parc dans sa floraison éblouissante rend hommage à cette fleur, née en Turquie avant de gagner la Hollande.
**23 avril : fête de l'Enfance**. C'est Atatürk qui fut à l'origine de cette fête. Les enfants défilent dans la ville.

MAI-JUIN
**La fête du Sacrifice** (Kurban Bayram), ou fête du mouton, a lieu dix semaines après la fin du Ramadan (ce sera en juin en 1994). Pendant quatre jours, cette fête entraîne la fermeture de nombreuses boutiques et administrations. Le Grand Bazar est fermé.

JUIN-JUILLET
**Festival d'art et de culture** : musique classique, jazz, ballet et opéra sont au programme de ce festival qui permet d'assister à des représentations dans les lieux les plus spectaculaires. Il y eut *L'Enlèvement au Sérail* dans le palais de Topkapı, des concerts dans la merveilleuse petite église de Sainte-Irene (si souvent fermée en dehors de ces occasions), des spectacles dans le délicieux petit théâtre inclus dans le harem du palais de Yıldız.

OCTOBRE
**29 octobre : fête nationale de la République turque**. Défilés et parades dans la ville.

NOVEMBRE
Foire internationale d'antiquités et arts décoratifs. De remarquables ventes aux enchères ont lieu à cette occasion dans la salle d'armes du palais de Yıldız.

## BIBLIOGRAPHIE

Cette bibliographie ne peut être exhaustive ; Istanbul a été l'objet de tant de récits de voyageurs, d'ouvrages d'historiens, de recueils de peintres et de graveurs que nous avons dû faire un choix, nous limitant aux ouvrages disponibles actuellement, et pour les écrivains turcs à ceux traduits en Français. Pour les guides nous ne citons que ceux consacrés exclusivement à Istanbul ; nous ne pouvons citer ici tous ceux consacrés à la Turquie.


### GUIDES

*Istanbul*, Ed. Gallimard.
*Istanbul*, Guide Bleu, Ed. Hachette.
*Istanbul*, D. Renou et J.- M. Durou, Ed. Jaguard.
*Strolling through Istanbul*, J. Freely et H. Summer-Boyd, Redhouse Press.
Ouvrage classique qui n'existe malheureusement qu'en anglais.
*Guide d'Istanbul*, Ç. Gülersoy, que vous trouverez facilement sur place. Son auteur a en outre publié une série de monographies sur les différents palais et sur les arts décoratifs Ottomans. Ils sont souvent assez faciles à trouver en anglais en particulier dans la très jolie librairie du Turing près d'Haghia Sofia (voir *rubrique livres illustrés*).
*Istanbul ; un guide intime*, Nedim Gürsel, Ed. Autrement.
*Istanbul touristique*, E. Mamboury, 1951.
C'est le guide que recherchent tous les voyageurs passionnés par la ville. Vous aurez peut-être comme nous la chance d'en trouver un exemplaire chez un des libraires d'ancien dont nous vous donnons l'adresse.

### HISTOIRE

*Mustapha Kemal ou la mort d'un empire,* B. Mechin, Ed. Albin Michel.
*Histoire de l'empire Ottoman*, Ed. Fayard.
*Histoire des Turcs,* J.P. Roux, Ed. Fayard.
*Splendeurs des sultans*, P. Mansel, Ed. Balland.
*Soliman le magnifique et son temps*, textes présentés par G. Veinstein, La Documentation Française.
*Soliman le Magnifique*, A. Clot, Ed. Fayard.
*Istanbul : 1914-1923*, collectif, Ed. Autrement.
*Avec mon père, le Sultan Abdülhamit, de son palais à sa prison*, A. Osmanoglu, Ed. L'Harmattan.
*Le dernier sultan*, M. de Grèce, Ed. Olivier Orban.

### LIVRES ILLUSTRES

*Harems; le monde derrière le voile*, A. Lytle Croutier, Ed. Belfond.
*Sinan, architecte de Soliman le Magnifique*, A. Güler, J. Freely et R. Burelli, Ed. Arthaud.
*Turquie, au nom de la tulipe*, catalogue de l'exposition de Boulogne-Billancourt, 1993, Ed. L'Albaron.
*Soliman le Magnifique*, catalogue d'exposition, 1990.
*The art of Islam*, collectif, Ed. Flammarion.
*Turquie ; terre de tous les rêves*, B. Harris, Ed. Soline.
*Istanbul*, S. Yerasimos et L. Perquis, Ed. Le Chêne.
*Turquie, Orient et Occident*, Duby, Akurgal, R. Mantran et J.P. Roux, Ed. Bordas.
*Turquie,* P. Minivielle, Ed. Nathan.
*Topkapı*, the Palace of Felicity, A. Ertug, Ed. Haardt.
*Istanbul, city of domes*, A. Ertug.
*Topkapı*; 5 vol. : *architecture, manuscrits et miniatures, costumes, objets d'art, tapis*, adaptation en français A.-M. Terel, Ed. Jaguar.
Les cinq somptueux volumes vous permettront de découvrir les trésors du Palais de Topkapi qui ne sont pas toujours exposés. Ils sont épuisés, mais on peut encore les trouver chez certains libraires spécialisés.
*The Topkapı Saray Museum ; architecture : The harem and other buildings*, traduction de J.M. Rogers, Little, Brown and company, U.S.A.
*Iznik*, N. Atasoy, J. Raby, Ed. Le Chêne.
*Splendeurs des kilims*, Y. Petsopoulos et B. Balpinar, Ed. Flammarion.
*A History of Ottoman Architecture*, G. Goodwin, Thames and Hudson.
*Soliman et l'architecture Ottomane*, H. Stierlin, Ed. Payot.
*Dessins de Liotard*, catalogue d'exposition, A. de Herdt, R.M.N.
En 1738, Jean-Etienne Liotard accompagne l'excentrique lord Sandwich dans son voyage en Orient d'où il rapportera de nombreux portraits reproduits dans ce remarquable catalogue.
*L'Orient des cafés*, G.-G. Lemaire, Ed. Koehler.
*Istanbul, le regard de Pierre Loti*, Ed. Casterman.
*Çerağan Palaces*, Ç. Gülersoy, Istanbul Library.
*Dolmabahce Palace*, Ç. Gülersoy, Istanbul Library.
*The Caique*, Ç. Gülersoy, Istanbul Library.
*Taksim* Ç. Gülersoy, Istanbul Library.
*A taste of old Istanbul*, J. Deleon, Istanbul Library.
*The Khedives and Cubuklu Summer Palace*, Ç. Gülersoy, Türkiye Turing V^e^ Otomobil Kurumu.
*Türk Evi, Turkish House*, O. Küçükerman, Türkiye Turing V^e^ Otomobil Kurumu.
*A 19th century album of ottoman sultan's portraits*, Metin text, Inan and Suna Kiraç Collection, A. Ertug.
*Embassy to Constantinople ; The Travels of Lady Mary Worthley Montagu*, Century, U.K.

### GASTRONOMIE

*Istanbul la Magnifique*, Propos de Tables et Recettes, A. et B. Unsal, Ed. Robert Laffont.
*Saveurs des palais d'Orient* ; *130 recettes du Bosphore au Caucase*, A. Mordelet, Ed. de l'Aube.

### ESSAIS ET RECITS

*Estambul Otomano*, J. Goytisolo, Ed. Planeta.
*Constantinople fin de siècle*, Pierre Loti, Ed. Complexe.
*The sultan of Berkeley square*, Tim Hindle, Ed. Macmillan.
*Istanbul ; Gloires et dérives*, S. Vaner, Ed. Autrement.
*Les six voyages en Turquie et en Perse*, J.-B. Tavernier, introduction et notes de S. Yerasimos, Ed. La Découverte.
*Istanbul et la civilisation ottomane*, B. Lewis, traduit par Y. Thoraval, Ed. J.C. Lattes.
*Nicolas de Nicolay* : *Dans l'empire de Soliman le magnifique*, présenté par M.-C. Gomez-Géraud et S. Yérasimos, Presse du C.N.R.S.
*La vie quotidienne à Istanbul au temps de Soliman le Magnifique*, R. Mantran, Ed. Hachette.
*Le harem impérial de Topkapı*, M. Schneider, A. Evin, Ed. Albin Michel.
*Voyages en Orient*, Anthologie des voyageurs français dans le Levant au XIX^e^ siècle, Jean-Claude Berchet, Coll. « Bouquins », Ed. R. Laffont.
*Constantinople,* Théophile Gautier, préface de G.-G. Lemaire, Ed. 10/18.
*L'Islam au péril de femmes : une anglaise en Turquie au XVIII^e^ siècle*, Lady Montagu, Ed. La Découverte.
*Voyage en Orient*, G. de Nerval, Ed. Garnier/Flammarion.
*Paysage littéraire de la Turquie contemporaine*, N. Gürsel, Ed. L'Harmattan.
*Le Génie du lieu*, M. Butor, Ed. Grasset.

### ROMANS

*De la part de la princesse morte*, K. Mourad, Ed. Robert Laffont.
*Aziyadé,* Pierre Loti, préface de C. Gagnère, « Omnibus », Ed. Presses de la Cité.
*La première femme*, N. Gürsel, Ed. Le Seuil.
*Le dernier tramway*, N. Gürsel, Ed. Le Seuil.
*Un long été à Istanbul*, N. Gürsel, Ed. Gallimard.
*Visage de Turc en pleurs*, M.E. Nabe, Ed. Gallimard.
*Mèmed le mince*, Y. Kemal, Ed. Gallimard.
*La fuite à Constantinople*, J. Almira, Ed. Mercure de France.
*SAS à Istanbul*, G. de Villiers, Ed. Plon.
*La nuit du sérail*, M. de Grèce, Ed. Orban.

### REVUES ET MAGAZINES

*Cornucopia*. Un très élégant magazine, publié à Istanbul trois fois par an en anglais et traitant d'art, de design et de voyages.
*Constantinople, L'Ennemi*. Revue dirigée par Gérard-Georges Lemaire, Christian Bourgois.
*Istanbul the guide*, sous la direction de Lale Apa. Guide mensuel publié en anglais comprenant d'intéressantes rubriques sur les quartiers de la ville ainsi qu'un carnet de toutes les bonnes adresses. Il est distribué dans les hôtels.
*Anka*, numéro spécial ; « littérature Turque d'aujourd'hui » pour « les belles étrangères ».


## CREDITS


Page 1, collection de Mme Sevgi Gönul ; Ecole française, XVIII^e^ siècle. Pages 2 et 3, les ors du décor du palais de Dolmabahşe. En pages 4 et 5, tableau de Jacob Jacobs datant de 1842, représentant l'arrivée du caïque du sultan à Tophane sur les rives du Bosphore. Collection du Holding Koç ; à Nakkaştepe, photo aimablement prêtée par Mr Eric Grünberg. En page 14, portrait du sultan Mehmet Fatih le Conquérant, palais de Topkaı (D.R). Page 192 (haut), photo prise au Musée de l'Homme à Paris dans les collections d'Asie. Page 193, photos réalisées au Musée Sadberk Hanim dont Mme Sevgi Gönul est la conservatrice, sauf celle qui est en marge, photographiée chez Neslishah sultane dans sa maison d'Ortaköy. Les gravures de Melling des pages 241 à 251 représentent successivement : l'intérieur du harem, le palais de la sultane Hadidge, la vue depuis Eyüp, un café sur la place de Tophane, les palais de Besiktas, la fontaine de Tophane, un cortège de noces, un salon du palais de la sultane Hadidge.

# INDEX

*Les chiffres en italique renvoient aux pages du carnet où figurent les adresses (p. 242-252). Les noms en capitales sont ceux des quartiers de la ville ou des villages du Bosphore. Ils sont suivis des bonnes adresses du lieu.*

Ce carnet extrait du livre
**L'ART DE VIVRE À ISTANBUL**
vous est offert par
les Editions Flammarion

DANS LA MEME COLLECTION
L'Art de Vivre au Japon, au Mexique, aux Antilles,
en Espagne, en France, en Grèce,
en Irlande, en Scandinavie, en Provence,
en Bretagne, en Normandie,
en Ile-de-France, à la campagne, à Venise,
l'Art de Vivre en Norvège.

## REMERCIEMENTS

Caroline Champenois et Jérôme Darblay tiennent à remercier tous ceux qui les ont accueillis et leur ont dévoilé leur art de vivre, tout particulièrement :
M. Hale Arpacioglu, M. Bedri Baykam, M. et Mme Lale et Aloç Çavdar, M. et Mm Irem et Selçuk Erez, M. Akan Ezer, M. Zeynep Garan, M. Mehmet Güleryüz, M. Cemil Ipekçi, M. Murat Morova, M. Yaman Mursaloğlu, M. Aységül Nadir, M. Daniel Ohotski, M. Ali Réza Topçu, M. et Mm Ayşegül et M. Tayfun Uzunova, M. Ferhunde Verdi, M. Fatoche Yalin ainsi que M. Fredéric Delteil, M. Eric Félicès et surtout Mme Nicole Meyrat pour leur aide aux prises de vue.

L'éditeur exprime sa reconnaissance à ceux qui l'ont reçu avec tant de charme et de gentillesse à Istanbul et lui ont fait découvrir la ville ; ainsi qu'aux Parisiens qui ont contribué à la réussite de cet ouvrage :
Mme Suay Aksoy, M. Çetin Anlagan, M. Lale Apa, M.Abdülkadir Ateş, ministre du Tourisme, Mme Şennur Aydin, M. Meyzi Baran, Mme Oye Başak et M. Affan Başak, M. Yğit Bener, M. et Mme Benli, M. Claude Bernard, M. Tansug Bleda, ambassadeur de Turquie à Paris, Mme Lale Bulak, M. Jean-Michel Casa, consul de France à Istanbul, M. Mordo Dinar, M. François Dopffer, ambassadeur de France en Turquie, M. Haldun Dormen, M. Michael Dover, Mme Demet Erginsoy, M. Ahmet Ertuğ, M. Nedim Esgin, M. et Mme Selçuk et Irem Erez, M. John Freely, Mme Sevgi Gonül, M. Korel Göymen, sous-secrétaire du ministre du Tourisme, Mme Sabine Greenberg, M. Tony Greenwood, M. Eric Grünberg, M. Çelik Gülersoy, M. Nedim Gürsel, M. Vitali Hakko, M. et Mme Hanci, Mme Florence Hernandez, M. Robert Hyda, Mme Funda Keus, Mme Suna Kiraç, M. Rahmï Koç, Mme Claire Lagarde, M. Gérard-Georges Lemaire, M. Yalcin Manav, Mme Nevim Menemencioglu, Mme Kenizé Mourad, M. Ayşegül Nadir, M. François Neuville, Mme Onat de Turkish Airlines, M. Gultekin Ozkan, Mme Yvonne Panitza, la direction du Pera Palas, M. Richard Perle, Mme Nicole et M. Hugh Pope, M. Fikri Sağlar, ministre de la Culture, M. John Scott, Mme Serena Sutcliffe, Mme Azize Taylor, M. Biltin Toker, M. Artun Ünsal.

L'éditeur tient à remercier tout particulièrement Turkish Airlines et son directeur M. Tezcan Yaramanci pour l'aide précieuse qu'il a apportée à l'équipe qui a réalisé cet ouvrage.